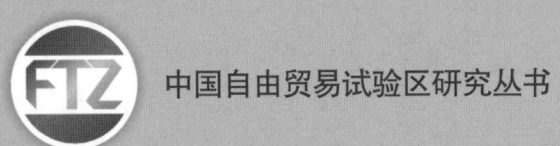 中国自由贸易试验区研究丛书

中国自由贸易试验区发展蓝皮书

（2022—2023）

主　　编　李善民

执行主编　董淳锷

副 主 编　符正平　李胜兰　黄新飞　史欣向

·广州·

版权所有　翻印必究

图书在版编目（CIP）数据

中国自由贸易试验区发展蓝皮书（2022—2023）/李善民主编. —广州：中山大学出版社，2024.5

（中国自由贸易试验区研究丛书）

ISBN 978-7-306-07976-3

Ⅰ. ①中… Ⅱ. ①李… Ⅲ. ①自由贸易区—经济发展—研究报告—中国—2022—2023　Ⅳ. ①F752

中国国家版本馆 CIP 数据核字（2023）第 242901 号

中国自由贸易试验区发展蓝皮书（2022—2023）
ZHONGGUO ZIYOU MAOYI SHIYANQU FAZHAN LANPISHU（2022—2023）

主　　编：	李善民
执行主编：	董淳锷
副 主 编：	符正平　李胜兰　黄新飞　史欣向
出 版 人：	王天琪
策划编辑：	曾育林
责任编辑：	曾育林
封面设计：	曾　斌
责任校对：	孙碧涵
责任技编：	靳晓虹
出版发行：	中山大学出版社
电　　话：	编辑部 020-84113349，84110776，84110283，84111996，84111997 发行部 020-84111998，84111981，84111160
地　　址：	广州市新港西路 135 号
邮　　编：	510275　传　真：020-84036565
网　　址：	http://www.zsup.com.cn　E-mail：zdcbs@mail.sysu.edu.cn
印 刷 者：	佛山市浩文彩色印刷有限公司
规　　格：	787mm×1092mm　1/16　19 印张　341 千字
版次印次：	2024 年 5 月第 1 版　2024 年 5 月第 1 次印刷
定　　价：	118.00 元

如发现本书因印装质量影响阅读，请与出版社发行部联系调换

前　言

努力建设更高水平自由贸易试验区

在中国自由贸易试验区设立十周年之际，习近平总书记就深入推进自由贸易试验区建设做出重要指示指出，建设自由贸易试验区是党中央在新时代推进改革开放的重要战略举措。十年来，全国各自由贸易试验区推出了一大批基础性、开创性改革开放举措，形成了许多标志性、引领性制度创新成果，有效发挥了改革开放综合试验平台作用。习近平总书记强调，新征程上要在全面总结十年建设经验的基础上，深入实施自由贸易试验区提升战略，勇做开拓进取、攻坚克难的先锋，在更广领域、更深层次开展探索，努力建设更高水平自由贸易试验区。

2023年，中国自由贸易试验区正式跨入第十个年头。越来越多的地区加入自由贸易试验区"阵营"，越来越多的地方以自由贸易试验区为平台先行先试助力经济社会高质量发展。习近平总书记指出，要坚持党的全面领导，坚持以高水平开放为引领、以制度创新为核心，统筹发展和安全，高标准对接国际经贸规则，深入推进制度型开放，加强改革整体谋划和系统集成，推动全产业链创新发展，让自由贸易试验区更好发挥示范作用。自由贸易试验区发展到今天，取得了显著的成就，为中国的改革开放事业提供了一批又一批可复制可推广的经验和案例。2023年，国务院发布了自由贸易试验区第七批改革试点经验，覆盖投资贸易便利化、政府管理创新、金融开放创新、产业高质量发展、知识产权保护等多个方面的制度创新案例。十年来，自由贸易试验区担当得起"新时代改革开放新高地"这个战略定位。

习近平总书记在党的二十大报告中指出，实施自由贸易试验区提升战略，扩大面向全球的高标准自由贸易区网络。自由贸易试验区提升战略，应该是质量提升、效率提升、动能提升。自由贸易试验区必须开展制度集成创新，提升制度创新"含金量"；自由贸易试验区必须引领区域经济发展，打造新的经济增长极；自由贸易试验区必须发挥溢出效应，带动周边区域共同实现高质量发展。以广东自由贸易试验区为例，习近平总书记亲自谋划、亲自部署、亲自推动粤港澳大湾区建设国家战略，并对广东提出"中国式现代化建设走在全国前列"的殷殷期许。广东自由贸易试验区在贯彻落实总书记重要指示，服务大湾区国家战略上亦当仁不让。横琴、前海、南沙三个自贸片区在协同港澳、立足湾区、走向国际上各有特色，向全省乃至全国输出了大量可复制可推广的制度创新案例，各自成为大湾区核心城市的新增长极，切身践行"为国家试制度、为地方谋发展"的使命初心。

习近平总书记指出，"改革不停顿，开放不止步"。改革开放是没有止境的，自由贸易试验区发展也不能躺在"功劳簿"上，必须与时俱进，实施提升战略。中央已经为我们指明了方向，现在的关键是怎么干，怎么实施好。自由贸易试验区实施提升战略绝非"一刀切"地提升到某一个统一标准或高度，而是根据自身基础，差异化地，提升到一个相对的"高度"。时至今日，中国自由贸易试验区的"雁阵格局"已经成形，提升战略不是让"雁尾"去做"雁头",而是进一步强化"雁尾"的功能,各个片区齐心协力、大家各司其职,让自由贸易试验区在新时代改革开放事业中飞得更高、飞得更远。

李姜民

2023 年 10 月 12 日

目 录

专 题 编

第一章 中国自由贸易试验区提升战略研究

一、引言 / 3

二、实施自由贸易试验区提升战略的现实基础 / 4

三、实施自由贸易试验区提升战略的理论逻辑及机制分析 / 11

四、实施自由贸易试验区提升战略的对策与建议 / 15

第二章 中国自由贸易试验区涉外商事调解机制的创新发展

一、引言 / 20

二、涉外商事调解机制的发展现状 / 23

三、当前涉外商事调解机制存在的问题 / 33

四、完善涉外商事调解机制的对策与建议 / 40

第三章 我国自由贸易试验区人民币金融资产跨境转让研究

一、引言 / 49

二、人民币金融资产跨境转让：概念界定与内涵体系 / 50

三、自由贸易试验区金融资产跨境转让的典型案例与主要问题 / 53

四、完善人民币金融资产跨境转让的对策建议 / 59

第四章 基于服务贸易新业态新模式的自由贸易试验区提升战略

一、引言 / 62

二、服务贸易新业态新模式的主要特征与培育路径 / 63

三、各地自由贸易试验区服务贸易新业态新模式的创新实践 / 66

四、自由贸易试验区推进服务贸易新业态新模式的难点与问题 / 78

　　五、自由贸易试验区推进服务贸易新业态新模式的对策与建议 / 81

第五章　海南自由贸易港发展离岛产业的策略与路径研究

　　一、海南发展离岸产业的背景与意义 / 84

　　二、海南产业发展现状与问题 / 87

　　三、海南自由贸易港离岛产业发展策略与模式 / 89

　　四、促进海南离岛产业发展的路径 / 92

第六章　提升战略背景下自由贸易试验区压力测试的方向及建议

　　一、自由贸易试验区实施提升战略的时代背景 / 97

　　二、自由贸易试验区建设现状分析 / 99

　　三、自由贸易试验区压力测试的重点方向 / 105

　　四、政策建议 / 108

第七章　世界银行"宜商环境"视阈下自由贸易试验区（港）的法治创新研究

　　一、引言 / 111

　　二、自由贸易试验区（港）的法治创新 / 113

　　三、优化"宜商环境"与自由贸易试验区（港）法治创新的辩证关系 / 115

　　四、自由贸易试验区（港）法治创新的实践案例分析 / 118

　　五、自由贸易试验区（港）法治创新的问题与对策 / 121

　　六、总结与展望 / 122

第八章　我国自由贸易试验区对接 DEPA 数字贸易规则研究

　　一、引言 / 125

　　二、DEPA 数字贸易规则的主要内容及典型特征 / 126

　　三、自由贸易试验区对接 DEPA 数字贸易规则的优势与创新举措 / 133

　　四、我国自由贸易试验区对接 DEPA 数字贸易规则存在的问题 / 136

　　五、推进自由贸易试验区与 DEPA 数字贸易规则对接的具体思路 / 139

第九章　推动中国式现代化背景下自由贸易试验区创新国际服务贸易发展机制的实践与建议

　　一、引言 / 144

二、中国式现代化对自由贸易试验区创新国际服务贸易机制的基本
　　要求 / 145

三、高水平国际经贸规则对国际服务贸易制度的新要求 / 148

四、自由贸易试验区创新国际服务贸易机制的实践 / 153

五、自由贸易试验区创新国际服务贸易机制的决策建议 / 159

六、结语 / 161

第十章　新发展格局下自由贸易试验区提升产业链供应链现代化水平研究

一、提升产业链供应链现代化水平是实现自由贸易试验区高质量发展
　　的必然要求 / 164

二、自由贸易试验区提升产业链供应链现代化水平的内涵与实践
　　现状 / 168

三、自由贸易试验区提升产业链供应链现代化水平过程中存在的
　　问题 / 177

四、自由贸易试验区提升产业链供应链现代化水平的建议 / 181

五、结语 / 184

第十一章　港澳企业赴自由贸易试验区投资主体资格证明程序的改革

一、引言 / 186

二、港澳企业赴内地投资主体资格证明程序的历史沿革与发展 / 187

三、港澳企业赴自由贸易试验区投资主体资格证明程序改革的实施
　　现状 / 190

四、持续推进自由贸易试验区港澳企业投资主体资格证明程序改革
　　的必要性 / 195

五、进一步推进自由贸易试验区港澳企业投资主体资格证明程序改革
　　的建议 / 199

六、结语 / 207

区　域　编

第十二章　北京"两区"建设成效与政策创新

一、北京"两区"建设的战略目标 / 212

二、北京"两区"建设的主要做法及成效／214

三、北京"两区"建设启示及下一步发展方向／221

第十三章 上海自由贸易试验区临港新片区高质量发展与创新实践

一、2022年上海自由贸易试验区临港新片区建设总体成效／223

二、2022年上海自由贸易试验区临港新片区制度创新新进展及存在的不足／229

三、上海自由贸易试验区进一步改革的方向／235

第十四章 广东自由贸易试验区高质量发展：成效、问题与策略

一、2022年广东自由贸易试验区建设成效／237

二、广东自由贸易试验区发展过程中显现的问题／248

三、广东自由贸易试验区高质量发展的策略建议／250

第十五章 安徽自由贸易试验区芜湖自贸片区高质量发展与创新实践

一、引言／253

二、安徽自由贸易试验区芜湖自贸片区高质量发展的创新实践成效／254

三、安徽自由贸易试验区芜湖自贸片区高质量发展的难点与问题／261

四、推进安徽自由贸易试验区芜湖自贸片区高质量发展的建议与对策／263

第十六章 天津自由贸易试验区制度创新与改革发展报告

一、天津自由贸易试验区的改革回顾与总体情况／267

二、天津自由贸易试验区制度创新领域与代表性案例／268

三、天津自由贸易试验区存在的不足与提升展望／276

第十七章 广西自由贸易试验区高质量发展的现状、困难与对策研究

一、广西自由贸易试验区总体发展介绍／279

二、广西自由贸易试验区发展成效与制度创新路径／280

三、广西自由贸易试验区高质量发展面对的困难／285

四、广西自由贸易试验区实施提升战略的对策建议／290

专题编

ZHUANTIBIAN

第一章　中国自由贸易试验区提升战略研究

史欣向*

一、引言

党的二十大报告提出，要"实施自由贸易试验区提升战略，扩大面向全球的高标准自由贸易区网络"。建设自由贸易试验区，是以习近平同志为核心的党中央在新时代推进改革开放的一项战略举措，在我国改革开放进程中具有里程碑意义。自由贸易试验区的建设并非一蹴而就，它是一种渐进的试验模式，其发展经历了数量由少到多、地理空间全面拓展的过程。目前，中国自由贸易试验区建设布局逐步完善，形成了区域协调、陆海统筹的开放态势和覆盖东、中、西的新格局，改革实践和经验探索也在不断加深，已成为我国深层次改革开放的先行地。在充分肯定自由贸易试验区建设成就的前提下，也应看到中国自由贸易试验区在实践中碰到的一些问题。在"加快自由贸易试验区建设"阶段，遵循的是"高速度"的增长逻辑，特别是在制度创新权力供给不足的情况下，制度创新成果大量涌现。随着自由贸易试验区统筹布局完成，各自由贸易试验区的优势和特点逐步显现，局部的政策优化和程序性简化改革的空间越来越小。① 自由贸易试验区探索进入了"深水区"，未来自由贸易试验区应在进一步提高制度创新质

---

* 史欣向，中山大学马克思主义学院副教授，中山大学自贸区综合研究院副院长。本文系国家社科基金一般项目"中国特色自由贸易港微观管理体制机制研究"（项目编号：18BJY188）的阶段性成果。

① 卢福永、史薇、王鑫涛：《自贸试验区助力双循环新发展格局：形成机制及路径》，《福建论坛（人文社会科学版）》2021年第12期，第90-99页。

量上下功夫。① 2021年7月,习近平总书记在中央全面深化改革委员会第二十次会议上提出:"要围绕实行高水平对外开放,充分运用国际国内两个市场、两种资源,对标高标准国际经贸规则,积极推动制度创新,以更大力度谋划和推进自由贸易试验区高质量发展。"② 从"加快自由贸易区建设"到"实施自由贸易试验区提升战略",体现了中央对建设自由贸易试验区战略决策的变化。落实好自由贸易试验区提升战略,关键是在"提升"上下功夫,主要是以试点对接国际高标准,推进制度型开放,发挥好改革开放综合试验平台的作用,在对接国际高标准经贸规则、市场准入水平和改革系统集成、协同创新三方面进行提升。③

二、实施自由贸易试验区提升战略的现实基础

(一) 制度创新积累

自由贸易试验区是制度创新的"试验田",是育苗圃,不是栽盆景,制度创新成果一旦与本地发展相融合,则能真正发挥"改革开放新高地"的作用。中国自由贸易试验区紧紧围绕制度创新这一核心任务,大胆试、大胆闯、自主改,在政府职能转变、贸易便利化、投资自由化、金融改革创新、法治化环境等方面进行了有效探索,推出了一大批高质量高水平的制度创新成果,为改革创新注入源源动力。商务部数据显示,截至2022年,在国家层面已向全国或特定区域复制推广了278项制度创新成果,在地方层面形成的制度创新成果更是数以千计。其中,以国务院发函等方式集中复制推广的自由贸易试验区改革试点经验共6批合计143项。通过国家和地方

---

① 广州市南沙区商务局:《实施自贸试验区提升战略,加快构建新发展格局——第九届中山大学自贸区高端论坛成功举办》,http://www.gzns.gov.cn/zwgk/zwdt/content/post_8887949.html,访问日期:2023年3月27日。

② 中国政府网:《习近平主持召开中央全面深化改革委员会会议:统筹指导构建新发展格局 推进种业振兴 推动青藏高原生态环境保护和可持续发展》,2021年7月9日,https://www.gov.cn/xinwen/2021-07/09/content_5623856.htm。

③ 中国日报网:《商务部:推进自由贸易试验区建设将聚焦"三个提升"》,2023年3月2日,http://caijing.chinadaily.com.cn/a/202303/02/WS640064a2a3102ada8b2317e8.html。

两个层面的复制推广,自由贸易试验区制度创新红利在更大范围内得以释放,引领高水平制度型开放和率先实现高质量发展。中国自由贸易试验区制度创新成果见表1。

表1 中国自由贸易试验区制度创新成果

成立时间	名称	片区	制度创新成果	特点
2013年9月	中国(上海)自由贸易试验区	上海外高桥保税区	上海自由贸易试验区已诞生300多项制度创新成果,并向全国复制推广①	上海自由贸易试验区的改革创新理念和100多项制度创新成果被推向全国
2019年7月		临港新片区	临港新片区累计出台各类政策260多项,形成87个具有代表性和引领性的制度创新案例,其中36个为全国首创②	
2015年4月	中国(广东)自由贸易试验区	南沙片区	广东自由贸易试验区已累计形成696项制度创新成果,在全省复制推广216项改革创新经验,发布301个制度创新案例③	广东在全省设立13个广东自由贸易试验区联动发展区,推动自由贸易试验区与省内各经济功能区开展政策联动、产业联动和创新联动,首批62项广东自由贸易试验区改革创新举措在联动发展区落地实施,开展30多项产业和项目合作④
		前海片区		
		横琴片区		

---

① 参见《上海:作出改革开放排头兵、创新发展先行者的新业绩》,新华社,https://www.gov.cn/xinwen/2022-07/18/content_5701609.htm,访问日期:2023年6月17日。
② 参见《形成87个具有代表性和引领性的制度创新案例 上海临港加快扩大开放》,中国"一带一路"网,https://www.yidaiyilu.gov.cn/p/269528.html,访问日期:2023年6月17日。
③ 参见《广东自贸试验区八年建设成效显著 累计形成六百九十六项制度创新成果》,《人民日报》,2023年6月8日,http://gdstc.gd.gov.cn/kjzx_n/mtjj/content/post_4195353.html,访问日期:2023年6月17日。
④ 同上。

续上表

成立时间	名称	片区	制度创新成果	特点
2017年3月	中国（辽宁）自由贸易试验区	大连片区	累计推出450多项制度创新成果①	在全国第三批7个自由贸易试验区21个片区中，率先全面完成《辽宁自由贸易试验区总体方案》确定的119项改革试点任务②
2017年4月	中国（浙江）自由贸易试验区	舟山片区	成立5年来（2022年），累计形成215项制度创新成果，103项为全国首创性成果，30多项创新经验在全国复制推广③	江苏与上海、浙江、安徽共同发起成立的长三角自由贸易试验区联盟，依托长三角一体化发展重大战略，联动创新、联动改革、联动开放，推动形成了优势互补的高质量发展新增长极⑥
2019年8月	中国（江苏）自由贸易试验区	全区	累计形成制度创新成果244项，其中15项在全国复制推广，7项在国家部委备案，108项在省内复制推广④	
2020年9月	中国（安徽）自由贸易试验区	全区	两年来，已探索形成了124项制度创新成果，经评估，其中18项为全国首创⑤	

---

① 参见《大连自贸片区制度创新指数排名再提升》，中国日报网，https://ln.chinadaily.com.cn/a/202207/28/WS62e25032a3101c3ee7ae13f5.html，访问日期：2023年6月17日。

② 同上。

③ 参见《浙江自贸试验区舟山片区先行先试 形成特色化制度创新成果》，《人民日报》，2022年6月1日，http://china-zsftz.zhoushan.gov.cn/art/2022/6/1/art_1228974568_58896193.html，访问日期：2023年6月17日。

④ 参见《长三角自贸试验区第二批制度创新案例发布》，浙江政务服务网，http://swj.jinhua.gov.cn/art/2022/11/25/art_1229713489_58923013.html，访问日期：2023年6月17日。

⑤ 参见《安徽举行2022年中国（安徽）自由贸易试验区建设情况新闻发布会（第十四场）》，国务院新闻办公室网站，http://www.scio.gov.cn/xwFbh/gssxwfbh/xwfbh/anhui/Document/1735862/1735862.htm，访问日期：2023年6月17日。

⑥ 参见《长三角自贸试验区制度创新论坛在南京举办》，中国经济网，http://zjydyl.zj.gov.cn/art/2022/11/24/art_1229691737_25951.html，访问日期：2023年6月17日。

续上表

成立时间	名称	片区	制度创新成果	特点
2018年10月	中国（海南）自由贸易试验区	全区	全省已发布的128项制度创新成果当中，120项完成省内复制推广，占比94%①	全国自由贸易试验区形成的278项制度创新成果中，海南已复制推广260项，占比93.5%②
2017年3月	中国（陕西）自由贸易试验区	中心片区	6年来，陕西自由贸易试验区形成了725项创新案例③	33项制度创新成果在全国复制推广，83项在全省复制推广，为全省高质量发展做出了重要贡献④
2019年8月	中国（广西）自由贸易试验区	全区	第四批自治区级制度创新成果共30项，包括改革试点经验10项、最佳实践案例20项，涉及政府职能转变、投资领域改革、贸易转型升级、通关改革创新、金融开放创新、现代服务业创新发展和通道门户开放创新七大工作领域⑤	—

---

① 参见《海南8项制度创新案例被国务院向全国推广》，中国日报网，https://hain.chinadaily.com.cn/a/202210/09/WS6342f3cea310817f312f156c.html，访问日期：2023年6月17日。
② 同上。
③ 参见《陕西自贸区6年形成725项创新案例》，《陕西日报》，2023年4月1日，http://www.shaanxi.gov.cn/xw/sxyw/202304/t20230401_2280723.html，访问日期：2023年6月17日。
④ 同上。
⑤ 参见《中国（广西）自由贸易试验区发布第四批自治区级制度创新成果》，广西壮族自治区商务厅网，http://swt.gxzf.gov.cn/zfxxgk/fdzdgknr/zwdt/gxsw/t15956136.shtml，访问日期：2023年6月17日。

续上表

成立时间	名称	片区	制度创新成果	特点
2019年8月	中国（云南）自贸试验区	昆明片区	累计复制推广改革试点经验363项，累计形成115个创新案例①	38项案例在全省复制推广，占全省自贸片区复制推广案例的45%②
2019年8月	中国（黑龙江）自贸试验区	全区	累计生成200多项制度创新成果，发布5批120个省级创新实践案例③	国家前六批适合黑龙江承接的改革试点经验，复制推广率达到93%

根据中山大学自贸区综合研究院发布的"2021—2022年度中国自由贸易试验区制度创新指数"，2022年全国54个自贸片区制度创新的总体得分平均值为76.70分，相比2021年（75.84分）取得了一定的进步，不同片区在制度创新方面你追我赶、力争上游、有的放矢、特色鲜明，为下一步实施自由贸易试验区提升战略奠定了坚实基础。中国自由贸易试验区制度创新指数（2019—2022）见图1。

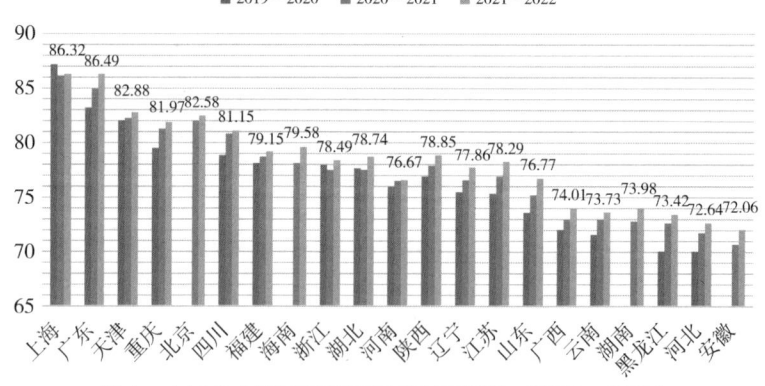

图1 中国自由贸易试验区制度创新指数（2019—2022）

① 参见《自贸试验区昆明片区发布制度创新成果》，昆明市人民政府网，2022年11月21日，https://www.km.gov.cn/c/2022-11-21/4587417.shtml，访问日期：2023年6月17日。

② 参见《自贸试验区昆明片区开创多项"首个"》，昆明市人民政府网，2023年6月9日，https://www.km.gov.cn/c/2023-06-19/4746075.shtml，访问日期：2023年6月17日。

③ 参见《黑龙江自贸试验区挂牌三周年》，黑龙江人民政府网，2022年8月30日，http://gxt.hlj.gov.cn/gxt107070/202208/c00_31272339.shtml，访问日期：2023年6月17日。

（二）经济发展基础

自由贸易试验区建设以制度创新为核心，不以经济增长为唯一目标，但是在制度创新基础上形成的改革红利，客观上必然使自由贸易试验区成为区域经济发展的增长极。近年来，自由贸易试验区建成了一批世界领先的产业集群，"试验田"逐渐成为"高产田"。自由贸易试验区在高质量落实中央和地方各项稳外贸稳外资政策措施的同时，努力培育增长新动能，多地自由贸易试验区积极创新推动物流、运输、通关便利，服务构建新发展格局。2022年我国货物贸易进出口总值42.07万亿元，同比增长7.7%，与2012年24.4万亿元相比，增量高达17.67万亿元。[1] 2022年，21家自由贸易试验区实现进出口总额7.5万亿元，同比增长14.5%，占全国进出口的17.8%；实际使用外资2225.2亿元，同比增长4.5%，占全国利用外资总额的18.1%，其中高新技术产业实际利用外资同比增长53.2%，增速远超全国平均水平。[2] 在制度红利的不断释放下，自由贸易试验区不仅促进了外资外贸增长，还成为推动国内经济发展的重要载体，前沿要素不断聚集带动大批企业集聚，使市场活力充沛，潜能加快释放，是实施提升战略的内在动力。

（三）实践发展要求

高质量高水平推进自由贸易试验区建设，是统筹国内国际两个大局做出的重要部署，也是更好地服务于新发展格局，应对外部环境调整、打通国内市场壁垒，促进国内国际双循环的重要举措。[3] 习近平总书记在中央全面深化改革委员会第十五次会议上指出，要把构建新发展格局同实施国家区域协调发展战略、建设自由贸易试验区等衔接起来，在有条件的区域率先探索形成新发展格局，打造改革开放新高地。新发展格局的本质是发挥

---

[1] 资料来源：国家统计局《中国统计年鉴—2022》。

[2] 参见《2022年自贸试验区建设有哪些亮点？商务部介绍》，中国新闻网，https://www.chinanews.com.cn/cj/2023/02-02/9945894.shtm，访问日期：2023年6月21日。

[3] 李恩付：《实施自由贸易试验区提升战略构建高标准自由贸易试验区网络》，《财富时代》2022年第6期，第43-49页。

国内超大规模市场的潜力和优势，立足国内市场，以畅通国内大循环来推动国内国际双循环。① 然而，现阶段国内市场还存在很多结构性的问题，只能依靠更深层次的制度创新来破除体制机制性障碍。这就要求自由贸易试验区必须在改革系统集成、协同创新方面进行提升，来打破阻碍循环的内外、地区、行业及层级壁垒，清理废除妨碍统一市场和公平竞争的各种规定和做法，通过示范带动国内结构性改革，实现内循环的畅通。②

国内循环是基点，但构建新发展格局不是"关起门"来搞封闭循环。习近平总书记明确指出："过去40年中国经济发展是在开放条件下取得的，未来中国经济实现高质量发展也必须在更加开放条件下进行。"③ 对外开放不仅是市场的开放，还会通过资本、技术和人才的流动激发内部经济活力。④ 我国自由贸易试验区作为改革开放的前沿阵地，大多是经济基础好、贸易体量大的地区，良好的经济基础和开放的营商环境为全面参与全球经济治理，通过规则对接不断突破国际合作壁垒，提升我国在国际价值链的地位，提升我国产业链韧性，发挥外循环对内循环的辐射效应提供了良好条件。⑤ 构建新发展格局是主动的深层次改革，自由贸易试验区同样是主动开放的实验基地。服从服务于国家战略，要求自由贸易试验区必须要稳步扩大规则、规制、管理、标准等制度型开放，在对接国际高标准经贸规则等方面不断提升。

---

① 邵宇佳、艾婧：《新发展格局下对外开放与统一大市场何以兼得》，《财经科学》2022年第416卷第11期，第107－122页。

② 尹晨：《双循环新发展格局下的自贸试验区发展》，《新金融》2020年第382卷第11期，第11－14页。

③ 中国政府网：《习近平在博鳌亚洲论坛2018年年会开幕式上的主旨演讲（全文）》2018年4月10日，https://www.gov.cn/xinwen/2018－04/10/content_5281303.htm? eqid = f503bfa100001b0e0000003645b6e6c。

④ 魏后凯、年猛、李玏：《"十四五"时期中国区域发展战略与政策》，《中国工业经济》2020年第5期，第5－22页。

⑤ 卢福永、史薇、王鑫涛：《自贸试验区助力双循环新发展格局：形成机制及路径》，《福建论坛（人文社会科学版）》2021年第12期，第90－99页。

三、实施自由贸易试验区提升战略的理论逻辑及机制分析

（一）理论逻辑

习近平总书记指出："综合分析国内外形势，当前和今后一个时期，我国发展仍然处于重要战略机遇期，但机遇和挑战都有新的发展变化。"[①] 进入新发展阶段，国内外形势已经发生了深刻的变化，"两头在外"的对外开放模式已经难以为继，以国内大循环为主体，国内国际双循环相互促进的新发展格局成为新阶段对外开放的必然要求。自由贸易试验区作为我国改革开放的综合试验平台，从"1"扩容到"21"，形成278项制度创新成果并复制推广，外资准入负面清单条目从190项减至27项。然而，在经历高速发展之后，中国自由贸易试验区的制度创新红利呈现递减趋势，改革创新面临诸多问题：①制度创新存在同质化问题。大部分自由贸易试验区仍将创新停留在利用信息化手段简化流程等政务改革层面，不能凸显自由贸易试验区作为改革开放新高地的重要意义，与自由贸易试验区"为国家试制度"的任务存在矛盾。②功能定位存在问题。短期内快速发展起来的自贸片区在功能上没有明确定位，地域上的接近导致不同自贸片区之间竞争激烈，部分自贸片区"透支"制度红利来进行招商引资，可能经济短期内会快速增长，但却与高质量发展的要求背道而驰，并非真正"为地区谋发展"。

我国自由贸易试验区发展是一个从量变到质变的过程。从数量和范围上看，时至今日国内已经设立了21个自由贸易试验区，初步形成了覆盖东西南北中的格局。虽然我国自由贸易试验区建设取得了长足的发展，但其主要体现在数量、范围等量上的积累，在高质量发展上仍有较大提升空间。自由贸易试验区从要素开放上升到制度开放，要实现"质量变革"，必须率

---

① 习近平：《新发展阶段贯彻新发展理念必然要求构建新发展格局》，《理论导报》2022年第17期。

先对接高标准国际经贸规则,推动形成更多高水平制度创新成果并复制推广,为我国同更多国家和地区商签高标准自由贸易协定"投石问路"。实施自由贸易试验区提升战略,为新的历史条件下高质量高标准建设自由贸易区和推进全面对外开放提供了思路和方向。在经济全球化浪潮下,经济要素的流动逐渐实现自由化,国际生产方式的变革对投资与贸易规则提出了更高的要求,制度型开放已经成为经济全球化发展新形势下的当务之急。自由贸易试验区是我国探索制度型开放的重要载体,实施自由贸易试验区提升战略是推进更高水平对外开放的战略举措。我国的改革已经进入深水区,到了"啃硬骨头"的时候,市场化改革面临深层次问题。实施自由贸易试验区提升战略,深度对接高标准国际经贸规则,打造市场化、法治化、国际化营商环境有助于解决改革进程中面临的诸多难题,为更深层次体制机制改革提供动力。高水平自由贸易试验区已经成为国际经济合作和竞争的重要平台,世界主要经济体都在推动国际经贸规则重构,以自由贸易试验区为载体和平台,积极参与国际经贸规则制定,有助于构建更加公平公正的国际经贸治理体系。①

(二) 机制分析

质量变革通常是指产品和服务质量的提升。质量变革是主体,高质量是经济发展的基本目标,目前我国经济发展面临的主要挑战是质量不高,所以加快提升供给水平,推动中国制造向中国智造、中国速度向中国质量、中国产品向中国品牌升级,已成为我国转向高质量发展的主要任务。② 具体到自由贸易试验区,就是要紧紧围绕"制度创新质量"这一主题,在宏观层面要服务于国家战略,在微观层面要服务于市场主体。上海、江苏、浙江自由贸易试验区实现了长三角全覆盖,服务长三角一体化发展;北京、天津、河北自由贸易试验区实现了京津冀全覆盖,服务京津冀协同发展;广东自由贸易试验区服务粤港澳大湾区建成国际一流湾区,在中国式现代

---

① 孙元欣、邱坤凤、熊安静:《扩大面向全球的高标准自由贸易区网络》,《今日海南》2023年第3期,第35-37页。
② 中国政府网:《全力推进经济发展三大变革》,2018年3月17日,https://www.gov.cn/xinwen/2018-03/17/content_5274871.htm。

化建设中走在前列。在政务服务方面，政府管理部门要提高行政审批的智能化程度，实现多种事项快速办理，为企业提供便捷的政务服务。在营商环境方面，通过进一步简政放权，借鉴国际高标准经贸规则来打造市场化、法治化、国际化的营商环境，成为"国内领先、国际一流营商环境新高地"。在产业发展方面，各个自由贸易试验区要围绕自身优势，在对标国际高标准自由贸易试验区的基础上进行本土化探索，利用本地产业发展出各具特色的产业集群，同时要打破区域限制，联合开展跨区域、跨部门、跨行业的集成创新，承担起改革开放先行先试的重任。

效率变革是重点，推动效率变革就是要填平各种低效率洼地，为高质量发展奠定一个稳固的基础。① 具体到自由贸易试验区，就是消除阻碍制度创新的不利因素，在更短时间、更深层次、更广领域推动更高水平制度创新。我国自由贸易试验区规模不断扩大，在取得了显著成果的同时协调成本过高、经济管理权限不足和管理体制机制不顺畅等问题逐渐显现。现阶段，自由贸易试验区既要和中央部委、省直机关等政府部门进行协调，也要和其他自贸片区进行协调，很多精力都花在了协调工作上，影响了制度创新效率。虽然省级政府列出清单，赋予了自由贸易试验区省级经济管理权限，但仍有不少自贸片区没有条件承接省级管理权限，导致上级部门放权流于形式。目前，全国人大常委会只在上海、广东、天津、福建四地调整了相关法律规定，其他自贸片区还未获得授权，导致上级部门放权的意愿不强。为此，要理顺央地之间的权责关系，加大中央部委的放权力度，同时科学界定自由贸易试验区基层管理部门的职责，建立与中央部委和省直机关沟通的"绿色通道"，同时严格落实经济管理权限的下放，避免形式主义式的权限下放。② 此外，要聚焦于自由贸易试验区的核心任务，建立科学的评价机制，引导自由贸易试验区制度创新实现效率变革。

动力变革是关键，也是实现质量变革、效率变革的前提条件，转向高质量发展的"三大变革"，就是要以动力变革来推动效率变革，进而促进质

---

① 中国政府网：《全力推进经济发展三大变革》，2018年3月17日，https://www.gov.cn/xinwen/2018-03/17/content_5274871.htm。

② 郑展鹏、曹玉平、刘志彪：《我国自由贸易试验区制度创新的认识误区及现实困境》，《经济体制改革》2019年第6期，第53-59页。

量变革。① 具体到自由贸易试验区，就是指推动制度创新的动力发展调整。制度创新的内生动力一般有两个来源，一个是实践层面的问题导向，另一个是理论层面的顶层设计。② 当前，自由贸易试验区缺乏具有深层次制度创新特征的改革措施，其主要原因有两个：一是制度创新的权责不对等。自由贸易试验区的核心任务是制度创新，但上级部门在考核项目中将企业数量、招商引资规模、进出口规模等指标列为重点，加剧了自由贸易试验区的考核压力，却没有赋予相应的权力来推动工作的开展。二是制度创新的风险与收益不对等。在制度创新的过程中往往需要打破以往的既有格局，同时可能带来一系列不确定的后果，而国家没有出台相关的容错机制对自由贸易试验区创新主体进行合理免责，这造成自由贸易试验区开展深层次、突破性的制度创新的动力不强。因而，要加强顶层设计，建立相应的容错机制，科学评估制度创新的各项工作，激发创新动能。自由贸易试验区基层管理部门要创新人才引进方式，提高当前人员薪酬，激发基层管理人员进行制度创新的积极性。

制度创新最终要服务实体经济发展。实体经济是指一个国家生产的商品价值总量，是人通过思想使用工具在地球上创造的经济，包括物质的、精神的产品和服务的生产、流通等经济活动。自由贸易试验区制度创新说到底都是要服务于实体经济发展，自由贸易试验区绝不能"栽盆景"，而要"育苗圃"。制度创新避免"空对空"的陷阱，最重要的一条经验就是必须结合本地产业进行差异化探索。《中华人民共和国国民经济和社会发展第十四个五年规划和2035年远景目标纲要》指出："完善自由贸易试验区布局，赋予其更大改革自主权，深化首创性、集成化、差别化改革探索，积极复制推广制度创新成果。"下一阶段，自由贸易试验区必须以制度集成创新为重点，以系统性、整体性为原则，加强顶层设计，注重整体规划，确保各项创新的有机衔接、相互支撑，实现质量变革、效率变革、动力变革，真正担负"为国家试制度、为地方谋发展"的战略使命。

---

① 中国政府网：《全力推进经济发展三大变革》，2018年3月17日，https://www.gov.cn/xinwen/2018-03/17/content_5274871.htm。

② 薛澜：《激发制度创新的内生动力》，《人民日报》2020年4月13日。

四、实施自由贸易试验区提升战略的对策与建议

（一）因地制宜，分类施策，推动自由贸易试验区质量提升

推动自由贸易试验区制度创新质量提升，需要强调系统性、整体性、协同性。全国 21 个自由贸易试验区改革任务不同，必须因地制宜地进行差别化探索。针对各自贸片区不同的资源禀赋和发展程度可以分为改革导向型和发展导向型。上海、广东、江苏、浙江等发展较好的自由贸易试验区，具有地理、资本、人才等方面的优势，应承担起制度改革创新的重任，加强制度改革系统集成，建设开放和创新为一体的综合制度改革试验区；加强同国际通行规则相衔接，建立开放型经济体系的风险压力测试区；进一步转变政府职能，打造提升政府治理能力的先行区；创新合作发展模式，成为服务国家"一带一路"建设、推动市场主体"走出去"的桥头堡；服务全国改革开放大局，形成更多可复制推广的制度创新成果。陕西、安徽、辽宁、河北等自由贸易试验区，可以在加快内陆城市建设，复制推广制度创新成果等方面集中发力，进一步优化全方位、多层次的开放型经济体制机制，聚焦内陆地区承接沿海地区产业转移能力，探索内陆地区开放和融合发展之路。

在实施自由贸易试验区人才提升战略的过程中，既要保证量的合理增长也要保证质的有效提升。过去十年，自由贸易试验区在人才引育方面探索出了不少思路和政策，但总体而言，尤其是较偏远的自由贸易试验区，缺少人才仍是很大的问题。对于发展较好的自由贸易试验区，特别是在中心城市的自贸片区，必须不断提升人才质量。针对高端人才，按"一事一议"的方式给予行业顶尖人才一系列支持，推动建立以信任为基础的战略科学家、产业顶尖人才负责制，赋予其用人权、用财权、用物权、技术路线决定权、内部机构设置权。① 对于发展相对缓慢，特别是地处较偏远的自贸片区，需要给予政策倾斜，加大力度夯实人才基础。针对专业技能人才，

---

① 李文芳：《广州南沙推"九大行动"集聚人才九条措施》，《中国日报》2023 年 5 月 11 日。

符合条件者可以直接被评定为高层次人才,并且给予技能人才专项支持,提高技能人才的相关待遇。改变原有的人才评定方式,除政府评定外,增加专家推荐、自主评审、企业评定等人才评定方式,让人才评价机制更加灵活,吸引更多的人才到自由贸易试验区。

(二)转变职能、明确边界,实现自由贸易试验区效率变革

自由贸易试验区是改革开放的新高地,其目标是建立一套适应高水平对外开放要求和投资贸易需要的新的制度体系。在此过程中,必须清醒地认识到,政府要具有更高的机动性和灵活性,要进一步明确政府应该发挥的作用。在转变政府职能方面,要进一步简政放权,能下放的经济社会管理权限,都应下放给自由贸易试验区。进一步缩减市场准入负面清单,促使市场充分发挥在资源配置中的决定性作用,创新事中事后监管机制,确保"该放的放到位,该管的管得住"。国际上,一些先进自由贸易区采用了政府监管、企业经营的模式,如新加坡自由贸易区主要由新加坡中央政府和新加坡国际港务集团共同负责管理,中央政府主要负责自贸区的宏观发展,港务集团主要负责自贸区的日常运营,这种监管与运营分离的管理模式能够提升自贸区运营效率,使市场的积极性得到充分发挥。在中国特有的情境下,自由贸易试验区要更好发挥政府的作用。主要的思路就是通过不断下放管理权限,减少管理事项,整合审批权限和流程来赋予自由贸易试验区更大的改革自主权。

在优化管理架构方面,不断进行探索,向集约化的管理模式迈进。自由贸易试验区管理部门可以学习借鉴已取得的成功经验,结合自身的实际情况,推动自由贸易试验区政府管理架构的优化升级。在实践中,上海自由贸易试验区扩区后,上海自由贸易试验区管理委员会和浦东新区政府采用了合署办公的模式,将性质和内容相近的工作放在同一部门进行办理,使各方面资源得到更高效的运用。天津自由贸易试验区成立以来,针对政府部门改革进行了一系列探索,推出了"四个一"新举措,形成了"十个一"管理体系。在天津自由贸易试验区"多合一"改革中,一个部门管理市场,一个部门管理执法,这是典型的大部门制改革。要通过不断优化管理架构、减少职能交叉,避免多头管理,提升行政效率来推动大部制改革,

进而实现自由贸易试验区管理架构的创新发展。①

明确制度创新边界，减少"重复""无效"的创新。自由贸易试验区的核心任务是推动制度创新，但发展到今日仍存在浅层次、同质化、碎片化的问题，不少制度创新仍停留在浅层次改革上，深层次的、集成化的制度创新反而越来越稀缺。形成这种局面的一个重要原因是，制度创新边界不明确，或者说制度创新标准不明确。减少一个环节，增加一台电脑，合并一个部门，加设一项职能，算不算制度创新？如果没有明确的边界，制度创新将会没有明确"下限"，质量更是无从保证。因而，在自由贸易试验区提升战略的实施过程中，必须厘清制度创新的边界，以对接高标准国际经贸规则、促进要素高效流动、强化片区之间联动等为标准，以服务国家发展大局、服务地方产业发展为目标来评价制度创新，引导片区集中力量、集中资源探索集成创新，提升高质量制度创新产出效率。

（三）鼓励制度创新多样化发展，促进自由贸易试验区动能转化

不同自贸片区的资源禀赋、区位优势不同，发展的过程也不尽相同，鼓励各自贸片区结合本地优势制定符合自身情况的制度创新导向，最大化激发制度创新动能。中央在制定各地自由贸易试验区总体方案时就已经考虑到了各地差异，并给予了不同的定位和导向，如深圳前海自贸片区的主要功能是对香港服务业的开放与合作；浙江舟山自贸片区是以石化全产业链为核心目标；陕西杨林自贸片区是唯一的农业自贸片区；武汉自贸片区是以国家高新技术产业开发区为依托，主要发展芯片及光电子相关产业；等等。然而在实际工作中，各地在追求制度数量的过程中制度创新导向逐渐模糊化，内在动力的缺失也导致制度创新动能不断衰减。进入新的发展阶段，自由贸易试验区必须回到"初心"上来，鼓励各自贸片区坚持属于自己的制度创新导向，深耕服务国家大局、支持本地产业的"专精新"领域，坚决地走差异化发展道路。

---

① 冯晓光：《河北自贸区行政管理体制问题与对策研究》，硕士学位论文，华北理工大学，2022。

联动其他特殊功能区进行协同性创新,解决动能转化所需的资源供给不足的问题。制度创新动能转化需要相应的资源配给。在从数量向质量转化的过程中,制度创新所需的资源也需要迭代。然而,自贸片区的资源总量有限且禀赋差异很大,比如制度创新所需的管理权限、实施平台、人才素质等资源不可能实现"随心所欲"的配给,所以在自由贸易试验区提升过程中所需的资源迭代仅仅通过自身是很难完成的。要解决这个问题,符合现实的路径之一就是联动其他特殊功能区进行协同创新,实现资源整合优化,在局部形成资源优势,从而为自由贸易试验区动能转化提供有利条件。近年来,以浙江为代表的自由贸易试验区联动片区建设取得了明显的成绩,2022年广东也公布了在全省设立13个联动片区的实施方案,目前全国不少自由贸易试验区都在开展联动片区建设。在实施自由贸易试验区提升战略的过程中,联动片区建设是必需的也是必要的。而且,还需加强与本地高新技术开发区、国家级新区等各类特殊功能区的联动,以及跨区域的自由贸易试验区与产业功能区的联动。

参考文献:

[1] 习近平. 高举中国特色社会主义伟大旗帜 为全面建设社会主义现代化国家而团结奋斗[N]. 人民日报,2022-10-26(001).

[2] 刘萌,韩昱. 自贸试验区建设步入十周年 金融创新硕果累累[N]. 证券日报,2023-05-31(A03).

[3] 孙元欣,邱坤凤,熊安静. 扩大面向全球的高标准自由贸易区网络[J]. 今日海南,2023(3):35-37.

[4] 新发展阶段贯彻新发展理念必然要求构建新发展格局[J]. 理论导报,2022(9):16,21.

[5] 张淑娟. 安徽自贸区高质量发展研究[J]. 合作经济与科技,2021(18):30-31.

[6] 董涛,郭强,仲为国,等. 制度集成创新的原理与应用——来自海南自由贸易港的建设实践[J]. 管理世界,2021,37(5):60-70,5,16-18.

[7] 姚龙华. 自贸试验区的核心任务和价值在于制度创新[N]. 深圳特区

报，2018-10-30（A02）．

[8] 冯晓光．河北自贸区行政管理体制问题与对策研究［D］．唐山：华北理工大学，2022．

[9] 李恩付．实施自由贸易试验区提升战略构建高标准自由贸易试验区网络［J］．财富时代，2022，205（6）：43-49．

[10] 卢福永，史薇，王鑫涛．自贸试验区助力双循环新发展格局：形成机制及路径［J］．福建论坛（人文社会科学版），2021，355（12）：90-99．

[11] 邵宇佳，艾婧．新发展格局下对外开放与统一大市场何以兼得［J］．财经科学，2022，416（11）：107-122．

[12] 尹晨．双循环新发展格局下的自贸试验区发展［J］．新金融，2020，382（11）：11-14．

[13] 王旭阳，肖金成，张燕燕．我国自贸试验区发展态势、制约因素与未来展望［J］．改革，2020，313（3）：126-139．

[14] 张丹．自贸试验区对推动制度型开放的主要成效、面临障碍及建议［J］．对外经贸实务，2020，374（3）：4-8．

[15] 李善民．中国自贸区的发展历程及改革成就［J］．人民论坛，2020，682（27）：12-15．

[16] 刘晓宁．双循环新发展格局下自贸试验区创新发展的思路与路径选择［J］．理论学刊，2021，297（5）：59-67．

第二章　中国自由贸易试验区涉外商事调解机制的创新发展

董淳锷　高凌霄[*]

一、引言

妥善处理涉外商事纠纷，对于服务和保障国家"一带一路"建设，优化自由贸易试验区法治化、市场化、国际化营商环境，稳步扩大规则、规制、管理、标准等制度型开放，增强我国在国际社会的法治公信力，实施自由贸易试验区提升战略等方面具有重要意义。[①]

以法治为经济发展赋能，推进自由贸易试验区贸易便利化和投资自由化，需要创新自由贸易试验区内的纠纷多元解决机制。2021年国务院印发《关于推进自由贸易试验区贸易投资便利化改革创新若干措施的通知》，将构建国际商事争端预防机制作为促进贸易投资便利化的重要措施，提出要为区内企业提供"事前预防、事中调解、事后解决"的全链条商事法律服务。调解本身具有高度灵活性，其不拘泥于法条，不绝对追求"谁对谁错"，而是以维护区内商业贸易稳定发展为目标，关注当事人的根本需求。对于自由贸易试验区而言，区内地域狭窄，商业活动较为集中，彼此的依赖度更为密切，即使产生纠纷，亦需要从长计议，保持长远的合作关系。[②]

---

[*] 董淳锷，法学博士，中山大学自贸区综合研究院副院长，中山大学法学院教授。高凌霄，中山大学法学院涉外律师方向硕士研究生。

[①] 党的二十大报告提出，"要稳步扩大规则、规制、管理、标准等制度型开放；加快建设海南自由贸易港，实施自由贸易试验区提升战略，扩大面向全球的高标准自由贸易区网络"。

[②] 王淑敏、何悦涵：《海南自贸试验区国际商事调解机制：理论分析与制度建构》，《海南大学学报（人文社会科学版）》2018年第5期，第26-35页。

灵活的商事调解能够充分适应自由贸易试验区的创新政策，最大限度维护当事人间的友好关系，发挥法治为经济赋能的作用。因此，创新涉外商事纠纷多元解决机制的核心任务之一是完善涉外商事调解机制。

商事调解是国际上解决商事纠纷的重要机制，《区域全面经济伙伴关系协定》（regional comprehensive economic partnership，RCEP）和《全面与进步跨太平洋伙伴关系协定》（comprehensive and progressive agreement for trans-pacific partnership，CPTPP）争端解决章节专门规定了调解可以作为解决当事人纠纷的方式之一，同时 RCEP 还引入了技术磋商机制，以促进双方通过相对平和的沟通与谈判解决贸易纠纷问题。在推动高水平对外开放的政策导向下，涉外商事调解机制能够缩小政治、经济、文化、法律背景差异，符合国际争端解决潮流。当前我国对外交往密切，持续深化"一带一路"经贸合作，积极加入 RCEP 与 CPTPP 协定，国际商事往来进一步繁荣。在我国"一带一路"建设中，沿线国法系既包括大陆法系、英美法系，还包括伊斯兰法系、混合法系，不仅法律体系不统一，而且由于各国政治、经济和文化方面的差异导致很多具体法律制度也存在差异。[①] 而诉讼和仲裁模式都需要解决法律适用问题，这将会激化当事人之间的纷争。相比之下，调解中双方当事人可以将焦点集中于案件的实际处理结果，而无须执着于法律适用问题，从而提高纠纷解决的效率。为此，国务院发布的《关于建立"一带一路"国际商事争端解决机制和机构的意见》明确提出，应当支持国内商事调解机构发展，并且积极推动商事调解机构"走出去"。目前我国"一带一路"国际商事调解中心已经在英国、美国、荷兰、巴基斯坦等国家设立海外调解室，推动"一带一路"商贸的蓬勃发展。

中共中央、国务院印发的《粤港澳大湾区发展规划纲要》指出，"加强粤港澳司法交流与协作，推动建立共商、共建、共享的多元化纠纷解决机制，为粤港澳大湾区建设提供优质、高效、便捷的司法服务和保障，着力打造法治化营商环境"。在粤港澳三地不同的法律背景下，实现民商事法律的全部统一较为困难，商事调解有助于减少实体法差异给纠纷解决带来的影响，推动三地法律规则的衔接和商事纠纷解决机制的对接。2021 年 8 月

---

① 杜军：《我国国际商事调解法治化的思考》，《法律适用》2021 年第 1 期，第 150 – 156 页。

26日，粤港澳大湾区调解工作委员会正式成立。该委员会在首次会议中通过了《粤港澳大湾区调解工作委员会工作规则》，并就粤港澳大湾区《调解员资格资历评审标准》《调解员专业操守最佳准则》《跨境争议调解规则》达成原则共识。粤港澳大湾区调解工作委员会的成立将促进大湾区调解机构间的交流与合作，助力内地打造一套对标港澳地区与国际的商事调解规则体系，促进三地之间法律交往合作，推动规则衔接机制的建立。

调解作为"一站式"纠纷解决的重要基石，有助于提高公共法律服务水平。目前我国商事纠纷解决机制主要有三种，分别为诉讼、仲裁、调解。诉讼由于对抗性强、审判时间长、跨境执行难等问题，不利于涉外商事活动中当事人快速解决纠纷；仲裁虽然具备裁决程序简便灵活的优点，但同时也存在解纷成本高、缺少监督机制等现实困境。2021年最高人民法院印发《关于深化人民法院一站式多元解纷机制建设推动矛盾纠纷源头化解的实施意见》，强调为群众提供"菜单式"解纷服务，深化调解服务的效能。同时，最高人民法院在深圳、西安分别设立了第一、第二国际商事法庭，建立诉讼与调解、仲裁有机衔接的"一站式"国际商事纠纷多元化解决机制。各地也积极响应中央的号召，持续推动"一站式"矛盾纠纷多元化解机制建设走深走实。① "一站式"纠纷解决机制整合法治资源，融合诉讼、调解、仲裁方式，形成三者的有效对接，为当事人处理纠纷提供了多元化的路径。

整体而言，商事纠纷调解机制有助于弥补诉讼、仲裁的不足，注重双

---

① 例如北京法院国际商事纠纷"一站式"多元解纷中心依托人民法院调解平台总对总机制与北京涉台商事纠纷调解中心、中国侨联调解中心等多家调解组织进行合作，探索实现与调解组织、仲裁组织的共享、共治新局面。重庆的"一站式"纠纷解决机制联结了重庆两江新区（自贸区）法院、中国国际经济贸易仲裁委员会西南分会和"一带一路"国际商事调解中心三方主体，通过诉调对接机制，成功化解大量涉外商事纠纷，为涉外商事争议多元、高效、便捷化解做出了有益探索。这个机制也先后获评国务院自由贸易试验区"最佳实践案例""人民法院服务保障自由贸易试验区亮点举措""中国自贸区制度创新十佳案例"等多项荣誉。综合参见：①王远哲：《国际商事纠纷"一站式"多元解纷中心打造涉外、涉港澳台商事案件调处新模式》，北京市第四中级人民法院网，https://bj4zy.bjcourt.gov.cn/article/detail/2023/02/id/7163670.shtml，访问日期：2023年6月15日。②俞芳：《重庆自贸试验区"一站式"纠纷解决机制登上全国"最佳实践案例"榜》，重庆市人民政府官方网站，http://sww.cq.gov.cn/zymyq/ywxx/dtyw/202107/t20210706_9453173.html，访问日期：2023年6月15日。

方当事人的主体地位,依照双方当事人的意思进行磋商,有助于当事人更好地掌控纠纷解决的过程及结果。"商事调解不拘于既有争议利益的分割,而可以将现在和未来更多的经济资源、商业企划纳入当前谈判中,当事人可以在各种资源中寻求与自身利益的齿合及最佳匹配,当下的争议和分歧可以在更大领域的合作、谈判中消弭。整个过程是在增量博弈路径下开展的,不仅解决了争议,而且还能通过恢复商业关系而发掘出合作潜能。"① 目前我国已经加入《联合国关于调解所产生的国际和解协议公约》(以下简称《新加坡调解公约》),和解协议的域外执行力已经具备现实的可能。② 因此,有必要深入考察和分析中国自由贸易试验区涉外商事调解机制的发展现状,检讨实践中存在的疑难问题,遵循党中央关于"实施自由贸易试验区提升战略"的重要指示,结合《新加坡调解公约》以及其他国际经贸规则关于国际商事纠纷解决机制的规定,完善我国涉外商事调解的法律体系。

二、涉外商事调解机制的发展现状

(一)"单一制"商事调解和"混合制"商事调解并存

涉外商事调解机制的构建模式包括"单一制"与"混合制"。"单一制"是指涉外商事调解中心独立于诉讼和仲裁程序,其达成的调解协议本身不具有强制执行力,有待于司法确认程序的确认。如经过调解后仍然无法解决纠纷,当事人需要将该纠纷提交诉讼、仲裁进行处理。目前"单一制"涉外商事调解机构的设立主体多样,包括社团组织、商会行业协会、司法行政机关等。如上海经贸商事调解中心由上海现代服务业联合会设立,广州国际商贸商事调解中心以广州市司法局为主管单位,③ 深圳证券期货业纠纷调解中心由中国证券监督管理委员会深圳监管局和深圳国际仲裁院共同推动,由深圳国际仲裁院和深圳市证券业协会、深圳市期货同业协会和

---

① 杜军:《我国国际商事调解法治化的思考》,《法律适用》2021年第1期,第150–156页。
② 《新加坡调解公约》全称是《联合国关于调解所产生的国际和解协议公约》,于2020年9月12日正式生效。公约生效后,须经公约成员国国内批准,才能在该国生效。
③ 2023年广州国际商贸商事调解中心在广州南沙自贸片区设立了办公室。

深圳市投资基金同业公会共同设立,是经深圳市事业单位登记管理局批准登记成立的公益性事业单位。中国商事调解的类型见图1。

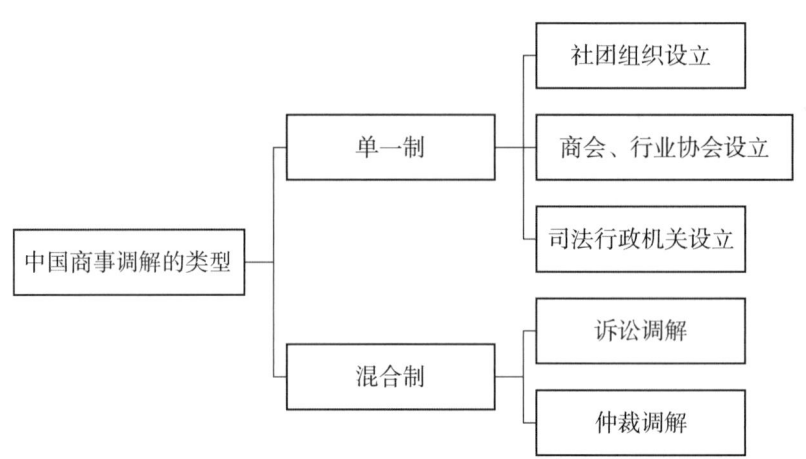

图1 中国商事调解的类型

而"混合制"的涉外商事调解机构则是多元纠纷解决机制下的产物,是法院或者仲裁院的内部机构。在诉讼、仲裁程序中,经过当事人同意,法院和仲裁委可以对案件进行调解,调解不成则继续进行诉讼审理和仲裁裁决。若调解成功,法院和仲裁委可以当事人达成的和解协议为依据,制作调解书、仲裁裁决。中国海事仲裁委员会在内部设立海事调解中心,制定专门的海事调解规则,形成有效的裁调对接机制,此类商事调解即为典型的"混合型"调解机制。类似的还有,深圳国际仲裁院设立的调解中心,也是"混合型"裁调机制。

"单一制"和"混合制"各有优势。"单一制"商事调解具有独立和专业的特点,能够保障调解的私密性,而混合制商事调解则具有案源和承认执行机制明确方面的优势。在"混合制"调解中,当事人在诉讼、仲裁的任一阶段均可达成调解协议从而进入调解程序,调解成功后,法院和仲裁机构制作调解书或裁决书,赋予该调解协议强制执行的效力。当事人更加信赖法院和仲裁机构出具的文书,因此也导致了当前"混合制"调解的受案量远远大于"单一制"商事调解的受案量。但是"混合制"商事调解将调解视为仲裁、诉讼的前置程序,而忽视了调解本身独有的功能和特征。

"混合制"调解作为非诉纠纷解决机制的重要组成部分之一,能够对司法审判形成有效的分流,从而缓解司法压力。但是"混合制"商事调解本身也存在一些不足。首先,"混合制"调解可能造成法官、仲裁员与调解员之间的角色矛盾,影响调解的保密性。其次,在"混合制"调解下,案件仍然由法院进行立案、由法官参与调解,未必能真正有效发挥分流作用,减轻法院的审判工作负担。最后,法官、仲裁员在混合商事调解中不可避免地会听取当事人就争议问题所作的保密性陈述,从而形成对当事人争议焦点的预先判断。若调解失败,案件重新进入诉讼、仲裁程序,那么法官和仲裁员将会经历身份转换,这可能导致调解和裁判之间的职能混淆。

"单一制"商事调解模式具有独立性,一定程度上能够有效解决上述弊端。独立专门的调解机构能够发挥"非诉机制挺在前面"的作用,缓解司法压力。同时,由于调解员并非法官、仲裁员,即使调解失败也不会影响后续诉讼、仲裁程序的独立审理,因此"单一制"相较于混合制而言具有更多的优势。为切实发挥调解作为独立纠纷解决方式的作用,我国商事调解应从依附于法院和仲裁的模式发展为专业化、机构化、市场化模式,形成以社会资源调解为主、公权力调解为辅的格局。①"单一制"商事调解存在的不足是,很多当事人往往不会直接把"单一制"商事调解作为解决法律纠纷的首选手段,而是在提起诉讼、仲裁后,由法庭、仲裁庭转引推荐,才尝试选择"单一制"商事调解。也因此,目前"单一制"商事调解的独立立案率仍然较低。

(二)商事调解规则体系和管理模式的改革持续推进

1. 推进商事调解规则建设,引领商事调解规范化发展

自由贸易试验区是构建开放型经济新体制的重要窗口,既是改革开放的"试验田",也是涉外发展商事调解的最佳"试验田"。自由贸易试验区对商事调解规则的先行先试,既有利于自由贸易试验区涉外商事调解的良性发展,同时也为未来商事调解专门法规的制定奠定了基础。当前我国大

---

① 祁壮:《"一带一路"建设中的国际商事调解和解问题研究》,《中州学刊》2017年第11期,第61-66页。

力发展商事调解,自由贸易试验区内的商事调解机构也在不断探索建立商事调解规则。

调解组织加强自身建设,建立内部调解规范。中国国际贸易促进委员会、商业行业委员会和中国国际商会调解中心牵头起草《商事调解服务规范》,该规范规定了商事调解服务的基本原则、服务机构资质要求、服务流程等内容。内部的规范化有助于推动商事调解服务机构的规范化、标准化,同时为商事调解未来的可持续发展提供重要参考。各地仲裁机构建立的商事调解中心,以及以社团法人(社会组织)形态设立的专门的商事调解中心,也分别制定了商事调解的实体规则和程序规则。

探索商事调解立法,推动调解机构有序发展。目前我国还未就纠纷多元解决特别是商事调解进行专门立法,但是一些省市在地方立法层面已对纠纷多元解决做出规定。例如,厦门早在2015年即出台了《厦门经济特区多元化纠纷解决机制促进条例》,该条例把商事调解纳入纠纷多元解决机制的范畴。近年来,深圳、上海、海南等地进一步通过地方立法对商事调解做出专门规定。深圳于2022年3月通过了《深圳经济特区矛盾纠纷多元化解条例》,这是国内首次以地方性法规专章专节的形式对商事调解进行规定,明确了商事调解组织的设立条件、性质界定以及运行机制。该条例的颁布也被评为2022年度深圳"十大法治事件"。紧随其后的是上海在2022年7月15日发布的《浦东新区促进商事调解若干规定》,该规定的特殊之处在于提出"支持境外知名调解机构在符合境内监管要求的条件下,提供涉外商事调解服务",推动我国商事调解的国际化发展。

同时,我国也积极参与国际商事调解规则体系的建设。2019年8月7日,我国签署《新加坡调解公约》。作为"国际民商事争议解决的三大公约支柱之一",①《新加坡调解公约》明确赋予了国际调解协议跨国执行的效力,实质性地提升了商事主体选择商事调解的意愿,国际商事调解制度将成为国际商事仲裁之外具有功能的国际商事争议解决方式。

---

① 祁壮:《国际商事调解发展的新趋势与我国的应对》,《江西社会科学》2023年第2期,第193-205页。

2. 明晰商事调解管理模式,司法行政管理和行业自治相结合

商事调解的良性发展需要行之有效的监督管理机制,提高商事调解的公信力。当前我国对商事调解的管理模式主要采取司法行政管理和行业自治相结合的模式。司法行政为总体指导,对调解机构起监督作用。而行业协会为具体管理,引导调解机构的规范化运营。

目前深圳和海南都已经确定司法行政机关和行业协会对商事调解的管理职能。例如,《深圳经济特区矛盾纠纷多元化解条例》明确规定了司法行政部门对商事调解机构具有指导和监督权,商事调解协会则起到"自律管理"的作用。海南除了强调司法行政部门和行业协会的管理作用外,还提出地方政府应当充分支持商事调解的运行,发展"地方政府支持+专业机构主导+主管机关指导"模式。该模式不仅强调主管机关和行业协会的职能范围,同时还强调对拒不受理、迟延受理、受理违法等情形追究责任,落实责任构建。①

(三) 商事调解与商事诉讼、商事仲裁的对接机制基本健全

1. 搭建"一站式"纠纷化解平台,简化纠纷解决程序

"一站式"纠纷解决平台是将诉讼、仲裁、调解这三大商事纠纷解决模式进行对接,其目标在于"促进基层社会治理从化讼止争向少讼无讼转变。坚持系统治理、依法治理、综合治理、源头治理,重塑人民法院前端纠纷解决格局。坚持把非诉讼纠纷解决机制挺在前面,完善诉讼与非诉讼衔接机制,发挥司法在多元化纠纷解决机制中的引领、推动和保障作用"。② 目前北京、上海、深圳、海南、广州、大连等自由贸易试验区和自贸片区已经深入推动涉外商事纠纷"一站式"解决机制,为商事纠纷解决提质增效。各地自由贸易试验区在发展"一站式"纠纷解决平台的同时,不断完善诉调对接机制,提高纠纷解决效率。例如,海南自由贸易试验区法庭为简化程序,形成"组织调解、司法确认二合一"规范笔录模板,将商事调解组

---

① 参见《海南省多元化解纠纷条例》第4条至第16条。
② 参见最高人民法院《最高人民法院关于深化人民法院"一站式"多元解纷机制建设推动矛盾纠纷源头化解的实施意见》。

织的调解笔录与承办人员的司法确认笔录合二为一,大大降低了从纠纷受理到成功化解的时间。

"一站式"纠纷化解平台的良性发展需要进一步完善诉讼、仲裁、调解衔接机制。《深圳经济特区矛盾纠纷多元化解条例》以专章形式规定了商事调解与仲裁、诉讼之间的衔接机制,为非诉多元化解方式的落地实施奠定了坚实基础。该条例规定了人民法院的主体责任,强调人民法院应当健全诉调对接长效工作机制,对调解组织和调解协会进行业务指导,推动调解财产保全、司法确认、生效法律文书执行、公证债权文书执行等方面的有机衔接。对未达成调解协议的案件,经当事人同意,调解过程中无争议的事实可以作为仲裁、诉讼的证据使用。上述措施解决了商事调解的主要困境即商事调解协议的执行问题,完善诉调和裁调对接机制,有效地促进商事主体对非诉讼矛盾纠纷化解方式的选用,提升深圳对商事矛盾纠纷的综合化解能力。

2. 建立"调解优先机制",节约司法资源

调解作为非诉讼纠纷解决方式之一,是节省司法资源的有效手段。无论在哪个国家,法院都从来不是解决纠纷的唯一渠道,行政、仲裁、调解、和解以及其他各种纠纷解决方式同样有可能公正地解决纠纷。① 由于我国经济处于快速发展阶段,纠纷数量居高不下,法院办案压力较大,案多人少成为现实窘境。调解作为行之有效的纠纷解决方式之一,可以缓解司法压力,维护法治环境。社会治理格局中的纠纷解决机制发展的理想状态,应是实现调解等解纷组织的社会自治化,促使解纷主体在社会化运作中提升自身发展能力。② 当前商事调解对法院案件分流的主要方式有两种,一为通过诉调对接机制,介入诉讼程序进行分流;二为通过"调解优先"策略,引导商事主体优先选择调解方式解决纠纷,起到诉源治理的作用。

"调解优先"机制需要行业协会、商事调解机构合力建设。《中国(上海)自由贸易试验区商事争端解决指南》即提出要引导纠纷首选通过诉讼

---

① 苏力:《审判管理与社会管理——法院如何有效回应"案多人少"?》,《中国法学》2010年第6期,第176–189页。
② 龙飞:《深化多元化纠纷解决机制改革的几个问题》,《法制日报》2018年2月28日第11版。

外方式解决，明确了"调解优先"制度的地位。深圳通过引导商事主体签订"调解优先"公约，推动调解机制的发展。通过联系行业协会、公司和其他机构，引导其将调解作为化解纠纷的第一选择，有效推动了商事调解案件来源的独立化。目前深圳已经和版权协会、金融协会、中小企业投融资商会、钟表行业协会、房地产业协会等多家协会签订调解优先计划。

（四）不断夯实商事调解的专业能力

商事调解员作为现代商事调解事业最重要的基石，是化解传统调解观念和现代商事调解理念冲突的关键。[①] 相比于人民调解，商事调解涉及的纠纷更为复杂，对调解员的专业素养、沟通技能、商业思维、正义观要求更强。当前我国自由贸易试验区正在积极引进和培养国际化、专业化的调解人才，以保障调解中心能够面向国内外商事主体，提供独立、公正、便捷、有效的商事纠纷调解服务。

自由贸易试验区解决国际商事纠纷时往往面临不同法域、不同法律制度、不同法系之间的障碍，因此在人才选任方面需要考虑调解员的国际化水平。深圳市前海国际商事调解中心目前聘任内地、港澳地区、国际调解员共244名，其中，国际及港澳地区调解员占比为44%，为有效解决前海自贸片区内涉外商事纠纷提供了人才保障。[②] 广州南沙自贸片区推广"内地+港澳"调解员"双调解"模式，充分利用粤港澳大湾区的地域优势，整合粤港澳调解员资源，实现涉港澳调解组织和调解员资质统一认证。为有效处理涉外纠纷，消除语言障碍，上海经贸商事调解中心还要求调解员应至少熟练掌握一门以上的外语。此外，如重庆、西安等"一带一路"国内重点城市也十分重视培养国际调解员，实施"内地+港澳台+外籍"调解员"1+X"工作模式，促进商事调解的国际化发展。

另外，国际商事争议往往标的额巨大、案情复杂、争议跨国，因此商事调解员需要具有多元化的职业背景、相关行业经验以及商业思维。以深

---

① 廖永安、刘青：《论我国调解职业化发展的困境与出路》，《湘潭大学学报（哲学社会科学版）》2016年第6期，第47-51页。

② 参见深圳国际商事调解中心网站：http://www.sqicmc.com/intro/26.html，访问日期：2023年7月1日。

圳市前海涉外商事调解中心为例,中心内的 244 名商事调解员的职业背景包括法学研究员、律师、企业法务、法官、政府机关工作人员等,这能够为商事调解提供多样化的视角,也为当事人提供更多的选择。北京中关村企业家商事调解中心、南京秦淮区商会商事调解中心则更加关注商事纠纷内在属性,通过引进知名企业家担任调解员,保障商事纠纷处理朝着专业化道路迈进。

（五）商事调解案件管理实现从"流程专业化"到"个案专业化"

商事案件高度专业化的特征对商事纠纷处理机构提出了更高要求。商事调解机构不仅要有规范化的调解流程还要具有个案专业化的调解水平,向精细化调解迈进。

2021 年深圳前海自贸片区通过与深圳市贸促委调解中心等六大专业机构合作,成立多元化纠纷解决中心六大分中心。同时根据调解员的个人意愿和专业领域特长,前海法院将在册的 164 名特邀调解员划分到六个分中心,进行分类管理。法院在受理案件后,将会依据案件的类型,分配至不同的分中心进行调解,从而充分利用调解员的专业优势,推进"个案专业化"。①

金融、知识产权、破产等专业领域调解机制建设也在持续推进。中国贸易促进委员会调解中心通过成立知识产权专业委员会的形式,聚焦于知识产权领域纠纷,制定并发布了国内首个知识产权纠纷调解规则《中国国际贸易促进委员会/中国国际商会调解中心知识产权争议调解规则》,为处理知识产权纠纷提供专业化新路径。深圳前海则通过和证监会、金融监督管理总局、知识产权局进行对接合作,成立证券期货纠纷在线诉调对接机制、金融案件多元解纷一体化平台、版权线上调解平台,促进相关领域案件得到专业化的处理。

---

① 马培贵:《六大中心、四大特色,前海法院深化国际化专业化精细化诉源治理新模式》,《深圳特区报》2021 年 8 月 6 日第 2 版。

（六）商事调解逐步实现高质量"引进来"和高水平"走出去"

1. 高质量"引进来"——引入涉外商事调解组织

自由贸易试验区身处对外商事交往的一线，在试验区发生的商事纠纷往往存在涉外因素，调解书往往需要进行境外执行。为了推动我国商事调解机构出具的调解协议符合《新加坡调解公约》对调解协议的要求，需要在程序设置、人员资格、配套制度上符合国际商事调解惯例，才能够促使当事人合意，并选择以调解方式解决争议。

引入国际商事调解组织能够有效提升自由贸易试验区商事调解能力的国际化水平。2019年10月世界知识产权组织（World Intellectual Property Organization，WIPO）仲裁与调解上海中心在上海自由贸易试验区登记成立，这是全国首家落地境内的国际仲裁调解组织。该机构调处了全国首例由境外争议解决机构参与调解的涉外知识产权纠纷，最终国外某著名牛仔裤品牌服装运营商和国内某著名品牌服装公司就侵害商标权问题达成和解。最高人民法院对该案给予了高度评价，WIPO在国际社交平台"领英"的官方账号也对该案进行了报道。[①] 此外，上海经贸商事调解中心还联合欧盟知识产权局上诉委员会共同制定知识产权联合调解机制，该机制主要处理中欧商标、外观设计等方面的纠纷，是跨国界、跨机制国际争端解决机制的新发展路径。

当前海南、北京已经得到试点批准，可以引入国际商事调解机构。《最高人民法院关于人民法院为海南自由贸易港建设提供司法服务和保障的意见》《最高人民法院关于人民法院为北京市国家服务业扩大开放综合示范区、中国（北京）自由贸易试验区建设提供司法服务和保障的意见》中均提出"要推动国际商事纠纷'一站式'多元解纷中心建设，探索引入国内外知名涉外商事调解机构，开展商事调解业务"。国际商事调解机构的引入既能够提升我国商事调解的国际化水平，保障纠纷当事人的多样化选择。同时也能够对国内商事调解机构形成倒逼机制，促进国内调解机构调解质

---

① 参见郭燕《上海高院发布与世界知识产权组织仲裁与调解上海中心诉调对接工作办法》，https://m.163.com/dy/article/HHQ75U7C0514C9DN.html，访问日期：2023年6月20日。

量的提升。

2. 新发展"走出去"——设立海外调解室

扩大中国商事调解的国际影响力需要商事调解机构、商事调解员"走出去",引导更多的商事主体了解中国商事调解的发展进程,愿意选择中国商事调解机构进行调解,为探索全球现代化治理提供中国经验。

上海经贸商事调解中心积极推动海外商事调解工作站的设立,2020年在德国慕尼黑成立首个欧洲知识产权海外工作站,为中欧知识产权纠纷解决提供新路径。同时上海经贸商事调解中心还积极推动调解员"走出去",通过与美国司法仲裁调解服务有限公司(Judicial Arbitration and Mediation Services,JAMS)、WIPO合作,向其输送了10多名中国调解员参与涉外商事调解,有效提升了调解员的专业能力。[①]

(七)中立评估等配套机制不断完善

2021年深圳市蓝海法律查明和商事调解中心作为落实单位的"商事纠纷中立评估基地"正式揭牌,[②] 与商事调解和法律查明形成联动,通过专业第三方的早期评估,当事人对案件处理结果会有更清晰的预判,有助于当事人选择非诉纠纷解决模式,以理性、友好、及时的方式,通过调解、和解化解纠纷。此外,上海自由贸易试验区、苏州自贸片区也将中立评估机制引入商事调解当中,为当事人提供案件处理结果参考,促进当事人达成商事调解。

(八)在线平台建设不断优化

大数据、人工智能等先进科学技术的运用,进一步提升了商事调解化解纠纷的高效性。浙江自由贸易试验区探索建立的"中国(杭州)知识产权·涉外商事调解云平台"是商事调解智能化的佼佼者,曾获得国务院服

---

① 参见张巍《坚持高质量发展,全力打造国际一流的专业调解机构》,国际商事法庭官网,https://cicc.court.gov.cn/html/1/218/62/164/2259.html,访问日期:2023年6月20日。

② 《深圳市"商事纠纷中立评估基地"揭牌 法治创新取得新突破》,深圳市司法局官方网站,http://sf.sz.gov.cn/xxgk/xxgkml/szsyasfdxpfalk/content/mpost_8688654.html,访问日期:2023年12月16日。

务贸易创新发展试点"最佳实践案例"、浙江自由贸易试验区第四批"十大"标志性改革成果。① 该平台通过大数据、人工智能等技术，可以实现从送达到调解，从当事人签名到司法确认的全流程都依靠线上平台进行办理。该调解平台还具有案件标识、智能分案、数据大屏展示、案例推送、信息送达、案件转交等功能，能够有效地提升商事调解方式的竞争力。

三、当前涉外商事调解机制存在的问题

（一）专门针对商事调解等多元化纠纷解决方式的立法体系尚未形成

目前，我国有关商事调解的法律制度体系尚未健全。一是中央有关纠纷多元解决机制顶层设计的各项政策措施尚未完全转化为系统性的法律法规，缺乏可以统摄协调诉讼、仲裁、调解、公证、行政裁决等程序的法律制度。二是《中华人民共和国民事诉讼法》（以下简称《民事诉讼法》）、《中华人民共和国人民调解法》（以下简称《人民调解法》）、《中华人民共和国仲裁法》（以下简称《仲裁法》）等法律法规中虽有少数条文涉及纠纷多元解决问题，但该类条文仅能解决各自领域内部分细节性的技术问题，无法解决制度衔接、机制对接问题，商事调解的特殊性也尚未在制度层面得以体现和规定。三是一些地方立法机关已试点制定了旨在促进各种纠纷解决机制协调运作的地方法规，但全国人大常委会和国务院尚未将此类法律法规纳入立法规划。四是一些重要的专项立法尚未出台。如商事调解、行政调解、社会组织参与纠纷多元解决等领域，都亟待立法对相关主体资格资质、机构设立与退出、机制运作程序与职责职能等问题做出规定。

（二）《新加坡调解公约》在国内的适用机制有待完善

《新加坡调解公约》旨在建立国际调解协议的直接执行机制。虽然我国

---

① 蔡杨洋：《杭州"数智化"在线商事调解模式入选全国最佳》，https://www.hangzhou.gov.cn/art/2021/6/3/art_812262_59035983.html，访问日期：2023年6月18日。

于2019年签署该公约,但在立法和司法实践上仍与该公约核心要求存在差距。《新加坡调解公约》在我国落地仍然存在较高难度,主要问题包括国际调解协议在我国尚缺少可执行性、我国目前尚无专门的商事调解法律等。有学者甚至认为,"《新加坡调解公约》的国内法化问题,不单纯是一个规则配适与制度衔接的问题,而且还是一个特定文化语境下调解模式之辨异与汇通的问题"。①

1. 商事调解的范围需进一步厘清

《新加坡调解公约》主要适用于商事调解、商业和解协议,但我国现行法律体系中并没有与《新加坡调解公约》规定的商事调解、商业和解完全对应的概念。目前我国有关调解的法律制度主要规定人民调解、司法调解等问题,商事调解的制度化仍处于起步阶段。我国传统定义中对商事的理解限缩于营利性的特征,不具有营利性、营业性活动的行为一般不纳入商事范围。而《新加坡调解公约》对于商事调解的范围定义采取反向列举的方式,除消费者个人生活消费和家庭、继承、就业领域之外,其他与商业主体有关的纠纷都可以为商事调解所调整。这意味着,《新加坡调解公约》的调解对象涵盖了一部分的民事活动,其内涵比我国法律语境下的"商事"的内涵更为宽泛。

2. 国内商事调解与涉外商事调解的执行机制有待协调

根据《民事诉讼法》第二百零一条规定,目前我国当事人在达成调解协议后,如需执行,则双方应当在调解协议生效之日起三十日内,共同向调解机构所在地的基层人民法院提出司法确认的申请。即调解协议需要经过确认和执行两层程序,才能够予以执行。而《新加坡调解公约》第三条规定,对经调解产生的国际和解协议采取直接执行机制,省去司法确认程序。今后《新加坡调解公约》在我国正式获准实施之后,国内调解协议和国际调解协议的执行机制程序将会出现差异,从而引发国内调解协议和国际调解协议执行双轨制的困惑,同时也会影响法院在处理具体案件当中的程序选择。

---

① 熊浩:《语境论视野下的〈新加坡调解公约〉与中国商事调解立法:以调解模式为中心》,《法学家》2022年第6期,第17–30、191页。

3. 涉外商事调解协议执行的细化标准缺位

涉外商事调解发展过程中的困难之一在于涉外商事调解协议的可执行性没有法律明确的地位，具体的执行程序、执行标准尚未制定，这将直接影响商事主体对商事调解的选择意愿。其原因在于，"国际商事调解是一种市民社会性质的纠纷解决方式，存在《调解公约》尚无法有效解决的一系列困境：其核心理论问题在于和解协议既判力的构成要素缺失，实践问题在于调解的多样性带来的质量控制难题及国家对和解协议'背书'的困境"。[①]

《新加坡调解公约》第三条规定，"本公约每一当事方应按照本国程序规则并根据本公约规定的条件执行和解协议。"由此可见，《新加坡调解公约》仅规定了执行条件，而执行的具体程序仍然需要按照缔约国国内法律的规定。但是，目前我国商事调解立法方面仍然存在缺失，《新加坡调解公约》尚未进行批准，国内商事调解立法尚未落地。针对申请执行国际调解协议的材料要求、管辖法院、财产保全等事项的不明晰直接影响了涉外商事调解领域的发展。

此外，就执行条件的审查方面，《新加坡调解公约》第四条和第五条分别规定了准予执行和不准予执行的条件。相较于《承认及执行外国仲裁裁决公约》（纽约公约）而言，《新加坡公约》注重调解员的行为正当性及和解协议的确定性。审查调解员的行为正当性是否意味着法院在执行中需要主动进行实质审查？如果进行实质审查，将会对具体的执行地法院提出较高的要求，如法院需要对不同法域的调解准则进行相应的研究，并且对调解过程进行辨认和查明。

虽然目前我国有关调解的法律制度和《新加坡调解公约》仍然存在差异，但不可否认的是，《新加坡调节公约》的目的与宗旨与我国现行法律制度的价值与理念高度契合，即通过第三方参与并赋予当事双方提出争议解决方案的权利，鼓励以非对抗的方式解决分歧。[②] 对于我国如何执行《新加

[①] 蔡伟：《〈新加坡调解公约〉的困境和应对》，《清华法学》2022年第2期，第193-208页。

[②] 孙南翔：《〈新加坡调解公约〉在中国的批准与实施》，《法学研究》2021年第2期，第156-173页。

坡调解公约》，涉外商事调解制度与我国司法制度如何衔接，涉外商事调解协议的承认与执行等问题，仍需要通过立法进一步明确。

（三）虚假商事调解的审查与监督机制尚待完善

由于当事人完全基于意思自治达成调解协议，实践中难免出现当事人恶意串通、虚构债权债务关系等情况，同时《新加坡调解公约》规定调解协议可以直接执行，审查监督较少，在涉外商事调解领域无法避免出现虚假调解的现象。一旦强制执行这类调解协议，将会损害第三人的合法权益，同时也影响商事主体对商事调解制度的信心，影响商事调解长期的良性健康发展。因此，加强对虚假调解的审查与监督机制，预防虚假调解的发生，是我国商事调解亟待解决的问题之一。

虽然目前深圳前海法院已经出台了《关于防范与惩戒虚假调解的若干规定》，但是该规定主要关注调解员在调解过程中防范虚假调解的职责，对法院在司法确认程序中的审查职责规定不足。事实上，为了提升商事调解的法律权威性，法院有必要在兼顾司法确认效率的同时，切实保障商事调解的真实性。

（四）商事调解机构建设仍有不足

1. 商事调解机构建设仍处于初期阶段

在加入《新加坡调解公约》后，我国的商事调解机构面临的是直接和国际商事调解机构进行竞争。只有完备的内部规范体系，以及明确并且合法的调解流程才能保障调解协议在其他缔约国也能顺利执行，提升国际商事主体对我国调解机构的信任，提升我国商事调解机构的竞争力。

虽然目前我国商事调解机构在数量上增长迅速，但在国际影响力、竞争力、吸引力、公信力等方面仍然有待进一步的提高。促进商事调解机构的良性发展需要完善的组织体系建设以及管理制度建设。当前我国商事调解机构主要依赖于内部自治，即自我制定调解规则，自我实行调解监督。我国大部分地区针对商事调解机构的准入门槛、设立条件、主管机关、管理机制并无相关的规范性文件，如深圳、上海虽然规定了相应的管理机关，但并未制定具体的细则，在机构管理方面仍然处于真空状态。

2. 商事调解员的专业程度仍有待提升

不同于诉讼或者仲裁,商事调解中调解员的关注点并不仅在于双方当事人的法律立场,更多是关注当事人在法律立场之外的最终诉求和其他利益的考虑,帮助实现当事人"双赢",这是对调解员能力的挑战。此外,商事调解不同于传统调解,商事调解所涉争议问题的专业性较传统调解更强。国际商事往往涉及金融财务、高新技术、知识产权等诸多专业领域,因而对调解员的专业背景、行业经验都有较高的要求。另外,涉外商事调解与国内民商事调解对调解员的素质要求也截然不同。涉外商事调解的调解员除应具备国内民商事案件调解员应具备的基本素质外,还需具备外语能力、跨文化沟通能力,最好还要对大陆法和普通法的体例、特点等有一定的了解。[①] 目前深圳前海涉外商事调解中心、上海经贸商事调解中心等商事调解机构吸纳了国内外法律人才参与商事调解当中,但是职业背景以律师居多,缺乏如理工、财务等背景的专业调解力量,缺乏具有企业经营管理经验的实战型人才。

在调解员的管理方面,虽然部分调解机构已经制定了自己的调解守则,但这些守则普遍原则性程度较高,没有细化资质认定、专业培训和考核的标准,未能对调解员的调解工作予以有效规范及监督。调解员的统一资质要求与认证制度的缺位使调解质量缺乏制度保障,将给当事人在我国获取高水准的涉外商事调解服务造成障碍,甚至有可能会把有意通过调解解决国际商事争议的当事人推向境外的调解机构或调解员。

(五) 商事主体优先选择以调解解决纠纷的主动性仍然较低

目前我国的商事纠纷解决方式仍然以诉讼为主,仲裁次之,调解的案件受理量相对较少。虽然在我国发展调解有着深厚的文化渊源和群众基础,但是在法制建设不断完善的时代背景下,由于调解流程不明确、调解协议执行力存疑等原因,商事主体选择调解的积极性较低。

商事主体对调解的功能和作用缺乏了解,商事调解的吸引力和受信任

---

① 唐琼琼:《〈新加坡调解公约〉背景下我国商事调解制度的完善》,《上海大学学报(社会科学版)》2019 年第 4 期,第 116 – 129 页。

度有待提高。纠纷解决中，当事人最为关心的无疑是案件的处理结果是否公正以及该结果能否得到有效的执行，而商事调解协议的认定流程较为烦琐，直接执行机制尚未建立等问题都将会影响商事主体对商事调解的选择。此外，由于目前我国调解机构仍然处于发展阶段，在调解方式、流程规则、收费标准、文书格式等方面尚未有统一的标准。由此造成了调解的公信力不强、吸引力较低。

另外，由于我国尚未建立健全社会信用体系，假借调解而拖延诉讼、达成调解协议后拒不履行等情况直接影响了当事人选择调解的信心和动力。当事人对调解持怀疑态度导致非诉讼解纷方式接受度不高，加剧了"诉讼爆炸"的司法环境，使得一线法官疲于办案，同时也增加了当事人参与诉讼的成本支出，不利于推进矛盾纠纷多元化解和社会治理。①

上述因素导致的问题是，当事人对诉讼、仲裁系统之外独立的商事调解等纠纷解决机制的选择有明显的被动性。可资佐证的一个数据是，全国法院系统的"'一站式'多元解纷机制"在促成"诉讼转调解"方面发挥了重要作用，但此类案件大多数是在当事人立案后，由法院主导转化而成。例如，2017年1月至2022年1月广州市中级人民法院共受理案件277.2万件，其中，诉前成功调解的案件有37.1万件。可对比的数据是，自2020年9月成立之日起至2023年5月，广州国际商贸商事调解中心近三年间共受理法院委派委托商事调解案件1508宗，其中自行受理的商事调解案件只有9宗。②

（六）商业行业组织内部调解机制不健全

目前，商业行业组织内部的纠纷解决机制仍不健全。除了中国国际贸易促进委员会/中国国际商会系统和全国工商联系统的商会在各地设立的一

---

① 刘筱彤：《多元化纠纷解决机制下杭州模式的探索与思考》，《人民司法》2019年第28期，第95–99页。

② 参见《回首过往叙豪情，商事调解再启新征程》，广州市律师协会官网，http://www.gzlawyer.org/info/24feb38e6e4c4ba6baa4ec3b1f5ce73f，访问日期：2023年6月20日。

些纠纷解决机构之外,① 民间性质的商会、行业协会独立建立或联合建立的行业调解机制不多。行业调解是指行业协会或带有强烈行业协会特点的组织所设立的调解机构或平台。行业调解中的调解员多为行业内专业人士,能够充分利用专业知识和技能,了解当事人的需求,促进当事人之间的沟通,推动和解协议的达成。当前我国行业协会蓬勃发展,现有行业协会、商会近7万家;中国国际贸易促进委员会/中国国际商会成立了调解中心,并设立40多家分支机构。全国各级工商联和商会共设调解组织457家,覆盖了90%以上省份。② 但是行业调解的覆盖面不足,主要集中在医药行业、证券、行业、保险行业,且商事主体选择行业调解解决争端较为少见。

行业协会的区域性、行业性特点阻碍商事主体选择行业调解。根据国务院《社会团体登记管理条例》第十三条第(二)项等规定,行业协会的设立原则上需遵循"一地一业一会"的行政区划限制,且不允许设立分支机构。而现实中的国际商事纠纷往往较为复杂,往往涉及不同地域、不同行业的商事主体。行业协会仅对本地区本行的商业主体间的纠纷具有解决能力,对跨地区跨行业的商事纠纷解决存在天然障碍。与上述问题相关的是,由于《仲裁法》等法律法规的限制,商会、行业协会设立的内部纠纷解决机制主要以调解为主,行业仲裁机制尚未健全。商会、行业协会内部纠纷解决机制与法院司法执行机制尚未完全衔接,导致纠纷内部调处结果的权威性和执行力不足。而且,作为调处行业内部纠纷主要依据的商业行规、行业惯例、交易习惯等社会规范良莠不齐,尚未得到系统的筛选、整理和编纂。

---

① 中国国际贸易促进委员会/中国国际商会系统在各省、市、自治区及一些重要城市设立分会调解中心59家,年均受理调解案件2000多件。全国工商联系统商会调解组织有3001家,2018年以来调解各类纠纷13万件,年均受理调解案件32500件。参见北京仲裁委员会/北京国际仲裁中心编著:《中国商事争议解决年度观察(2022)》,中国法制出版社,2022,第30页。

② 胡仕浩:《中国特色多元共治解纷机制及其在商事调解中应用》,《法律适用》2019年第19期,第3-14页。

四、完善涉外商事调解机制的对策与建议

(一) 完善商事纠纷多元解决的制度体系

1. 完善商事纠纷多元解决的立法

"商事调解立法的必要性主要体现在：商事调解实践为立法提供稳定的调整对象，国际商事调解发展带来外生压力与国家重点发展规划产生内生动力，商事调解的合法性难题必须依靠立法解决。"① 一是借鉴美国的《替代性纠纷解决法》、德国的《法庭外争议解决促进法》和日本的《替代性纠纷解决促进法》等国外立法经验，制定符合中国本土特点的纠纷多元解决（尤其是商事调解领域）的促进法，将中央有关纠纷多元解决的顶层设计转化为法律条文，为不同主体主导建立的纠纷多元解决机制的协调运作提供统一依据，为商事调解等非诉讼纠纷多元解决机构及其工作人员设定权利、义务和责任。二是制定专门的商事调解法，为"诉讼-调解""仲裁-调解"的协调机制以及独立的商事调解组织的设立、运作和调解员的资格管理等问题提供基本规则。三是制定商会行业协会法，支持商会行业协会依法开展自治自律，依法建立内部调解机制，探索建立行业性内部仲裁机制。

2. 充分发挥社会规范在纠纷多元解决中的作用

一是由全国人大常委会或司法部牵头启动对全国范围内民商事习惯进行调查、筛选和编纂，作为法院、仲裁机构、调解组织引用习惯（法）裁判案件和处理纠纷的指引，并以此结合《民法典》第十条的裁判标准，强化《民法典》依法维护当事人意思自治的司法理念。二是借鉴《上海市徐汇区社区软法治理指引（第一版）》的经验，鼓励和引导街道村居推广适用的村规民约，强化村规民约在规范公众行为、协调社会关系和解决纠纷矛盾中的作用。三是加强商会、行业协会内部规则体系建设，依法提高商会、行业协会制定的商业行规、行业标准在商事仲裁、商事调解、行业自治自

---

① 赵毅宇：《中国商事调解立法理由的体系化展开》，《中国海商法研究》2023年第2期，第49-59页。

律和行业内部纠纷解决中的适用比例。

(二) 推动国内相关立法与《新加坡调解公约》相衔接

1. 立法采用广义的"商事调解"定义

狭义的商事行为是指商事主体所为的以营利为目的的经营性行为,其核心要素在于"营利性"。而《新加坡调解公约》对商事行为采取广义的理解,认为可以进行调解的商事纠纷并不限缩于"营利性",只要并非个人生活消费和家庭、继承、就业,即可进行商事调解。《涉外商事调解示范法》也对商事行为采取广义的解释,虽然并无定义,但列举了商事交易领域,包括但不限于供应或交换货物或服务的任何交易,分销协议、代理、保理、租赁、工程建造、保险、开发协议或特许权、航空、海路、铁路等。除了国际上在商事调解领域广泛地采用广义概念,中国国际商会调解规则也认为商事调解"适用于当事人之间在贸易、投资、金融、证券、知识产权、技术转让、房地产、工程承包、运输、保险以及其他商事、海事领域争议的调解"。采取广义的解释来界定商事调解的范围成为商事调解领域的惯例。

在商事调解中采取广义的商事概念是应有之义。商法关系和民法关系之间存在典型区分的原因在于两者价值导向不同,商法更加注重效益目标,由此需要以是否具有"营利性"作为两者的区分,以确定不同的权利义务。而商事调解作为一种纠纷解决方式,仅仅涉及程序选择,而不涉及实体判断,因此不需要将"营利性"作为调解门槛,而仅仅只需关注该行为是否发生在商事交易中即可。

2. 明确商事调解协议的直接可执行性

根据《新加坡调解公约》规定,调解的相关程序需要缔约国自行确立。而当前我国没有专门的商事调解协议的执行程序规定,因此有关商事调解协议的执行程序只能参照《民事诉讼法》对一般调解协议的规定。根据我国现行法律规则,调解协议需要进行司法确认,或者通过仲裁、公证的方式,才能从民事合同性质文书转化为具有强制执行力的文书。因此,我国理论和实务界主流观点认为,调解协议(包括国际调解协议)是一种民事契约,只有经过一定形式的司法审查后,才被赋予执行力。

但是《新加坡调解公约》的第三条赋予了国际调解协议直接可执行性,

即确定国际调解协议具有"类司法文书"的性质。国内现实立法与公约之间的冲突,直接影响了我国法院对调解协议的执行程序。从落实公约配套法律制度方面上看,调解本身即独立于诉讼、仲裁,调解过程中形成的意思自治不应当受到法院、仲裁的干预,调解的独立救济能力应当得到认可。因此,在自由贸易试验区可试点推行直接执行调解公约,无须进行司法确认或者仲裁,而直接由执行部门对调解协议进行相关审查,并确定是否予以执行。

(三) 建立虚假调解的审查与监督机制

虚假调解不仅损害第三人利益,还会影响社会对于商事调解的信赖程度。构建相应的预防机制是商事调解良性发展的"保护伞",预防与监督制度可以从当事人自觉以及职责主体主动两大方面展开,同时还应当配套相应的第三人救济制度。当事人自觉需要切实提高商事主体自觉遵守调解规定的相关意识。以制度教化为基础,事先告知当事人调解相关规则,发挥法的指引作用。同时,还可以借鉴虚假诉讼相关规定,对虚假调解的当事人采取罚款、拘留等强制措施。

就职责主体主动方面,要发挥法院、仲裁机构、调解员的专业技能。在虚假调解高发的领域,赋予法官、仲裁员依据案件情况进行实体审查的裁量权。实际上这也和《新加坡调解公约》第四条和第五条相契合,即在执行前执行机关应当对调解协议进行必要审查,只有满足公约规定条件的国际和解协议才能被执行。若审查后发现不符合相关规定,则执行工作人员可以以"不符合公共政策"拒绝执行虚假调解协议。商事调解机构在细化审查措施方面,可以通过听证、询问、调查取证等方式,对于调解协议的真实性和合法性进行核实。另外,虚假调解的救济制度在审查监督系统建设中也是必不可少的一方面。为防止虚假调解影响第三人的合法权利,可以在调解协议执行前建立案外人申请不予执行调解协议制度,在执行调解协议中建立案外人异议制度,在执行后可建立执行回转或执行担保以切实保障第三人的合法权利。

（四）加强商事调解机构建设

1. 提高调解员专业能力

提升调解员素质需要加强调解员培养，实现专业能力和调解能力共同发展。目前商事调解机构普遍认识到调解员素养培训的重要性，例如深圳市商事调解协会针对在职调解员制定了系统化培训课程，课程内容主要围绕商事调解基础理论、调解程序、谈判和沟通技巧以及职业道德教育方面。[1] 为了应对前海涉外商事案件的国际化需求，前海法院还积极与瑞中法律协会、日内瓦国际调解中心进行合作，通过建立合作备忘录等形式，建立定期交流机制。另外，双方也在商事调解合作、调解员互认、联合调解及调解员培训等方面展开深度合作，促进跨国调解的发展。

任前培训与资格认定机制相关联，推动调解员任职标准化管理。为保障培养机制的有效落实，中国国际商会调解中心与英国有效争议解决中心合作举办调解员认证培训班，将培训和资质认证相结合，保障调解员的调解质量。除了任职前培训认证，中国国际商会调解中心还建立了调解员评价机制，制定《优秀调解员评选参考标准和评选流程》，每年按比例在全系统内评选优秀调解员。

另外，建立专门的执业许可和资格认证机制是我国商事调解走向专业化的必由之路。在调解员的选任方面，通过行业自治和司法行政管理建立统一的专业考核机制，为调解员设立实习期，提高调解员准入门槛。在调解员日常管理方面，可通过考核评测机制，以案件处理速度、当事人满意程度、强制执行比例作为重要评价指标，建立调解员的退出制度。

2. 推进外籍调解员依法入境工作的便利化改革

在程序设置、人员资格、配套制度上符合国际交易惯例，才能够推动商事调解协议的境外执行，从而吸引国内外商事主体选择国内商事调解机构解决争端。自由贸易试验区可借助先行先试的政策优势，在符合境内监管要求条件下，推动知名的境外调解机构在区域内设立业务机构，增强与

---

[1] 赵丹：《探索调解员专业队伍建设，完善商事争议解决体系》，《深圳特区报》2021年10月19日A12版。

涉外商事调解组织竞争与合作。不仅国内商事调解机构和国外机构之间可互相学习，同时也能满足部分商事主体对机构选择的特殊需求。

在调解员队伍培养方面，自由贸易试验区身处对外交往的一线，其优越的区位、资源、政策优势能够有效推动与境外商事调解机构之间的人才交流交往，实现调解员队伍的专业化和国际化。为了吸引境外调解员到我国主持调解工作，在自由贸易试验区内部可探索建立相对宽松的签证制度，适当放宽工作签证和居留期限的限制，引进经验丰富的外籍调解员，以压力倒逼机制促进国内调解员提高素养。

（五）推动商事调解平台市场化运营

商事调解的优点主要有以下五点：一是商事调解效率较高，可以帮助企业快速解决商事纠纷，让企业避免诉累，促进社会资源高效运转；二是商事调解可以降低企业解决争议的成本；三是商事调解的方式较为灵活，因此能够符合商事主体的核心需求，即保密要求；四是商事调解领域有《新加坡调解公约》等国际公约，能够提高涉外调解协议的国际互认程度；五是采取非诉纠纷解决模式，能够在一定程度上维护商事主体之间的友好关系，实现商事主体"在商言商，和合共赢"的普遍愿望。从商事主体利益角度，商事调解具有诉讼、仲裁难以比拟的优势。

目前，商事主体选择调解的热情不高，对于新的纠纷解决模式知之甚少，因此司法行政部门和调解机构应当共同发力，加大宣传力度，让社会各界更多地了解商事调解机制的优势，在发生商事纠纷时能够主动地选择商事调解这一有效途径。在宣传商事调解过程中要切实破除商事主体对调解协议执行力的疑虑，着重强调中央和地方政府对商事调解的支持力度。同时，可借助法律、司法解释、实施意见等官方文件作为背书，如《民事诉讼法》第二百零一条可以作为商事调解协议能够申请司法确认，获得强制执行力的依据。通过搭建法院、仲裁机构、调解机构合作的模式，在诉前、诉中由专业商事调解机构参与商事案件的调解，提高纠纷解决效率的同时，也可缓解司法压力。

市场化运营不仅是社会性商事调解机构生存发展所需，也是社会性法律服务专门机构专业能力被社会认可的体现。商事主体更契合"理性经济人"的预设，且通常不存在争议解决成本与预期收益不成比例的情形。在官方商事争议解决服务供给不足的环境下，相对民事争议而言，商事争议更具备通过市场化争议解决机制予以解决的必要性与可行性。① 目前，已有一些地区尝试以市场化模式构建商事调解机制。例如在《中国（河北）自由贸易试验区条例》第五十一条就规定，"自贸试验区支持商事调解组织按照市场化方式提供矛盾纠纷化解服务"，这和自由贸易试验区的市场化、法治化、便利化、国际化发展是一脉相承的。目前商事调解的市场化发展主要包括两方面，一是商事调解案源的市场化，二是收费的市场化。

商事调解机构的市场化离不开案源的独立化，其最终目标是通过当事人直接形成合意，将纠纷进行调解处理。实践中，司法行政部门、行业协会、商事调解机构合力推动商事主体主动将纠纷案件优先移交商事调解机构处理，是提升商事调解独立性的有效途径。例如，深圳小额贷款行业协会以及金地股份有限公司等21家机构、企业，共同签署了"调解优先"公约，该公约约定调解为化解纠纷的第一选择，有效推动了商事调解案件来源的独立化。杭州作为"律师调解市场化"的试点城市，探索建立律协、律所、律师和各类商会、协会、大型企业及其他矛盾纠纷多发的政府部门的横向联系，引导商事主体直接选择调解作为化解纠纷的方式。另外，上海自由贸易试验区、上海现代服务业联合会、企业单位也在推动"调解优先"承诺机制建设。②

推动商事调解收费市场化，由调解质量决定收费高低。商事调解实行市场化收费制度能够充分激发调解市场活力，促进商事调解组织的设立，提高调解员的专业性和积极性。目前我国自由贸易试验区多家商事调解机构已经建立内部章程，明确收费标准。比如广州国际商贸商事调解中心和上海经贸商事调解中心就确定了按标的额计费和按时间计费两种标准。③

---

① 黄忠顺：《论商事调解的市场化》，《人大法律评论》2020年第1期，第93-134页。
② 浦东新区人民法院自贸区法庭课题组：《上海自由贸易试验区涉外商事纠纷多元解决机制研究》，https://sfj.sh.gov.cn/qmyfzs_fzyjcg/20201125/2dc6135ae147478cadf8df0d13e9815f.html，访问日期：2023年6月17日。
③ 参见：①《广州国际商贸商事调解中心收费办法（试行）》，https://www.gzlawyer.org/info/7059093_a6db24c4caad75508c551e81d，访问日期：2024年4月30日；②《上海经贸商事调解中心收费办法（试行）》，http://www.scmc.org.cn/page145.html，访问日期：2024年4月30日。

此外，上海还通过地方性立法的方式明确了商事调解市场化收费的合法性，对收费标准进行监管，要求收费标准应当符合价格管理的有关规定，并且应当向社会公开。而杭州则进一步探索让律师进行市场化调解这一举措，规定在125种民商事纠纷中，48种商事类纠纷可以由律师进行收费调解。

（六）专业化社会组织在纠纷多元解决中扮演重要角色

1. 支持行业协会健全纠纷内部调解机制

"一地一业一会"的行政区划限制阻碍了行业商事调解的规模化发展，从行业协会的运作方式着手促进行业商事调解的发展是从根源上解决问题的方式。促进行业商事调解的发展首先应当适时推动行业协会的设立要求的改革，放宽对行业协会的限制，让行业协会成为自我服务、自我管理的独立自治性社会组织。同时，在提高行业协会的网络覆盖面方面，可以试点改革行业协会的地域限制，允许设立行业协会分支机构，保障不同地域的商事主体愿意选择行业调解作为纠纷解决的方式。推动行业协会之间展开合作，能够有效解决跨门类和跨领域的商事纠纷。在实践中，复杂的商事纠纷往往是不同行业、不同门类之间的纠纷，若想顺利处理此类纠纷需要行业协会之间展开合作，形成优势互补、专业互补。厦门市经贸商事调解中心就是利用行业协会进行调解的典范，其与厦门市现代物流业商会展开合作，调解团队包括人大代表、政协委员、公证员、律师、评估师、法律科技人才等，是充分利用社会调解资源的典范。该调解中心于2021年被选为全国"商会调解创新案例"。①

2. 全方位支持专业化商事调解组织的发展

一是各地应当鼓励纠纷多元解决社会组织（如城市的商事调解中心等）依法登记设立为独立的法人组织，并为其提供必要的启动资金、办公场所、办公设备、专业人才等方面的支持。鼓励各个纠纷多元解决社会组织走特色化、专业化发展道路，在金融、科技、医疗、海商、知识产权等领域都

---

① 张启智、陈似虹：《厦门：多元互动，共建高效快捷的经贸纠纷解决机制》，《经济日报》2021年4月25日第3版。

建立有专门的纠纷多元解决民间机构。二是将专业化的纠纷多元解决社会组织提供的社会性、公益性的法律服务纳入国家社会治理体系。各级政府应当通过"购买社会服务"的途径，从公共服务的"直接提供者""直接生产者"转变为"购买者""监督者"。三是应当允许和支持专业化的纠纷多元解决社会组织向市场主体或社会公众提供市场化的纠纷解决服务（如为企业提供自愿性的商事调解、中立性的诉讼评估等）。通过法律和政策引导社会组织在法律允许范围内开展业务并自负盈亏，其提供的服务可以通过司法对纠纷结果的审查予以规范和监督。四是完善商会、行业协会的纠纷解决机制，充分发挥商会、行业协会桥梁纽带和行业自治自律作用，避免大量纠纷在未经前期协调处理的情形下直接进入司法诉讼程序。

（七）着力提升涉外商事调解机制的专业水平与国际影响力

一是在维护国家总体安全的前提下，做好国内法与各类国际公约、条约、协定的对接，提高涉外商事纠纷解决程序法律规则的效率。二是强化涉外法治理论教学与实践技能培训的结合，加快培养高水平、复合型涉外法治人才。三是选聘更多高水平的外国专业人才、港澳台地区专业人才到涉外商事纠纷多元解决机构任职。四是总结北京、上海、广东等试点的经验，提供激励措施吸引国外知名商事争端解决机构到国内各省市自治区设立办事处或与中国的商事纠纷解决机构开展业务合作。五是鼓励和支持国内发展成熟的商事纠纷解决机构到境外开展业务或设立办事处。推进"一带一路"律师联盟工作，推动我国仲裁机构与共建"一带一路"国家的仲裁机构合作建立联合仲裁工作机制。

参考文献：

[1] 孙南翔.《新加坡调解公约》在中国的批准与实施［J］. 法学研究，2021（2）：156-173.

[2] 蔡伟.《新加坡调解公约》的困境和应对［J］. 清华法学，2022（2）：193-208.

[3] 熊浩. 语境论视野下的《新加坡调解公约》与中国商事调解立法：以调解模式为中心［J］. 法学家，2022（6）：17-30，191.

[4] 祁壮. 国际商事调解发展的新趋势与我国的应对 [J]. 江西社会科学, 2023 (2): 193-205.

[5] 王淑敏, 何悦涵. 海南自贸试验区国际商事调解机制: 理论分析与制度建构 [J]. 海南大学学报 (人文社会科学版), 2018 (5): 26-35.

[6] 廖永安, 刘青. 论我国调解职业化发展的困境与出路 [J]. 湘潭大学学报 (哲学社会科学版), 2016 (6): 47-51.

[7] 唐琼琼.《新加坡调解公约》背景下我国商事调解制度的完善 [J]. 上海大学学报 (社会科学版), 2019 (4): 116-129.

[8] 赵毅宇. 中国商事调解立法理由的体系化展开 [J]. 中国海商法研究, 2023 (2): 49-59.

[9] 黄忠顺. 论商事调解的市场化 [J]. 人大法律评论, 2020 (1): 93-134.

[10] 杜军. 我国国际商事调解法治化的思考 [J]. 法律适用, 2021 (1): 150-156.

[11] 胡仕浩. 中国特色多元共治解纷机制及其在商事调解中应用 [J]. 法律适用, 2019 (19): 3-14.

[12] 刘筱彤. 多元化纠纷解决机制下杭州模式的探索与思考 [J]. 人民司法, 2019 (28): 95-99.

第三章　我国自由贸易试验区人民币金融资产跨境转让研究

徐世长[*]

一、引言

在双循环新发展格局下，深化改革和对外开放成为经济高质量发展的重要保障，金融业的开放创新更是对外开放领域的重中之重。推进自由贸易试验区人民币金融资产跨境转让具有强烈的现实需求和行业必然性，是提升自由贸易试验区开放水平和服务能级的重要突破口。战略层面，党的二十大报告明确指出："要稳步扩大制度型开放""实施自由贸易试验区提升战略""有序推进人民币国际化"。市场需求层面，跨境资产转让业务释放出巨大发展空间，通过资产的跨境转让交易，对于盘活境内存量资产、跨境双向配置金融资源、拓展人民币离岸金融市场等领域具有重大经济价值。业务实践层面，近年来我国自由贸易试验区人民币融资租赁资产在政策上被允许跨境转让，但实践效果并不理想，仍需进一步提升业务开展便利化程度，尽快出台特定的支持性政策和管理口径，以更好地适应全球经济一体化形势和金融资产全球化配置需求。

伴随着金融基础设施建设及金融开放水平的不断提升，跨境资产转让的交易方式、标的、结算货币、对价协议等维度被重新定义。人民币金融资产的跨境转让是推动我国金融市场双向开放的重要举措，跨境转让交易涉及不同法律、不同部门、不同国家、不同文化的博弈和交汇，积极推动

---

[*] 徐世长，经济学博士，中山大学马克思主义学院助理教授，中山大学自贸区综合研究院特聘副研究员。

金融资产跨境转让有利于形成境内外一体化的金融服务市场,能有效利用两个市场、两种资源,更高质量促进离岸人民币价值提升以及推动人民币国际化进程。资产跨境转让的重点是交易货币与结算货币的界定,人民币资产的跨境交易能够显著提升自由贸易试验区在金融生态圈的品牌知名度和生态影响力。

二、人民币金融资产跨境转让:概念界定与内涵体系

(一)概念界定

金融资产跨境转让是指境内资产持有人(或资产受益人)将其持有的资产权益,在国家相关政策允许的范围内,借助跨境金融交易平台,实现资产跨境配置,转让给境外的投资人。跨境转让的资产从债权性质角度,可以分为银行债权资产、非银金融机构的债权资产、企业以及个人之间的债权资产,并可进一步区分为不良类债权和正常类债权;按照交易主体注册地来看,跨境资产转让业务可分为"内内外""内外外""内外内"等诸多类别;按照转让交易标的划分,具体可划分为以一级市场、二级市场交易的标准化债权为标的的跨境债权转让。由于资产的跨境转让涉及外汇管理以及资本项下的联动改革,因此实际推进过程中受到较为严格的制度约束。

(二)内涵体系

从已有跨境资产转让案例来看,资产的转出方主要以商业银行为主,转让资产的标的物涉及不良资产、贸易融资资产、租赁资产、保理/福费廷资产等,境内信贷资产对外转让。本部分将分别界定不同类型的金融资产跨境转让的内涵与特征,以把握资产跨境转让的科学内涵。

1. 不良债权跨境转让

当前对不良资产(股权+债权)跨境转让存在以下三种主流方式:一是设立离岸SPV(Special Purpose Vehicle,特殊目的的机构/公司)从持牌AMC(Asset Management Corporation,资产管理公司)收购(华融、东方、信达、长城四大AMC)不良资产。该模式采用"发改委备案-NRA账户-

外债管理"模式，境内金融机构需将对外转让情况报送中华人民共和国国家发展和改革委员会备案，获得《企业发行外债备案登记证明》后向外管局报送相关文件，经外管局审核后才可进行汇兑。二是境内中资和外资银行直接向境外机构转让不良资产。深圳前海金融资产交易所获准开展跨境债权转让试点（2016年），外管局发布《关于深圳市分局开展辖区内银行不良资产跨境转让试点业务有关事项的批复》，授权深圳外管分局以"逐笔审核、交易限定"为原则，允许境内银行将不良贷款直接转让给境外机构，打破了"内债不能转化外债"的限制。试点期满后，外管局又发布《关于深圳分局银行不良资产跨境转让试点续期有关事项的批复》，取消试点期限限制、将逐笔审批改为逐笔事前备案。三是设立股权投资企业开展跨境资产收购。外资通过设立股权投资管理企业，借助QFLP（qualified foreign limifed partners，合格境外有限合伙人，即股权基金的出资人）通道投资不良资产。但QFLP主营业务是投资非上市企业股权，如投资范畴拓展到不良资产债权还需地方政府部门与外管局特批。目前该方式仍在探索中，尚未落地。由于自由贸易试验区内资金兑换政策相对宽松，许多外资选择在区内设立非持牌AMC，借助CIBM（China Interbank Bond Market，银行间债券市场）通道和债券通北向通认购银行间债券市场不良资产ABS（Asset-Backed Security）。

2. 租赁资产跨境转让

融资租赁是集融资与融物、贸易与技术更新于一体的新型金融产业。融资租赁资产跨境转让是指境内租赁资产的持有方将交易合同项下的租赁物权转让给境外投资方，约定以人民币进行跨境结算的金融贴现行为。融资租赁公司可以利用跨境人民币融资方式获取境外低成本的人民币资金，在境内开展业务以服务于实体经济的发展。按照出资主体，融资租赁可以分为内资租赁与外资租赁公司（由于涉及审批部门以及便利性问题，外资租赁公司在我国自贸试验区内部的成长性更快）。

近年来，随着我国自由贸易试验区战略实施，放松资本项下的外汇管制，越来越多的融资租赁公司开展跨境融资租赁业务，通过在自由贸易试验区设立子公司从境外获取低成本资金。2019年5月，西安市经济开发区普汇中金融资租赁有限公司通过深圳前海金融资产交易所，完成了全国首单医药制造行业融资租赁资产跨境转让人民币结算业务。该笔业务首次打通了境外资金投资境内融资租赁资产的资金入境通道，该业务以人民币计价且使用离岸人民币入境投资，有效利用境外低成本资金，助力中小企业降低融资成本。2022年4月《广东南沙、横琴自由贸易试验区融资租赁资产跨境双向转让人民币结算业务展业自律指引》发布，允许广东南沙和横琴自由贸易试验区内银行，与包括澳门在内的境外机构，跨境双向转让融资租赁资产，加快推动跨境资金流动的合规渠道建设。

3. 贸易融资资产跨境转让

贸易融资资产跨境转让的本质是债权转让，即境内债权的跨境、跨市场转让。若资产跨境转让交易中的债务人为境外主体，区别于境内债权转让模式，其资产交易对手或还款来源于境外，此过程所形成的债权转让关系具有"涉外性"，从而引致跨境法律和合规问题。跨境贸易所形成的资产权利的跨境转让，本质上涉及"双重"转让：一方面是跨境买卖关系，出口方与境外买方之间形成的债权或财产权利，向境内商业银行等金融机构申请的无追索权的再融资行为。另一方面是在资产跨境转让关系中，境内银行将信贷资产跨境转让至境外受让人，债权让与境外合格投资者。

目前，贸易融资资产跨境转让在自由贸易试验区内试点创新和应用的形式和范围仍在持续扩大。为进一步深化内陆与港澳金融合作，落实《粤港澳大湾区发展规划纲要》，中国人民银行、中国保监会（现为国家金融监督管理总局）、中国证券监督委员会、国家外汇管理局联合发布了《关于金融支持粤港澳大湾区建设的意见》（以下简称《意见》）。目前，贸易融资跨境资产转让业务试点在大湾区落地并稳步推进，跨境转让的资产品种稳步扩大，并纳入全口径跨境融资宏观审慎管理范围。随后相关试点地区地方性政策出台，包括深圳地区《关于外汇管理支持粤港澳大湾区和深圳先行示范区发展的通知》附件2《境内信贷资产对外转让试点业务操作指引》；海南《关于支持海南自由贸易港建设外汇创新业务政策的通知》附件2《境内信贷资产对外转让试点业务操作指引》；上海临港新片区《临港新片区境内贸易融资资产跨境转让业务操作指引（试行）》，进一步推动贸易融资资产跨境转让试点的升级再扩大。

4. 联动组合类资产跨境转让

随着贸易便利化、投资自由化、利率市场化，金融资产跨境转让业务不再局限于传统单一产品匹配需求,而是根据多元化市场需求提供内外贸、境内外一体化综合服务,以跨境联动创新多品种组合式的资金跨境转让标的物。

一是国内信用证福费廷资产跨境转让。国内信用证福费廷资产跨境转让是由"国内的信用证项下融资"和"跨境信贷资产转让"两部分组成。首先境内银行通过对无追索权的买入企业以国内信用证方式结算并经过银行承兑的应收款项,为企业提供贸易融资便利;之后境内银行再将自持的已买断的福费廷资产以转卖或风险出让的形式转移给境外银行等金融机构,其实质是国内贸易背景的信贷资产跨境转让。二是银行跨境联合贷款。随着"一带一路"倡议全面实施、资本项目逐渐开放,跨境投资企业数量快速增长。"走出去"企业海外重大项目具有单项投融资金额大、跨国交易程序复杂、当地法律政策专业性高的特点,区别于传统基于单项业务的单家银行业务合作,更多倾向采取境内外多家银行联合贷款提供一体化跨境联动融资服务。三是保理融资跨境资产转让。我国自贸试验区在保理融资案例方面积累了不少经验。保理融资是商业银行基于双方交易业务,以应收账款为核心标的,以双方合法、有效转让为前提,为供应商提供贴现融资。考虑到资产跨境转让买卖保理商分离,卖方保理商的融资风险进行转移,担保缓释类似信用证业务,在资产转让中由于信用较高,转让相对较为容易。

三、自由贸易试验区金融资产跨境转让的典型案例与主要问题

(一) 典型案例

本部分从全国自由贸易试验区对人民币金融资产跨境转让的制度创新案例进行整理和收集,系统归纳重点案例和重点地区的代表性经验,具体分为:跨境转让业务模式创新、跨境资产转让机制创新、金融资产跨境转让服务体系创新等维度。

1. 跨境转让业务模式创新

（1）南沙片区：全国首单船舶租赁资产跨境直接保理融资。粤科港航融资租赁有限公司将其在香港的船舶租赁资产（2016年将南沙制造的船舶通过香港公司租赁出口到澳大利亚），通过"跨境保理＋中国信保承保"的方式直接保理给中国光大银行南沙分行，打通了境外船舶租赁资产直接跨境保理的渠道。该业务由境内银行直接向境外公司提供资金，打通境内外资金流通渠道，提高了融资效率。同时，该业务是船舶租赁项下有追索权的跨境保理业务，有效助力国内租赁企业"走出去"，进一步推动广州国际航运中心的建设。

（2）天津中心商务片区：跨境人民币国际保理业务新模式。该模式以中国国航机票售卖全程业务数据为交易基础，以跨境人民币为结算方式，形成境外机票的"人民币售卖—人民币保理—人民币应收账款收回"的闭环管理。同时，中企云链联合工商银行成功落地"数字人民币＋贷款发放＋保理业务"供应链金融场景，开展数字人民币保理业务，不仅大幅提高了企业融资效率，丰富了保理公司的业务场景，还拓宽了服务海外市场通道，开拓了跨境保理业务由商业保理公司办理的新模式。

（3）临港片区：全国首单境外新造船跨境融资租赁项目。该项目由多方联合举行，"地中海·阿波琳"号（MSC APOLLINE）船舶交付仪式正式落地，开创了针对境外新造船的跨境融资租赁业务新模式。船舶建造方、卖方为韩国的大宇造船集团，承租人为地中海航运公司（MSC）公司全资持有的海事集团公司（Conglomerate Maritime Limited），项目担保人为MSC公司。浦银租赁通过在洋山特殊综合保税区设立两家项目公司（SPV）作为船舶的买方和出租人，向注册在英属根西群岛的海事集团公司以经营租赁（光船租赁）方式出租船舶，并收取美元租金至境内。

（4）前海片区：建立以人民币计价的大宗商品跨境交易机制。前海联合交易中心以进口转基因大豆为试点，在中国人民银行及跨境清算公司的支持下，首次通过人民币跨境支付系统（cross-border interbank payment system，CIPS）实现大宗商品贸易货款的跨境支付和结算，引导境外大宗商品企业接受并使用人民币计价和结算。该模式依托现货交易平台开展大宗商品跨境贸易人民币结算，为离岸市场注入具有流动性的人民币，为后续拓展至一般贸易、服务贸易提供路径。同时，使用人民币进行结算、支付和投融资，也有助于企业规避汇率风险，帮助企业"走出去"以实现国际化经营，提升统筹配置境内外资金的能力。

2. 资产跨境转让机制创新

（1）东疆片区：探索融资租赁公司和商业保理公司信用保全担保机制。通过在全国率先探索租赁和保理企业自身信用保全担保机制，企业免于提供担保财产或办理相关保险等，缩短诉讼保全实施期限，降低企业诉讼维权成本。通过构建府院联动机制，推进开展信用保全担保试点，让企业对东疆"管家＋专家式"政府服务和优质司法服务的体验更优，助力打造了更加立体化、更有获得感的法治化营商环境。探索以"信用"为核心的信用保全担保机制，引导企业通过合规性经营提高自身发展质量，加强其信用管理。

（2）前海片区：创新跨境商事法律规则衔接机制。运用特区立法权出台前海合作区条例，利用前海法院全国首创"港区调解""港区陪审"司法制度与深圳国际仲裁院仲裁保障体系，联动律师事务所、法律查明机构和政府部门，为当事人适用境外法提供服务保障，构建"一个立法突破，两个裁判支撑，三方联动"系统集成创新，以实现跨境商事法律规则衔接机制对接，破解跨境业务"法律壁垒"，提振跨境投资者信心。

（3）宁波片区：跨境贸易投资便利化制度集成创新。依托跨境贸易投资高水平开放试点政策红利，进行"综合集成式"改革：试点采用"企业申请—银行推荐"的准入机制，实施主体信用分级管理；依托现有金融信用信息服务平台搭建高水平试点模块，全面提升跨境金融服务能力；推出余额管理制QFLP试点，发起设立宁波民银新动能私募基金合伙企业（有限合伙）QFLP基金项目，办理了首笔余额管理制的QFLP外汇登记，该基金采用"子基金投资＋项目直接投资"混合投资模式，极大地方便了境外投资者灵活调仓，优化了余额管理服务。

（4）沈阳片区：创新人民币贸易融资资产跨境转让通道。将境内已经发放的跨境人民币贸易贷款债权一次性转卖给境外银行，使境内贸易企业间接获得了境外银行的贷款，以人民币跨境债权转让通道打通推动人民币国际化和人民币跨境双向融通。具体包括：指导建设银行利用境内外人民币贷款利率差，强化与其境外分支机构联动；选定建设银行作为跨境资产转让业务突破落地的金融机构，即选定建行东京分行为境外包买行、建设银行沈阳自贸区支行为境内资产卖出行，以电子元件、集成电路采购为贸易背景的业务作为本次业务标的。

3. 跨境转让服务体系创新

（1）北京国际商务服务片区："一站式"跨境金融服务平台。金融服务方面，建立汇聚商业银行、国际支付公司、国际征信公司的服务平台，为企业提供国际征信数据查询、线上反欺诈、国际贸易在线制单、国际单证信息核验、多渠道跨境支付结算等服务。征信服务方面，与全球最大国际征信机构之一益博睿（Experian）完成对接，建立对核心企业仓库内货物的全方位数字化监管体系，向中小企业提供基于货物或仓单的质押融资服务，以对抗利率波动风险和汇率变化风险。专业服务方面，上线了财税、法律、知识产权、贸易代理等多种服务，持续丰富贸易金融服务场景。

（2）天津中心商务片区：打造跨境投融资全流程服务中心。通过设立跨境投融资综合服务中心，搭建对接国际经贸规则的跨境投融资平台。具体包括：建立"银行+政府+中介"联合服务机制，推动政府服务、市场服务和资金服务集成式创新；建立跨境投融资审批绿色通道，建立金融监督、市场监管和外部机构的综合研判机制；推出"分公司模式"，拓展自由贸易（free trade，FT）账户金融基础设施服务功能，打通无直接股权关系中外企业间搭建自由贸易全功能跨境双向人民币资金池的通道，搭建FT全功能跨境双向人民币资金池。

（3）南沙片区：基于多方安全计算溯源认证的跨境结算服务项目。由中国工商银行广州分行、广州银联网络支付有限公司、云从科技集团股份有限公司联合打造的广州首批金融科技创新监管试点应用——基于多方安全计算溯源认证的跨境结算服务项目。该项目将企业加入全球溯源体系共享给全球溯源中心的商品溯源数据，创新对跨境电子商务结算贸易背景真实性的核验方式，实现跨境资金服务数据风险可识别、可处置、可控制，强化了金融机构服务能力。

（4）重庆自由贸易试验区：探索"汇保通"汇率避险新模式。开展针对中小外贸企业的"汇保通"规避汇率风险信保业务，对企业衍生交易保证金信用逾期产生的损失进行风险补偿。包括设立"汇保通"风险补偿资金池，用授信额度替代外汇衍生交易所需的保证金，用风险补偿降低授信门槛，增强银行机构开展避险业务的积极性。建立风险分担机制，由"汇保通"资金池与合作银行按3∶7比例分担；创新汇率避险银企合作机制，打造涵盖汇率避险、信息服务、风险管理服务等功能的线上智能交易平台，以完善汇率避险管理机制。

(5) 福建自由贸易试验区：打造两岸金融创新合作"示范区"。以深化两岸金融合作为改革创新重点，中国银行福建省分行作为我国唯一一家开展海峡两岸人民币现钞调拨业务的银行，与台北分行首推人民币两岸现钞调运及收付业务，并在平潭·台湾免税市场设立了首家货币代兑点，便于台湾商户进行货币兑换。此外，推动多家银行在自由贸易试验区内设立"两岸人民币清算中心"和"离岸银行业务分中心"，形成了福建自由贸易试验区独具特色的对台金融服务中心群。

(二) 存在问题

本部分围绕"制度障碍、风险防范、配套措施、标的种类"四个维度，重点解析现阶段自由贸易试验区人民币金融资产跨境转让存在的堵点与痛点。

1. 缺乏完善的资产跨境转让制度体系

金融资产跨境转让的核心在于法律适用问题，面临实体法、冲突法、程序法等一系列法律障碍，自由贸易试验区在相关政策与法律法规体系上仍存在模糊性，对于转让和参与方式、交易主体的权利义务，国内法规未有相应规定，这也正是目前金融资产跨境转让面临的最大制度障碍。资产跨境转让地方政策力度不强，难以有效把握金融开放与风险防控的动态平衡。纵览现行自由贸易试验区金融创新与资金跨境转计的政策设计，"支持""鼓励"等具有指导性但是缺乏操作性的措辞偏多，金融开放创新、监管创新、产品创新等自主权限不够，难以有效满足自由贸易试验区融资租赁资产"跨境转让"的现实需求。

2. 尚未构建系统性跨境风险防范体系

金融资产跨境转让涉及境内境外"两个市场、两种资源"，在多方主体的参与下将面临更大的不确定性与风险性。一是交易风险,受制于美元交易系统、交易价格波动等国际因素,如何设置统一标准的交易系统,如何缓解人民币汇率波动导致的境外金融机构的流动性风险,均是开展资产跨境转让要解决的重大难题。二是汇率风险。跨境融资租赁转让的交易双方国家货币不同,市场利率和国际汇率波动的不确定性,将使得出租方的实际收益与预期收益或者出租方的实际成本与预期成本发生背离。三是信用风险。考虑不同承租人的经济实力、道德水平差异,以及市场机制的不完善等引发的违约风险、资产所有权风险,一定程度上制约了境内外市场主体的参与积极性。这也要求自由贸易试验区要充分发挥金融创新改革试验区作用,率先开展金融风险追踪与防控措施试点,防范跨境资金国际流动系统性风险。

3. 缺乏完善的资产跨境转让配套设施

从跨境业务实际看,我国万亿级不良资产市场备受境外投资者的关注,不完善资产跨境转让配套设施成为资产跨境转让的主要障碍。首先是缺乏金融资产跨境转让信息发布和交易平台,资产跨境转让受限于交易对手选择、境外潜在受让方资信了解、境内外监管部门的条件限制等,资产跨境转让存在资金在境外、资产在境内,资金和资产分离的情况。其次是缺乏人民币资产跨境转让对价确定的客观标准,难以有效发挥价格发现与调节功能,难以有效保证资产跨境转让公允对价、避免国有资产流失、有效保护国有资产的安全。最后是缺乏人民币资产跨境转让的第三方评级增信机制,难以有效避免非真实转移以及信贷资产转让造成的隐性回购。

4. 资产跨境转让标的种类较为单一

广东(粤港澳大湾区、深圳先行区)和海南(自由贸易港)地区贸易融资资产包括本外币各类型贸易融资资产,上海(临港新片区)地区为基于国内信用证贸易结算基础上的福费廷和风险参与资产,跨境转让资产类型主要为贸易融资资产。梳理现有资产跨境转让政策,现阶段自由贸易试验区内试点的跨境转让标的必须是人民币资产计价与结算,针对融资租赁资产等作为标的跨境转让业务,并未出台明确的上位政策。目前,业务品种上多为国内信用证福费廷等传统业务模式,对于占比较大的正常类贷款中的短期和中长期贷款(除贸易融资外)、票据融资等信贷资产,我国自由贸易试验区尚未全面开展跨境转让试点，可跨境转让的信贷资产类别、业务品种、转向方向等较为单一。

四、完善人民币金融资产跨境转让的对策建议

金融资产跨境转让既是金融产品创新的业务模式问题，更是金融业高质量发展的重要政策供给问题。本部分从"政策突破、联动港澳、业务创新、完善体系、风险防控"五个方面给出自由贸易试验区人民币金融资产跨境转让的发展建议。

（一）借力制度红利破除体制机制障碍

自由贸易试验区需要借助制度创新优势，要积极争取人民币金融资产跨境转让的重点支持政策，特别是围绕"交易标的、定价标准、货币选择、外债管理、资金便利、税务规划"等方面给予特定政策，依托特殊经济功能区制度红利，积累具有国家示范意义的可复制推广的金融产品创新经验。要建立系统的、完善的授信标准和综合风险评估体系，强化对金融资产跨境转让平台基础设施的标准化建设，鼓励各片区加强落实针对资产跨境转让制定实施条例，提升业务规范性和金融市场服务能级。要探索构建本外币一体化的跨境资产转让管理机制，建立以微观市场主体资本为基础的跨境资产转让约束机制，破除自由贸易试验区金融资产跨境转让的体制机制障碍。

（二）联动港澳推动资产跨境双向转让

要紧抓建设粤港澳全面合作示范区的战略契机，对接港澳国际投资资本，深度联动港澳金融市场，强化"两个金融市场、两种金融资源"双向配置与自由流动。发挥香港在对接国际资本市场上的便利化与标准化优势，在自由贸易试验区内开展"局部政策突破"，引导各类型市场主体参与金融资产跨境转让的"服务生态"建设，率先形成金融资产跨境双向转让在粤港澳地区的商业惯例和成熟的业务模式案例。发挥港澳专业人才与服务优势，重点研究如何通过与港澳市场的法规政策的全面对接，建立完善的法

制环境，可以为租赁资产跨境转让提供更多的机遇和渠道。

(三) 创新金融资产跨境转让业务模式

当前我国资产跨境转让的主体是商业银行，由于自身的产品体系和支撑体系与"国际投资基金"的需求并未较好匹配，使得跨境金融产品创新的精准度不够，可能引发操作风险、声誉风险、道德风险。利用境内外两个外汇市场的价格差异，推动跨境金融产品期限设计进行精细化、多样化。增强信托与租赁等资产的跨境转让渠道，弥补中长期信贷的不足，盘活企业库存资金压力，利用绿色金融、跨境资产证券化等形式提升企业跨境资金的配置效率和专业性。针对信贷资产跨境转让的可转让范围较为受限，特别是自由贸易试验区各类资产跨境转让业务存在现实需求的背景下，更要大力拓宽金融资产跨境转让试点和标的范围，丰富金融资产跨境转让试点标的。

(四) 完善金融资产跨境转让生态体系

资产跨境转让是一项系统工程，需要构建多方参与的生态体系才能发展壮大。优化金融资产跨境转让配套性政策接轨机制，完善人民币金融资产跨境转让相关法律法规，完善现代金融监管体系，实现国内规则与国际规则的有效接轨，建立与国际规则相适应的制度环境，减少金融资产跨境转让的制度障碍。扩大金融资产跨境转让主体范围，将资产跨境转让主体扩大到商业银行、AMC机构之外的其他金融或类金融机构，引入完善的金融中介服务机构，培育金融资产转让市场配套服务机构，构建完善的跨境转让配套服务体系。统筹境内外金融资产转让市场建设，探索建立全国性金融资产跨境转让服务平台，建立统一的信息披露标准和协议模板，进一步规范和拓宽金融资产跨境转让渠道，实现"一站式"跨境金融服务。

(五) 增强金融资产跨境转让风险防控

资产跨境转让为盘活国内金融资产开辟了新路径，但也衍生了潜在的金融风险，因此，充分聚焦金融资产跨境转让产品设计的科学性、专业性、国际性与规范性，加强金融科技在资产跨境转让中的应用非常必要。要依托金融科技手段与大数据分析技术，对资产跨境转让实施穿透式监管与一体化风险预警，在自由贸易试验区范围内形成统一的标准，解决估值、增信、信息披露等问题，提高交易的透明度、便利性，提升对租赁资产跨境转让国际市场买家的吸引力。特别是资产跨境转让涉及的交易规则和结构更为复杂，交易双方对债权、担保等信息具有不对称性，利用大数据、区块链等科技金融手段，防范异常跨境资金流动风险，确保资产跨境转让符合金融对外开放的发展方向。

参考文献：

[1] 李善民. 中国自贸区的发展历程及改革成就 [J]. 人民论坛，2020，682（27）：12-15.

[2] 王杏平. 跨境债权转让的资本项目外汇管理政策研究 [J]. 债券，2017（1）：74-78.

[3] 陶建华. 中资商业银行跨境融资业务发展及产品应用浅析 [J]. 商业经济，2021（8）：76-78，184.

[4] 倪宙，芮凯. 跨境资产转让外汇管理研究 [J]. 时代金融，2020（26）：10-11.

[5] 汤志贤. 银行信贷资产跨境转让再探路 [J]. 中国外汇，2020（Z1）：49-51.

[6] 程翔，杨宜，张峰. 中国自贸区金融改革与创新的实践研究——基于四大自贸区的金融创新案例 [J]. 经济体制改革，2019（3）：12-17.

第四章 基于服务贸易新业态新模式的自由贸易试验区提升战略

黄抒田 *

一、引言

随着全球化的深入发展，服务贸易已经成为国际贸易中极具活力的新增长引擎。服务贸易的兴起与重要性不仅体现在规模的扩大，更重要的是对于一个地区的制度完备性、产业结构、技术水平与综合竞争力的优化提升。习近平总书记指出："服务贸易是国际贸易的重要组成部分和国际经贸合作的重要领域，在构建新发展格局中具有重要作用"。① 从近年来的各类发展实践中可以看到，首先，得益于新兴信息技术（人工智能、大数据、物联网等）的广泛应用和新型产业类型（如跨境电商、数字经济、金融服务等）的不断延拓，一大批服务贸易新业态新模式快速涌现，突破了传统服务生产与消费不可分离的障碍，使得教育、健康、医疗、文化等传统不可贸易的服务逐渐变得可贸易、可跨境。其次，各类高标准国际经贸协定（如 CPTPP、RCEP、DEPA 等）的生效与实施有效助推了服务贸易的全球化进程，不仅打破了服务贸易的壁垒，提高了市场准入的透明度，也为服务贸易的跨境流动提供了更加规范便利的环境。在此背景下，自由贸易试验区作为我国深化对外开放、强化制度创新、对接国际规则、赋能新兴产业

---

* 黄抒田，中山大学自贸区综合研究院副研究员，英国埃克斯特大学地理学博士，应用经济学博士后。

① 参见习近平总书记在 2021 年中国国际服务贸易交易会全球服务贸易峰会上的致辞，中国政府网，https://www.gov.cn/xinwen/2021-09/02/content_5635041.htm，访问日期：2023 年 12 月 1 日。

的重要平台，通过有效培育和促进服务贸易新业态新模式将是"十四五"期间推动自由贸易试验区创新提升与高质量发展的核心路径之一。

本文从各类服务贸易新业态新模式的主要特征和培育路径出发，通过梳理国内各地自由贸易试验区近年来发展服务贸易的创新案例与实践成效，厘清各种限制与阻碍自由贸易试验区拓展服务贸易产业的难点堵点问题，进而提出基于服务贸易新业态新模式推动自由贸易试验区提升战略的有效路径和政策建议。

二、服务贸易新业态新模式的主要特征与培育路径

服务贸易新业态新模式是近年来随着全球化和数字化进程加速而出现的一种新的服务贸易形式。这些新业态新模式的主要特征包括高度的科学技术含量、强大的创新支撑能力、广泛的产业融合协作以及深远的社会经济影响。

（一）高新技术对于可贸易性与服务效率的有效改善

在全球新一轮科技革命和产业变革的推动下，基于数字化智能化的新兴信息技术全面高效地赋能了服务贸易的创新发展。新一代信息技术对于服务贸易的创新赋能主要体现在服务可贸易性和服务效率的跨越式提升。传统服务贸易对于供给与消费的时空共在约束（spatio-temporal copresence）在很大程度上限制了服务贸易的发生频次与受众群体，而网络电信传输与软件应用场景的快速迭代使得即时且包含大量交互数据的虚拟连接共现（virtual connected copresence）成为可能（Licoppe，2004），由此显著地拓展了服务贸易的实践方式与受众范围。这种技术赋能催生了包括跨境电商、跨境金融、远程医疗、在线教育等一系列服务贸易新业态新模式，并触发了服务贸易的新增长点。例如，跨境电商打破了交易的地域限制，极大地提高了交易效率和便捷性，优化了资源配置；跨境金融则利用区块链等技术实现跨境支付的实时清算，缩短了交易时间并降低了交易成本；远程医疗使得高质量医疗资源能更准确地对接需求方，并在一定程度上缓解了医疗资源分布不均的问题；在线教育提高了教育服务的普惠性。

（二）人工智能对于规模经济与从业者数量的巨大提升

近年来以 ChatGPT 为代表的生成式人工智能（generative artificial intelligence）爆发式地发展以及所派生的诸多关联应用对于服务贸易的生产与供给产生了深远影响，一方面倒逼传统服务贸易生产者转型升级，另一方面极大地降低了准入门槛，吸引并赋能了大量中小微企业乃至个人生产者参与和提供跨境服务贸易。具体而言，智能技术结合网络设施赋予了包括中小微企业及个人在内的各类服务贸易生产者一种在传统模式下难以获取的规模经济（economies of scale）优势。这种优势主要源于人工智能所具有的自主处理、自我学习优化、实时响应、并发执行等技术特点，使得诸多服务贸易产品的边际成本趋向于零。这也让相关生产者能够更多地专注于服务产品的质量提升与模式创新，将更多资源投入到服务产品本身的研发与迭代，改变以营销、运维等为导向的发展模式；并由此通过网络效应极大地拓展了市场受众群。同时，人工智能技术的跨越式进步直接拓展和加速了从事服务贸易的中小微企业及个人进入国际市场的路径与步调。传统的跨境服务贸易供给需要大量的专业知识与信息资源，但借助于各类人工智能应用（如 ChatGPT-4 提供的 Savvy Trade AI、Portfoliopilot、Manorlead 等功能插件），服务生产者能够更快速地横向拓展跨境、跨地区的业务领域与服务群体、更准确地洞察市场趋势进而制定商业策略、更高效地支撑供应链管理，提高运营效率。这将改变大多数发展中经济体的服务业中小微企业国际化程度偏低的现象（WTO，2019），极大地激发全球化背景下服务贸易的创新发展能力。

（三）产业融合与协同创新对于经济发展的推动作用

服务贸易新业态新模式的另一个主要特征是广泛的产业跨界融合，以及由此带来的协同创新。不同产业的融合创新成为服务贸易的重要推动力。通过产业融合，过往关联度较低的各产业部门可通过相融相长、耦合共生，创造出更具竞争力和创新性的服务贸易新业态。最典型的例子是现代服务业与先进制造业的两业深度融合以及制造业的服务化转型。服务业以研发、咨询、设计、金融、物流等形式融入制造业，在制造业内部形成对于人才流、资金流、技术流、货物流等要素的引领作用，各类市场主体由此通过不同产业相互结合激发了各类生产要素的综合性、体系化效应，最终实现企业从单一的产品制造向提供增值服务的转变。这种两业融合与制造业服务化极大地提升了传统服务贸易的规模与结构，改变了多数传统服务贸易点对点且相对孤立的供需关系，并升级为嵌入综合型产业链供应链结构中的规模化服务贸易新模式。

除了服务业与制造业深度融合，服务贸易的融合创新也在服务行业内部及不同机构之间产生。例如，科技公司与金融机构的合作推动了金融科技的发展，派生出移动支付、数字货币和智能投顾等新兴服务。旅游和医疗的结合则推动了健康旅游这一新服务贸易模式的产生，不仅带动了医疗机构和旅游业的发展，还促进了当地经济的增长和增加了就业机会。

（四）服务贸易新业态新模式的社会经济影响

从宏观角度来看，服务贸易与货物贸易一样可以推动经济增长、促进资源有效分配、提高社会福利。除了上述的积极影响，服务贸易的新业态新模式还可能对社会经济产生更多独特的直接与间接效益。首先，服务贸易新业态新模式的发展对于就业机会的增加和就业结构的优化起到重要作用。随着新业态新模式的兴起，许多新的就业岗位由此产生，传统行业和新业态之间的跨界融合也带来了就业结构的优化。一方面，传统行业中的劳动力可以通过学习和适应新技术和模式，转向参与服务贸易新业态的就业；另一方面，新业态的发展也需要一些传统行业中的技能和经验，促使传统行业中的就业结构得到优化。其次，一个经济体的劳动力生产率与素质在很大程度上取决于受教育程度、技能培训和健康状况，这些要素则与该经济体的教育及卫生系统产生直接关联。大力发展服务贸易新业态和允许更多国际化服务的接入能有效提升医疗卫生以及人才培养体系的多元化。另外，服务贸易新业态新模式的发展也带来了社会服务的普惠性和可及性的提升。除了通过技术手段将高质量服务广泛普惠到欠发达地区，服务贸易新业态新模式相较于诸多传统产业对于男女就业更具公平性与友好度，能在更大程度上兼顾经济发展效率与社会公平正义。

（五）服务贸易新业态新模式的培育路径

尽管具备诸多创新特征与积极效用，服务贸易新业态新模式的培育和发展并非单纯地依靠经济政策、科技赋能、产业集聚与人才培养等因素。要充分发挥服务贸易新业态新模式的创新驱动力还需要以高水平高标准的制度创新为路径导向，一方面解决阻碍产业发展的障碍（包括政策壁垒、市场准入限制、知识产权保护不足等），另一方面则应主动挖掘服务贸易国际化市场化的巨大潜力，有效嵌入全球化经贸格局，积极对接、引领乃至改革国际经贸规则，建设能良好运行的法治化营商环境，吸引全球优质资源与本地资源相结合。从可行性角度出发，要实现上述目标事项，应通过在限定空间范围内打造一批具备先行先试能力和开放型新体制特征的特色载体平台，将累积的先进做法与成功经验复制推广到更大区域，由此实现全面的高质量发展格局。自由贸易试验区作为我国重要的改革开放综合试验平台，正是大力培育、测试和发展服务贸易新业态新模式的不二之选。事实上，各地自由贸易试验区近年来在拓展服务贸易方面进行了诸多创新实践，以下将对这些服务贸易创新实践进行归纳梳理，为进一步厘清相关难点堵点提供分析基础。

三、各地自由贸易试验区服务贸易新业态新模式的创新实践

自2013年第一个自由贸易试验区在上海成立以来，我国各地自由贸易试验区坚持以制度创新为核心导向，在服务贸易领域推出了一系列创新举措与实践。许多此类创新举措触及了服务贸易的深层次改革，加快了服务业国际化的步伐，提高了市场竞争的充分程度，促进了地区产业的深度融合和集群发展，各类市场主体的创新能力与活力明显提升，与国际及港澳规则的对标对接稳步推进，整体营商环境不断优化，对推动对外贸易结构优化与高质量发展起到了积极作用。总体来看，各地自由贸易试验区在培育服务贸易新业态新模式方面的创新成果主要集中在对标对接国际规则港澳高标准规则、完善负面清单制度、应用前沿科技、金融开放创新、营商环境建设这五个方面。

（一）对标对接国际/港澳高标准规则

习近平总书记在 2021 年提出："要围绕实行高水平对外开放，充分运用国际国内两个市场、两种资源，对标高标准国际经贸规则，积极推动制度创新，以更大力度谋划和推进自由贸易试验区高质量发展。"① 总书记的指示不仅为自由贸易试验区在新阶段的发展路径提供了根本依循，也为服务贸易新业态新模式的主要发力点指明了方向。在全球经贸规则加速重构的背景下，自由贸易试验区主动对标对接高标准经贸规则有助于双循环新格局的构建，同时也是我国积极参与和推动国际经贸新规则体系建设的重要抓手。

表 1 展示了各地自贸试验区（港）近年来在相关领域开展的典型案例。

表 1　对标对接国际/港澳高标准规则推进服务贸易发展的典型案例

地区	名称	主要做法	创新要点	实践成效
深圳前海蛇口自贸片区	建立与国际标准衔接的医院评审认证体系	2022 年 9 月，由深圳市政府主办，深圳市卫生健康委员会承办，深圳市前海管理局协办的《医院质量国际认证标准（2021 版）》（以下简称《标准》）发布会在前海举办。《标准》由深圳市卫健医院评审评价研究中心编制完成，于 2022 年 2 月获国际医疗质量协会外部评审会（ISQua EEA）国际标准认证，成为全国首个经国际认证的医院评审标准，将在粤港澳大湾区乃至全国推广应用	《标准》首次实现了我国医院评审标准国际化，我国内地及港澳地区医院可通过此标准实现国际认证。深圳市卫健医院评审评价研究中心拟入驻前海，将利用前海作为国家重大战略平台的政策优势，拟完成深圳、广州、香港、澳门等地共 5 家首批医院评审认证，探索建立与国际接轨的医院评审认证标准体系	该标准有利于我国的高水平医疗机构使用"国产标准"融入国际，尤其是直接获得国际商业保险机构的认可。通过签订合作协议，购买国际商保的患者将可在医院直接"刷商业医保"报销费用。《标准》实现了大湾区医疗服务同质化和跨境医疗规则衔接"标准通"，推动粤港澳大湾区一体化融合发展

---

① 参见习近平总书记在 2021 年 7 月召开的中央全面深化改革委员会第二十次会议上的讲话，上观新闻网，https://export.shobserver.com/baijiahao/html/384489.html，访问日期：2023 年 12 月 1 日。

续上表

地区	名称	主要做法	创新要点	实践成效
深圳前海蛇口自贸片区	深圳前海自贸片区推进香港专业资格互认先行先试试点，便利港澳人士在境内提供服务	2020年9月，前海出台《深圳市前海深港现代服务业合作区香港工程建设领域专业机构资质备案管理办法》和《深圳市前海深港现代服务业合作区香港工程建设领域专业人士执业备案管理办法》，在施工、设计、监理等专业机构，以及建筑师、结构工程师、土木工程师、电气工程师、造价工程师、监理工程师等专业人士方面，实现香港与内地执业资质和资格对标	香港注册税务师、会计师、律师、社会工作者、房屋经理（物业管理师）、监理工程师、造价工程师、注册建筑师、注册城市规划师、注册结构工程师、房地产评估师等11类执业资格，可以通过资质认可、合伙联营、项目试点、执业备案等特殊机制安排到前海执业从业	截至2022年8月，前海"仅需备案即可执业"的港澳专业人士类别也已增至16类。仅建设领域就已完成43家香港专业机构、386位港籍专业人士备案，做法在全国范围内复制推广
广州南沙自贸片区	涉港澳商事案件属实申述规则	南沙自贸片区法院出台了《涉港商事案件属实申述规则适用规程》，其中的属实申述规则结合了我国《民事诉讼法》诚实信用原则，探索引入香港民事诉讼中的真实陈述义务规则，即在涉港商事诉讼案件中，当事人、证人、专家证人、鉴定人等诉讼参与人在参加诉讼时，应当签署书面承诺书，向法庭确认其完全确信在诉讼中提交的文件中所载内容及在庭审中所陈述内容完全属实，没有虚构或故意隐瞒相关事实的情形	1. 明确属实申述的含义和适用，提高规则适用广泛性。2. 提高属实申述承诺书提交的灵活性，提高规则适用便利性。3. 区分不同主体属实承诺的具体义务，提高规则运用操作性。针对内地和香港文字差异，区分了繁简体模板，切实提高操作性。4. 明确拒绝签署及违背承诺的法律后果，提高规则运用约束力	进一步加强当事人陈述和证人证言的真实性，有利于增强港人对内地司法的认同感，有利于粤港法律文化的融合、弥合两地法律文化冲突，实现司法制度融通，助推粤港澳大湾区法治融合

（二）完善负面清单制度、推进服务贸易发展的典型案例

负面清单制度是《全面与进步跨太平洋伙伴关系协定》（CPTPP）、《区域全面经济伙伴关系》（RCEP）等协议中有关服务贸易议题的核心要点，即通过采用负面清单模式不断拓展服务贸易的开放度，并赋予缔约方企业在满足监管标准的前提下获取市场准入自由与经营方式自主权。这种自由和自主权在微观层面还体现为取消对服务提供者进入的数量、配额、形式等限制，取消对外资企业股比、高管和董事会成员国籍等限制，取消在学历和职业资格互认、自然人流动、资金自由流动方面的限制，更要求缔约方在服务业领域的监管需保持政策透明度、确定性和可预见性（张娟等，2021）。中华人民共和国商务部（以下简称"商务部"）于 2021 年推出了国家在跨境服务贸易领域的第一张清单（海南自由贸易港跨境服务贸易负面清单）。各地自由贸易试验区同样也在服务贸易领域进行制度创新与压力测试，探索以点带面、以特色产业为先导，推动构建跨境服务贸易负面清单制度。

表 2 展示了各地自由贸易试验区（港）近年来在相关领域开展的典型案例。

表 2　通过负面清单制度推进服务贸易发展的典型案例

地区	名称	主要做法	创新要点	实践成效
海南自由贸易港	海南自由贸易港跨境服务贸易特别管理措施（负面清单）（2021 年版）	2021 年，商务部公布了国内首张跨境服务贸易负面清单《海南自由贸易港跨境服务贸易特别管理措施（负面清单）（2021 年版）》（以下简称《负面清单》）。《负面清单》在人才政策、交通运输、金融等领域做出了水平较高的开放安排，统一列出国民待遇、市场准入、当地存在、金融服务跨境贸易等方面对于境外服务提供者以跨境方式提供服务（通过跨境交付、境外消费、自然人移动模式）的特别管理措施	立足海南的旅游业、现代服务业、高新技术产业这三大主导产业，有助于海南从国际引进三大产业的相关新服务理念和服务模式，同时加强海南的服务供给，从整体上提升海南现代服务业发展水平	截至 2022 年 7 月底，《负面清单》中，有 25 项开放措施在海南实现政策落地，4 项开放措施涉及的法规调整完毕，有 7 项已取得了"首单"业务落地。2022 年上半年，海南全省服务贸易共计 158.7 亿元，同比增长 16%，这是继 2019 年后再次出现顺差

续上表

地区	名称	主要做法	创新要点	实践成效
上海自由贸易试验区	中国（上海）自由贸易试验区跨境服务贸易负面清单管理模式实施办法	适用于跨境交付模式、境外消费模式和自然人流动模式。负面清单以外的跨境服务贸易行为，在上海自由贸易试验区内按照境外服务及服务提供者与境内服务及服务提供者待遇一致的原则实施管理	该项创新实践明确了自由贸易试验区中跨境服务贸易的定义，有效提升了跨境服务贸易负面清单管理制度的法治化、制度化、规范化和程序化，为全国服务贸易创新发展起到了先行示范作用	2021年上海服务贸易进出口额达2294.1亿美元，同比增长49.5%，规模和增速均创出历史新高，数字贸易进出口额568.8亿美元，占服务贸易进出口比重为24.8%，同比增长31.2%

（三）应用前沿技术推进服务贸易发展的典型案例

数字化智能化是诸多服务贸易新业态新模式的核心特征之一。各地自由贸易试验区近年来颁布实施了一系列政策鼓励新兴技术的研发与关联产业培育，同时也打造了一批极具科技含量的数字化公共设施，有效加速和支撑了服务贸易新业态新模式的发展。这些尝试为数字化智能化技术在服务贸易领域的应用提供了更开阔的空间。

表3展示了各地自由贸易试验区（港）近年来在相关领域开展的典型案例。

表3 通过新兴科技与平台推进服务贸易发展的典型案例

地区	名称	主要做法	创新要点	实践成效
福建厦门自贸片区	深耕"数字试验田"，建设数字自由贸易试验区	厦门自贸片区充分发挥厦门数字经济发展优势和"自贸+"改革创新优势，聚焦数字经济新未来，通过数字赋能助力厦门自贸片区提档升级，打	1. 建立央地协同发展机制。与商务部配额许可证事务局签订《贸易数字化战略合作协议》，支持厦门自贸片区建设贸易数字化示范区。 2. 加强顶层规划设计。从数字基建、数字产业、	1. 数字基础设施不断完备。落地全国首个"5G"全场景应用智慧港口项目。 2. 构建"数字+平台+基地"新模式，打造集线上展示、交易、培训以及供应链

续上表

地区	名称	主要做法	创新要点	实践成效
福建厦门自贸片区	深耕"数字试验田"，建设数字自由贸易试验区	造贸易数字化示范区、产业数字化先行区和数字创新服务样板区	数字监管、数字服务等方面入手，聚焦贸易数字化、产业数字化、数字创新服务等重点领域，出台《福建自由贸易试验区厦门片区促进数字发展的若干措施》。 3. 聚焦特色抓发展。依托数字技术赋能企业贸易链条的数字化改造转型，形成供应链数字化创新模式，完善跨境电商公共服务平台功能，高质量建设知识产权在线交易与服务平台、影视版权数据中心和版权交易平台等一批开放创新平台	金融、品牌推广、酒文化传播等服务功能于一体的综合性数字国际酒服务平台。 3. 数字创新服务不断提升。建设自贸法务先行区云平台，整合司法、行政、法律服务、法学研究、中介服务等资源，构建"人工智能＋法律服务"的新型服务供给方式
广州南沙自贸片区	全球分拨中心数字服务贸易平台	全球优品分拨中心数字服务贸易平台是应对数字经济发展趋势打造的外贸服务行业的产业互联网，以吸引跨国品牌商、制造商企业基于区域集聚开展全球化运营为目的，通过数字化聚合分销、物流、通关、融资、保险、信息化等贸易服务主体，实现数字化转型和互联互通，共同形成数字化贸易决策管理的数字服务场景	1. 集成智能保税分拨模式。对标国际先进贸易监管理念，通过分账管理、同仓存储、灵活分拨集散、自主管理，满足企业"一站式"完成全球集拼、全球分拨需求，快速实现全球化市场布局。 2. 赋能自由贸易生态。平台数字化赋能本地服务生态打造了"数字化自由贸易港"模式。 3. 赋能数字金融生态，创新实现了数字风控服务新模式。通过产业互通的数字商业场景，为银行等资金方提供全流程的动态数字风控服务	截至2022年6月，该平台通过数字服务贸易方案，已经聚合了经分销、物流、通关、金融、保险、咨询等各类外贸服务商400多家，帮助服务商实现数字化能力提升，为100多个海内外品牌集聚国内开展业务提供数字赋能，平台服务商服务货值共计980多亿元，服务贸易外汇结算超过7亿元，带动了产业集聚效应

续上表

地区	名称	主要做法	创新要点	实践成效
深圳前海蛇口自贸片区	建设跨境贸易大数据平台，打造跨境贸易服务生态系统	依托国际贸易"单一窗口"，逐步建立海关、税务、外汇、海事、边检、市监、交通、口岸等部门数据共享及交叉验证机制，链接进出口企业、机场、港口等跨境贸易重要参与方，连通报关行、船代、理货等供应链服务商以及银行、保险等金融机构，构建跨境贸易联盟区块链网络，面向企业、地方政府、监管单位提供跨境贸易大数据服务，形成跨境贸易服务生态系统	建设跨境贸易大数据平台是海关总署首次批复、唯一授权的跨境贸易大数据平台地方政府试点。该平台创新性提出"不影响职能职责、不调整运作模式、不改变数据权限"的思路，通过建立数据分级分类管理机制，签订多方数据授权交换共享协议，各单位在基础数据不外发的前提下开展数据共享交换、监管互助互认	1. 贸易便利化场景创新：建设寄售贸易场景，有效解决进口水果寄售代销业务核价难、计税难、通关慢等关企共同关注的痛点。 2. 口岸综合治理：建设海运时效分析场景，通过平台实现海关执法数据及物流数据衔接，加强整体监控。 3. 贸易促进辅助决策方面：建设外贸统计分析场景，通过平台实现海关统计数据共享，辅助地方政府进行产业规划和政策制定

（四）通过金融开放创新促进服务贸易发展的典型案例

跨境金融服务是服务贸易新业态中专业化程度较高、体量规模较大的一种。跨境金融服务对于加快服务贸易创新发展、推动国际金融合作、促进经济全球化具有至关重要的意义。近年来各地自由贸易试验区不断探索跨境金融服务创新发展的新途径与新机制，加快推进跨境互联网金融、金融科技、金融租赁、人民币海外投融资等新业态的发展，增强了自由贸易试验区的金融产业与金融体系的竞争力与吸引力。

表4展示了各地自由贸易试验区（港）近年来在相关领域开展的典型案例。

表4 通过金融开放创新推进服务贸易发展的典型案例

地区	名称	主要做法	创新要点	实践成效
陕西自由贸易试验区	国际保理美元融资新模式	在深化服务贸易创新发展试点中，为更好发挥中小微企业在"六稳""六保"中的重要作用，解决小微企业融资难、融资贵、融资慢等问题，西安经济开发区向国家外汇管理局申请并成功获批全国首家国际保理美元融资试点，为中小微外贸企业提供美元融资，解决了中小微外贸企业面临的资金周转率低、扩大再生产难、融资成本高等问题，提供了一整套系统、完整的国际保理服务方案，目前已取得了阶段性显著成效	保理企业通过受让出口企业以美元计价的应收账款，依据应收账款从银行申请获取国内美元外汇贷款，并向出口企业提供一定比例的应收账款美元融资。出口企业收到的美元融资可以结汇使用，也可以直接用于海外采购或再生产；待出口企业收回国外买家的美元货款后，同样以美元收入向保理企业归还保理融资款。该模式下出口企业可提前获得资金，既可对外直接支付外汇，也可结汇后境内采购或生产经营使用，极大地提高了企业资金周转率，有效缓解了企业资金紧缺和融资难的问题	1. 开辟了商业保理行业向企业提供外币融资的先例。 2. 规避了出口企业的汇率波动风险。以往出口企业融资方式少、成本高、账期周期长，不能及时回笼资金，抵抗汇率变动风险能力弱。 3. 创新了出口企业外汇专户共管模式，确保外汇资金安全。 4. 促进了跨境电商等外贸服务业的聚集联动发展

续上表

地区	名称	主要做法	创新要点	实践成效
浙江宁波自贸片区	"易跨保"跨境电商金融服务方案	"易跨保"跨境电商金融服务方案是宁波市作为自由贸易试验区改革试点城市，在全国首创的支持跨境电商外贸新业态的金融服务方案。该方案借助政策性出口信用保险产品，针对性解决跨境电商发展过程中遇到的难点、堵点，促进跨境电商快速、健康发展	1. 创新跨境电商风险、融资解决方案。"易跨保"以跨境电商卖家为中心，围绕跨境电商（business to business to consumer）全流程，在服务模式上从卖方思维转化为买方思维，从直接融资转化为间接融资，为跨境电商卖家及其产品和服务供应商提供全套风险保障和融资支持。 2. 创新服务跨境电商全产业链。首次探索和创新通过一项金融服务，贯穿全产业链。 3. 创新服务海外仓"宁波模式"。全国第一张海外仓服务贸易保单在宁波落地生效，为海外仓服务跨境电商企业提供了风险保障和融资便利	自推出以来，"易跨保"跨境电商金融服务方案得到各方认可，参与试点的企业和银行不断增多，辽宁、广西、安徽、河北、天津等的商务主管部门都纷纷学习、借鉴

续上表

地区	名称	主要做法	创新要点	实践成效
云南昆明自贸片区	发展"一户百币"便利跨境金融助力企业拓展RCEP市场	为助力企业进军拓展亚太地区市场，昆明片区依托招商银行昆明分行探索以小币种结算进出口信用证的"一户百币"业务创新模式。这帮助解决了企业在面对亚太地区国家多、币种多的经营情况时出现的跨境金融结算方面的难题，大大拓展了面向亚太地区的金融通道，便利了企业结算程序，助力"国内外循环"的双向链接和流动	1. 便利"一户百币"制度流程。通过"一户百币"业务，企业只需要向银行提出需要进行结算的小币种类型和金额，银行可通过内部系统中美元或欧元进行折算，从而为企业办理小币种信用证、进出口贸易结算。 2. 建立汇率风险保护机制。在企业办理"一户百币"业务时，银行会要求企业必须有足额的授信额度或全额保证金，即客户的授信额度或全额保证金必须超额，以覆盖由汇率波动导致的风险敞口	1. 成功解决国际贸易中小币种结算瓶颈。 2. 促进面向亚太地区的国际贸易增长。RCEP框架下小币种国家比例较高，"一户百币"有效地帮助企业在利用RCEP规则中对于小币种金融结算困难的后顾之忧

（五）通过营商环境建设推动服务贸易发展的典型案例

营商环境建设与推动服务贸易之间存在重要的相互依存关系。市场化、国际化、法治化营商环境不仅能为服务贸易提供更为公平的竞争机制，推动境外市场主体到国内开展业务建立合作，更能有效拓展服务贸易的市场空间。同时，各类服务贸易新业态新模式的产生也能倒逼营商环境建设的进一步完善。近年来各地自由贸易试验区普遍加大了营商环境的建设力度，创新方向与发力点由过往普适性的"浅水区"开始转向涉及共商共建共治、跨境政务服务、细分行业产业扶持等"深水区"方面，对服务贸易新业态新模式起到了更好的制度支撑作用。

表5展示了各地自由贸易试验区（港）近年来在相关领域开展的典型案例。

表5 通过营商环境建设推进服务贸易发展的典型案例

地区	名称	主要做法	创新要点	实践成效
深圳前海蛇口自贸片区	推出港澳e站通跨境政务模式	2021年12月，前海港澳e站通首批网点在香港前海国际联络服务有限公司及澳门粤澳工商服务中心落地，将"前海港澳跨境通办""深港（澳）通注册易""深港澳办税易""湾区社保服务通"等纳入前海港澳e站通服务内容，形成"一站式"港澳服务平台。平台共提供223项服务事项，其中，前海政务服务83项、商事登记服务27项、涉税服务105项、社保服务8项	1. 提供"前海港澳跨境通办"政务服务。将前海政务服务向港澳前移，提供香港工程建设领域专业机构执业备案、港资澳资或中外合资人力资源服务许可、广东自由贸易试验区旅行社（含港澳）设立等83项前海政务的咨询和导办等服务。 2. 提供"深港（澳）通注册易"商事服务。深圳市前海管理局与市场监管局联手推广"深港通注册易""深澳通注册易"项目，在港澳服务网点为有意在前海开办企业的投资者提供商事登记咨询及文件转递服务。 3. 提供"深港澳办税易"涉税服务。通过"线下辅导+线上自助"方式，实现港人港企无须离港即可办理原来需来深办理的业务	通过在港澳网点为居民和企业免费提供商事登记、涉税业务、社保业务等服务，为港人港企及澳人澳企创业、投资发展、工作提供更多便利，为大湾区城市群政务服务合作探索新路径

续上表

地区	名称	主要做法	创新要点	实践成效
广州南沙自贸片区	首创优化营商环境社会联动共商共建共治机制	南沙区以健全组织领导、深化跟踪监测、强化前沿研究、共建营商氛围、建设重大平台为重要手段，标准化、规范化推进营商环境改革和建设，全国首创优化营商环境社会联动共商共建共治机制。具体措施包括：搭建营商环境改革创新管理体系、设立政企民沟通专题组、构建营商环境观察员体系、搭建畅通营商环境领域政企民常态化沟通协调、监督反馈、宣传全链条的平台等，引导和推动企业、中介机构、行业协会、媒体等各领域社会力量共同参与营商环境建设	1. 成立营商环境工作领导小组，搭建营商环境改革创新管理体系。 2. 全面深化全过程常态化推动机制，推动营商环境持续提升。成立优化营商环境工作专班，建立健全全区各部门及与上级部门之间的沟通协同联动机制，全面推动各项工作任务落实。 3. 持续完善改革创新研究，为南沙加快构建市场化、法治化、国际化一流营商环境提供智力支撑。 4. 建设营商环境重大交流实践平台，不断提升南沙营商环境改革影响力	在2020年"广州城市治理榜"中，优化营商环境方面排名第一。在国家营商环境新区评价表现优秀，7个指标成为标杆，市场准入、税收制度改革等20个方面的改革实践经验纳入中国营商环境报告（2021）。2021年位列中国国际化高质量发展环境建设标杆园区榜首
江苏苏州自贸片区	跨境数据传输管理和服务举措	苏州自贸片区推进跨境数据传输管理和服务，有场景、有需求、有案例、有落地，还存在中新合作广阔空间。在政策法规框架下，苏州自贸片区将输出一系列跨境数据传输管理和服务举措，跻身探索先行第一梯队	1. 全程指导：编制覆盖全流程的《企业跨境数据传输合规指引》。 2. 重点探索：提供《跨境数据分类分级指引》和《与境外方拟定合同参考》。 3. 场景牵引：推出场景式的合规导航及一对一的企业辅导。 4. 载体支撑：建设跨境数据传输公共服务平台和跨境基础设施	2022年苏州市服务贸易进出口额为211亿美元，比上年增长4.4%。跨境电商进出口额为167.21亿美元，比上年增长41.0%。全年完成服务外包接包合同额139.9亿美元

上述五个领域的各类制度创新成果从不同方面有效助力了各地自由贸易试验区/自由贸易港服务贸易新业态新模式的快速发展。但需要指出的是，在经历了十年以来多批次的改革创新实践后，我国各地自由贸易试验区在制度创新的内容和导向选择上均已渐处于瓶颈期，重复性创新和低效创新增多。在缺乏进一步授权、缺少集成创新、"大门已开、小门不开"等问题的约束限制下，包括上述案例在内的许多创新实践都有可能落入"靡不有初，鲜克有终"的窠臼之中。据此，本文将根据近年来各地自由贸易试验区/自由贸易港在此方面的问题进行梳理与分析，进而提出相应的优化路径与政策建议。

四、自由贸易试验区推进服务贸易新业态新模式的难点与问题

从近年来各地自由贸易试验区的实践来看，推进服务贸易新业态新模式的难点与问题主要包含三大类，分别是：政策与权限存在限制约束、产业结构与商业模式存在堵点、对标对接国际规则存在障碍。以下将结合各地实践案例对这些难点与问题进行详细阐述。

（一）政策限制与权限约束

自由贸易试验区在推动服务贸易新业态新模式发展中遇到的最大难点往往来自政策与权限的限制，主要体现在市场准入限制与法规政策限制等方面。具体而言，党的十九大提出了"赋予自由贸易试验区更大改革自主权"，但目前对地方自由贸易试验区下放具体权限特别是审批权限的比较多，自由贸易试验区进行自主改革开放的权限较少。例如，对外商投资、对外投资等方面的管理，仍然采用全国统一的管理办法，不允许地方开展自主探索。对中央直属机构（如海关、海事等部门）支持驻地机构配合自由贸易试验区推进制度创新、推动高水平开放的授权也较少。相关的容错机制也还未建立起来。上述因素导致地方与上级部门进行政策沟通的成本过高、程序过于复杂，进而限制了地方进行深层次创新的自主探索，导致自由贸易试验区的制度创新缺乏突破性、集成性。

举例来说，近年来多地自由贸易试验区提出设立和扩大合格境内有限合伙人（qualified domestic limited partner，QDLP）试点，争取QDLP额度，支持外资机构参与，推动国际投资贸易合作。截至2022年底，全国共有上海、青岛、北京、天津、海南、重庆、江苏等十个省市获批QDLP试点资格，并出台了相关的政策及指引。但由于因跨境收支形势，全国的QDLP试点多数处于停滞状态，各地自由贸易试验区也难以获得央行的扩大试点或增加额度授权。另外，在自由贸易试验区探索合格境内个人境外投资（QDII2）试点的尝试中，由于QDII2试点政策属于国家事权，且与资本项目开放有关，需要上级部门统筹规划，由此导致自由贸易试验区在金融方面缺少政策创新空间。

（二）产业发展与商业合作障碍

我国在RCEP中的开放承诺达到已有自贸协定的最高水平，在向WTO承诺的100个部门的基础上，新增了22个部门，涉及11个服务业领域[①]；同时，提高了37个服务部门的承诺水平，涉及12个服务领域[②]。这些产业部门和领域也将是我国开展服务贸易相关制度创新的重点对象。各地自由贸易试验区近年来根据自身产业特色、资源禀赋和比较优势，在相关服务贸易新模式新业态拓展方面进行诸多有效尝试。但在实践中，服务业市场开放相对滞后问题仍然突出。以广东自由贸易试验区深圳前海蛇口片区为例，在CEPA协议签订多年后，"大门已开小门不开"的现象依旧存在。根据《内地与香港关于建立更紧密经贸关系的安排》附件5，在香港服务提供者为法人的情况下，为取得CEPA给予的待遇，申请者应提供香港工业贸易

---

① 11个服务业领域为：管理咨询相关服务、制造业相关服务、专业设计服务、养老服务、体育娱乐服务、客运服务、市场调研服务、人员安置服务、美容美发服务、建筑物清洁服务、印刷服务。数据来源：中华人民共和国商务部《区域全面经济伙伴关系协定》专题培训教材第29页，中华人民共和国商务部，http://fta.mofcom.gov.cn/zwgkp/rcep.html，访问日期：2023年12月1日。

② 12个服务领域为：法律服务、建筑工程服务、环境服务、保险服务、银行服务、证券服务、海运及相关服务、航空器维修和计算机订座系统服务、房地产服务、广告服务、软件执行服务、口译笔译服务。数据来源：中华人民共和国商务部《区域全面经济伙伴关系协定》专题培训教材第29页，中华人民共和国商务部，http://fta.mofcom.gov.cn/zwgkp/rcep.html，访问日期：2023年12月1日。

署出具的《香港服务提供者证明书》。从香港工业贸易署公布的数据看，截至2021年8月31日，《香港服务提供者证明书》累计签发只有3352份（自2018年至今累计增长不足150份），且其中有1414份是针对运输及物流服务企业，306份是针对航空运输服务企业，其余则主要集中在建筑工程服务、分销服务、广告服务等领域；与制造业有关的服务企业仅有8家获取了该证明书。由此可见，香港服务业与前海乃至大陆地区实体产业的深度融合远未成型、道阻且长。

相较而言，《香港法律执业者和澳门执业律师在粤港澳大湾区内地九市取得内地执业资质和从事律师职业试点办法》则是推进服务贸易新模式发展的一个很好的示范，该办法对于报名资格、考试规定、申请执业部门、业务范围、组织管理等进行了详细规定和说明，对于符合条件的香港法律执业者和澳门执业律师通过粤港澳大湾区律师执业考试，取得内地执业资质的，可以在一定范围内从事内地法律事务。然而，这项港澳律师在大湾区从业的制度创新依然面临实施路径和实践效果的问题，例如内地律师与港澳律师的市场竞合效应、相关考试的合格率是否与内地司法考试对齐、港澳律师在内地实践的适应性等因素尚待实践检验。

（三）规则对标对接障碍

主动适应国际经贸规则重构趋势，积极探索对接国际高标准经贸规则的实践路径是自由贸易试验区先行先试的必然责任。但是，通过对标对接高标准国际规则来推动服务贸易创新发展是极难一蹴而就的。各地自由贸易试验区需要结合实际发展情况、既存政策体系、自身资源禀赋等因素在一定范围内试行测验，并根据实际成效和问题难点优化体制政策，形成推动服务贸易新业态发展的最优路径。在实践中，各地自由贸易试验区历年来在贸易便利化、市场准入负面清单等领域的开放创新水平较高，与CPTPP、RCEP等国际高标准经贸规则基本趋于同步或不存在明显差距。但是，在金融服务开放、知识产权、监管一致性、电子商务、国有企业和指定垄断、竞争中性和补贴等领域的高标准规则，我国各地自由贸易试验区的创新实践和体制机制均存在接受难度大、规则差异度高、相关政策缺失等问题。

以"香港服务提供者"的开放适用对象问题为例，根据CEPA附件5，香港服务提供者包括自然人和法人，自然人是指香港永久性居民，法人是指根据香港适用法律适当组建或设立的任何法律实体，无论是否以盈利为目的，无论属私有还是政府所有，包括任何公司、基金、合伙企业、合资企业、独资企业或协会（商会），须在香港从事实质性商业经营至少3年以上。从上述定义可以看出，外资企业只要在香港注册或登记设立附属机构，并达到在香港从事实质性商业经营的年限要求，就能被视作香港服务提供者，享受到CEPA框架下的对港开放措施。换言之，如果放宽香港服务提供者进入某个外商投资限制类行业的准入条件，也就相当于放宽在香港有附属机构的外国投资者进入该外商投资限制类行业的准入条件；如果准许香港服务提供者进入某个外商投资禁止类行业，也就相当于准许在香港有附属机构的外国投资者进入该外商投资禁止类行业。由于CEPA框架使用了香港服务者的概念，涵盖香港本土企业、香港外资企业和香港永久性居民，同时又对香港服务提供者进入内地市场设定了准入条件，从维护国家利益和风险管控角度考虑，国家在向香港服务提供者扩大开放外商投资限制类、禁止类行业和业务时会十分慎重。这一问题将在对标对接RCEP和CPTPP服务贸易规则时更为直接地呈现。RCEP和CPTPP在对"服务提供者"的解释定义相较CEPA更为宽松。RCEP要求对列入承诺表的部门给予缔约方的服务及其提供者非歧视性待遇，不低于给予本国和其他国家同类服务和服务提供者的待遇，做到一视同仁。

五、自由贸易试验区推进服务贸易新业态新模式的对策与建议

（一）建立自由贸易试验区使用的跨境服务贸易负面清单

2022年商务部等6部门发布《商务部等6部门关于高质量实施〈区域全面经济伙伴关系协定〉（RCEP）的指导意见》中提出，"要提高服务贸易对外开放水平、落实开放承诺、推动制造业研发、管理咨询、专业设计等产业的服务承诺落地、尽早完成正面清单向负面清单的转换"等要求。各

地自由贸易试验区作为政策和规则的"试验田",可以在风险可控的前提下加快出台自由贸易试验区使用的跨境服务贸易负面清单。此类负面清单可推出多种版本,分别适用于不同背景下的市场主体。例如,可考虑在广东省自由贸易试验区制定开放力度更大的港澳版跨境服务贸易负面清单,适用对象限于香港永久性居民和香港本土企业但不包括香港外资企业。这样可以促进港澳融入国家发展大局,又能确保风险防控的有效性。同时,各地自由贸易试验区应基于服务贸易负面清单加快构建与国际规则和格局相接轨的新型政策体制和监管思路,并加强对负面清单制度的宣传和解读,提高企业的认知度和理解度,引导企业积极参与新业态跨境服务贸易。

(二)加快推进与国际高标准规则的对接对标

习近平总书记在2021年7月召开的中央全面深化改革委员会第二十次会议上强调:"要围绕实行高水平对外开放,充分运用国际国内两个市场、两种资源,对标高标准国际经贸规则,积极推动制度创新,以更大力度谋划和推进自由贸易试验区高质量发展。"① 各地自由贸易试验区在推进服务贸易新业态新模式的过程中,可以考虑通过一张清单体现跨境交付、境外消费、商业存在、自然人流动四种模式的限制性措施,使得外商投资者可以对跨境服务贸易特别管理措施一目了然,提升政策透明度。同时,自由贸易试验区要加快从市场准入开放向制度型开放转变的进程,推进内地与港澳、国内与国际在标准、规则、制度上的对接。鉴于《全面与进步跨太平洋伙伴关系协定》(CPTPP)等国际规则在市场准入、知识产权、中立竞争等事项上与我国现行体系尚存在较大对接难度,自由贸易试验区可考虑先逐步建立起与港澳地区对接的规则机制。例如,可考虑尝试构建对标港澳、以信用为基础的市场管理体系与资格互认体系,允许符合港澳标准的服务业企业、具备相关职业资格的人员在自由贸易试验区内备案审核后直接开展相关业务活动,全方位推进跨境服务供给的多元化水平。

---

① 参见习近平总书记在2021年7月召开的中央全面深化改革委员会第二十次会议上的讲话,上观新闻网,https://export.shobserver.com/baijiahao/html/384489.html,访问日期:2023年12月1日。

(三) 加强对自由贸易试验区服务贸易创新的顶层设计与指导

从国家高质量发展的整体视角出发,自由贸易试验区推进服务贸易新业态新模式并非单纯的产业发展,而是需要自由贸易试验区在全球新一轮科技革命和产业变革背景下,针对我国当前供给侧改革与产业转型中所面临的核心问题提出示范性解决方案,构建一条既能有力推动双循环新格局且能在各地复制推广的高质量发展新路径。习近平总书记在《国家中长期经济社会发展战略若干重大问题》一文中指出,高质量发展的关键在于优化产业链、供应链和扩大内需。① 换言之,中国经济增长已从"要素驱动 + 投资拉动"转向"创新驱动 + 消费拉动",而实现这一转型的重要抓手之一即推动现代服务业的创新发展以及与先进制造业的深度融合。国家对于各地自由贸易试验区服务贸易业态培育以及国际经贸协定在地方落地等问题应给予更多指导,并从顶层设计的导向出发,科学规划各地自由贸易试验区的产业发展导向与布局,因地制宜地强化服务贸易新业态新模式的发展引擎作用,通过以点带面、深化业务关联、链条延伸、技术渗透等方式路径探索新业态、新模式、新路径,联动国内、国际两个市场构建开放型、创新型产业体系,推动自由贸易试验区服务业迈向全球价值链高端。

参考文献:

[1] 张娟,李俊,李计广. 从 RCEP、自贸试验区到 CPTPP:我国服务贸易开放升级路径与建议 [J]. 国际贸易,2021 (8):62 – 69.

[2] LICOPPE C. Connected presence:the emergence of a new repertoire for managing social relationships in a changing communication technoscape [J]. Environment & planning D-Society & space,2004,22 (1):135 – 156.

---

① 习近平:《国家中长期经济社会发展战略若干问题》,《求是》2020 年第 21 期。

第五章 海南自由贸易港发展离岛产业的策略与路径研究

彭　曦[*]

离岛产业是指在离岛地区发展的特定产业或经济活动，主要依托离岛地区的地理位置、自然资源和政策优势。离岛地区往往具有丰富的海洋资源和旅游资源，为离岛产业的发展提供了基础条件。为了促进离岛地区的经济发展，政府通常会出台一系列支持政策。这些政策包括税收优惠、出入境便利化、产业扶持等。税收优惠政策可以降低企业负担，吸引投资和人才；出入境便利化政策可以促进国际贸易和旅游活动；产业扶持政策可以提供资金、技术、人才等方面的支持。离岛地区也面临一些约束和挑战。资源相对有限，如土地、水源、能源等，基础设施建设成本较高和物流配套可能相对滞后。通过发展离岛产业，海南可以充分利用自身的资源优势和政策支持，发展特色产业、现代服务业和高新技术产业，推动经济结构的转型升级和可持续发展。

一、海南发展离岸产业的背景与意义

海南自由贸易港是为解决中国改革开放的深化与扩大问题，为更广泛的地区提供可复制、可推广的改革经验，构建离岛产业体系尤为重要。在《海南自由贸易港建设总体方案》中提及"逐渐形成支撑海南自由贸易港高质量发展的现代产业体系，还要为国内经济发展模式和产业结构转型，探索可行道路"。但海南产业基础较差，在没有实体产业支撑的情况下，要想

---

[*] 彭曦，经济学博士，中山大学粤港澳发展研究院副研究员。

绕过工业化阶段，直接发展高科技产业、现代服务业的难度较大。高新技术企业的特征是将企业创新行为作为主要生存方式的产业体系，信息、物流、风险投资和科技服务这四个部门服务于企业创新行为，构成了产业体系的基础设施，而企业则最大限度地利用外部规模经济来保证自己的创新竞争力①。现代产业体系相比原有产业体系，考虑了技术或知识分工等更加复杂的形式，产业和要素之间融合的特征②，是继承了经典产业结构研究中的长期性、内生性和动态性等合理成分，在结构分析中引入了知识的复杂性和经济活动的异质性等新的维度。离岛产业体系构建也并不一定是渐进的过程，也会在发展当中跳过某一些阶段和步骤，后发地区吸收、模仿和引进先进地区成熟的做法和经验，吸取失败的教训，通过模式设计，优化发展路径，可以将制度比较优势转化为产业竞争优势③。岛屿型经济体在产业发展中也可选择某种最为先进的技术进行发展，并选定某些主导产业先行发展，通过科技创新产业集聚，促进创新网络的形成，构建产业发展创新生态系统④，缩短产业结构演进和优化的过程。

海南自由贸易港发展离岛产业需要顺应国际发展潮流，通过知识技术积累，实现要素禀赋的升级，通过制度创新形成新比较优势。如"亚洲四小龙"（即自20世纪70年代经济迅速发展的四个亚洲经济体：韩国、中国台湾、中国香港、新加坡）中，中国台湾的崛起正是利用了发达国家向发展中国家转移劳动密集型产业的机会，利用本地廉价劳动力的优势，实现产业结构的转型升级。自由贸易港是最为开放的平台，通过开放和贸易能够帮助企业获得技术转移，企业也可以通过知识外溢获得收益⑤，包括引入

---

① 张耀辉：《传统产业体系蜕变与现代产业体系形成机制》，《产经评论》2010年第1期，第12-20页。
② 贺俊、吕铁：《从产业结构到现代产业体系：继承，批判与拓展》，《中国人民大学学报》2015年第2期，第39-47页。
③ 林毅夫：《后发优势与后发劣势——与杨小凯教授商榷》，《经济管理文摘》2002年第6期，第36-42页。
④ Andersson M. Koster S., "Sources of Persistence in Regional Start-Up Rates-evidence from Sweden," *Working Paper*, 11, no. 1 (2011): 179-201.
⑤ 许德友、梁琦：《金融危机、技术性贸易壁垒与出口国企业技术创新》，《世界经济研究》2010第9期，第28-33页。

一种新的生产方式，开辟新的市场，获得新的原材料、新的组织形式等①。发展离岛产业体系需要消除市场分割，实现市场的一体化，通过发挥市场的基础作用，从禀赋升级、价值链升级和空间结构优化三个维度来实现协同②。对于海南来讲，在未完全实现工业化的情况下，就开始推进信息化、智能化③，需要进行广泛的体制机制创新为产业发展提供完善的支撑环境，实现技术赶超和集群式的重大制度突破④，如可以利用制度优势构建起数字经济发展所需的环境。海南还需要总结在特殊经济区和自由贸易试验区的经验教训，复制推广这些地区的一些先进做法，在避免自由贸易试验区之间的产业同质竞争的基础上，通过"精准政策"，深耕"差异化"，找准制约自由贸易试验区产业发展的"痛点和难点"，围绕产业链、价值链研究，聚焦"集群式"制度创新，选择具有制度优势产业实现"突破性"发展。

需要强调的是自由贸易试验区与自由贸易港不同，自由贸易试验区是要做可复制、可推广的制度创新，而自由贸易港是一种自上而下的制度安排，是最大限度的自由化和便利化，能够带来最大的政策红利，并不要求复制推广，特别是其核心政策"零关税、低税制、零壁垒"。怎样用好制度红利，发挥制度优势，积极与国际贸易、产业等规则相对接？本文在借鉴中国香港、新加坡等自由贸易港发展经验的基础之上需要在某些领域重点突破。建设开放度更高的贸易制度，本文在借鉴国外自由贸易港发展经验的基础之上，结合海南自由贸易港的产业定位，对海南发展离岛产业进行研究。

---

① 熊彼得：《经济发展理论》，商务印书馆，1990。
② 刘明宇、芮明杰：《全球化背景下中国现代产业体系的构建模式研究》，《中国工业经济》2009年第5期，第57–66页。
③ Sánchez–González, G, *Cooperation with external agents and non–technological innovations. In Management Innovation: Antecedents, Complementarities and Performance Consequences* (Cham: Springer International Publishing, 2013), pp. 139–158.
④ Aghion P., Dewatripont M., Du L., et al, "Industrial Policy and Competition," *Cepr Discussion Papers*, 7 (2015).

二、海南产业发展现状与问题

(一) 海南建设离岛产业体系经济基础薄弱

2022 年海南全省生产总值 6818.22 亿元,从三大产业结构来看,第一产业增加值 1417.79 亿元;第二产业增加值 1310.94 亿元;第三产业增加值 4089.49 亿元[①]。在对外贸易方面,建设自由贸易港,海南并不是外向型经济,虽然是自由贸易港但外贸依存度偏低,海南 2022 年全年货物进出口总额只有 2009.47 亿元。海南规模以上工业增加值仅为 770.11 亿元,由于是离岛,发展工业成本较高,不具有比较优势。主要表现为:货物通过琼州海峡的运输成本较高;用工成本也较高,与中西部地区丰富的劳动力相比较也不具有优势;环境规制成本高,国家对于土地规划和环保评估要求更严。现代服务业是海南发展的重点,是拉动经济增长的重要力量。在吸引投资方面,海南新吸引外商投资企业 1320 家,实际使用外资 40.5 亿美元,规模较小。由于控制房地产开发,海南 2022 年全年固定资产投资比上年下降 4.2%,自由贸易港的政策出台并没有引发大规模的投资潮。科研投入不足,海南省财政支出中,科学技术支出仅为 28.9 亿元。现代服务业的发展往往需要实体经济支撑,海南不具备支撑现代服务业发展的条件,显得后劲不足。

(二) 主导产业面临要素资源短缺的问题

当前海南的主导产业主要是旅游及配套的生活服务业,主要针对的还是国内腹地经济,近年来由于房价、人力要素成本上涨,以及受到来自东南亚等国家旅游业的竞争,这些国家的旅游成本更低。目前增长较快的离岛免税购物,在购物环境上与香港、东京等国际消费中心城市相比还有一定差距,与国内中心城市相比也不具有优势,怎样吸引国外人员到海南购物、旅游,是未来需要解决的关键问题之一。康养医疗产业发展同样面临

---

① 本文所引用统计数据来自《2022 年海南省国民经济和社会发展统计公报》整理。

一定难题——没有实现国内和国际的资源整合，在产业发展所需三个要素：药品和医疗器械及患者方面，海南虽然对药品和医疗器械有特殊政策，但相对于北京、上海、广州等中心城市的医疗需求，海南的患者病例少；部分医生面临编制和晋升、子女教育、个人发展等方面的问题，不愿意到海南工作。在教育产业方面，海南定位的是国际教育岛，境外接受教育到国内工作的学生，虽然成本较低，但是教育水平、认可程度等都存在较大的问题。从金融业来看，海南没有全国性的商业银行，只有一家城市商业银行——海南银行，财产保险、信托、金融租赁、消费金融这种新型金融业务还是比较缺乏的。

（三）融入全球产业链体系难以找到突破口

并不是实行"三零"（即零关税、零壁垒、零补贴）以后，自由贸易港就能够融入全球价值链体系中去，仍然要面临一定的难题。海南与岛外产业关联性较低，以洋浦港为例，其与西部陆海新通道、粤港澳大湾区连接不够紧密，洋浦的保税港区在全国13个保税港区中排名倒数第一，在全国232个海关特殊监管区中排名倒数第六，各项指标都较为落后。在加工增值方面，在保税港区加工增值30%以上的货物进入内地免征关税，进入保税港区的货物可以不用报关，整个保税港区的货物不设置存储期限。目前洋浦港布局的产业主要是农副产品加工，包括小麦、牛肉等，主要是针对高关税的部分，但随着中国加入RCEP等国际经贸协议，对海南自由贸易港会产生一定的影响。保税燃油加注是洋浦港能够发展的产业，洋浦港本身就有炼油企业，目前急需解决的是竞争力的问题，对比浙江舟山，怎样引入更多的民营企业是需要解决的问题。在数据流动方面，海南计划在智能生态产业园、信息港等特定区域有序开放，但仍然面临一些问题，怎样控制区内与区外之间的数据交换，对于数据的监管和阻断是否会耗费大量的成本及精力，阻断后也会对一些政策的交流带来不利影响。此外，数据流动的基础设施建设、风险防控、制度设计、数据监管等各个方面需要进行完善，其中很多内容涉及中央事权，调整程序较为复杂。

(四) 自由贸易港政策对人才吸引力不足

海南对各类人才缺乏吸引力,干部人才主要是从各个地方抽调到海南进行挂职锻炼,但人才的植根性不强。对于一些高端人才,通过学术假期、讲学等方式,聘请国内外的专家、教授到海南来兼职上课,机制较灵活,但这些人才当前在海南还很难有发挥的空间。海南除了依靠政策优势,如15%的个人所得税优惠措施,面对其他地区的竞争,怎样充分发挥海南的优势,需要有一个较为系统的方案。目前需要解决的问题包括:一是财力相对薄弱,相对于其他发达地区较好的生活配套和高额的人才补贴,海南没有这个财力去比拼。二是海南的制造业基础较为薄弱,依靠制造业发展去吸引人才也相对不足。对于人才吸引力就是独特的生态环境和气候条件,通过采取更为灵活的政策来吸引人才。将境外资源引入海南发展面临法律法规限制,已经不能适应现代产业发展的需要。从国外的自由贸易港来看,不只是本国国民在自由贸易港内就业,还会有外国人到自由贸易港经商和生活,如果采取与国家相统一的法规条文,对于海南来说门槛相对较高。在我国经济"双循环"模式下,海南处理国内和国际两种资源和两个市场的关系,承担好"联系者""中介人"的角色,利用好制度优势,树立起产业优势,在新一轮科技革命和产业变革中,成为信息、数据、科技要素资源的节点,也是其需要解决的关键问题。

三、海南自由贸易港离岛产业发展策略与模式

(一) "岛内与岛外""离岸与在岸"产业联动发展策略

需要处理好"岛内"与"岛外","离岸"与"在岸"的关系与产业协同机制问题。海南并不是独立的关税区,而是与内陆地区同为一个经济体,导致很多"岛内"优惠政策很难与"岛外"进行隔绝,即使是在封关运营后,仍然有很多制度冲突会出现。首先,海南虽然一开始定位就不是"避税型"的自由贸易港,但仍然有许多税收优惠政策,还要考虑与其他地区政策上的平衡,避免出现一些企业将注册地放在海南,但是实际的运营却

在内地地区的情况。在发展离岸产业方面，当前的电子监管等手段已经很完善，能够实现风险隔离，海南可以通过发展"离岸"金融促进"在岸"的金融产业发展，构建两者之间的协同机制。在金融改革创新方面有新的突破，包括在资本自由流动、利率市场化、金融与外汇管制上进一步放松，发展"离岸"金融体系，完善金融监管与风险防控体系，为进一步扩大金融开放进行压力测试。在一些有条件的领域可以建设全球资本市场，实施更有效的措施，促进区内、区外金融资本在可控范围内自由流动、实现金融资本高效配置和市场化运作相结合。

海南自由贸易港因本身缺乏相应资源与应用场景，应加强与其他地区联动，共同建设海南自由贸易港。一是自由贸易港要为内陆地区的科技创新服务，成为吸引高端国际资源的重要窗口。可在自由贸易港内进行各项要素流通改革试验，包括全球高端科技资源、人才、资本和其他要素自由流动，在一些新兴行业形成集聚效应，带动相关产业发展，并与国家科技创新中心产生互动，吸引全球高科技人才，培育经济增长新动能。二是积极对接CEPA、RCEP等国际经贸协议，进一步推动高端服务业对外开放。如对港澳银行类金融机构、证券公司、证券投资基金管理公司、保险机构等机构，放宽了准入门槛和准入限制，出台对接粤港澳大湾区服务业发展的具体政策，在可控的范围内实行国外的行业标准和规章制度。三是要为"一带一路"等合作国家产生区域联动效应。自由贸易港作为目前开放水平最高的特殊经济功能区，将是构建对外开放经济结构体制，服务"一带一路"建设最为重要的平台，成为沿线国家的联通通道，使沿线各国实现经济政策协调，能够更加深入地融入世界经济发展中，以便开展更大范围、更高水平、更深层次的区域合作。

（二）以"制度型开放"为主的现代服务业发展策略

遵循"制度型开放"为主的开放模式，梳理与国内法律体系、规则制度和行业准则等存在的冲突，为服务业扩大开放提供制度设计，积极研究CPTPP、中欧自由贸易协议等规则的要求。海南自由贸易港应从单纯的货物贸易主导向服务贸易自由化转变，在医疗、会计等特殊领域可以实行国外的行业标准与规定，与国际规则接轨。当前中国急需解决高端服务业发展的问题，可在自由贸易港内开放某些服务业，在《海南自由贸易港建设总体方案》中就明确提出，"要重点发展旅游、互联网、医疗健康、金融、会展等现代服务业，加快服务贸易创新发展，形成以服务型经济为主的产业结构"。推动我国与东南亚、中亚等"一带一路"参与国家和其他区域合作，可针对性建设"一带一路"沿线国家创业平台、金融平台、产业平台等，对沿线国家人员、资金进出实行专项政策，对国际高端人才、境外科技人员在海南自由贸易港内工作，应给予更为便利的政策措施，如可将入境管理、工作签证的发放和移民管理的权限下放，实行总量控制的措施。

海南制度创新的方向应从货物贸易向服务贸易自由化转变，通过吸引国际资本、技术等要素发展现代物流、金融保险、信息咨询等现代服务业则是自由贸易港发展的重点。政策要落实到各个产业园区，为各类资源集聚与交易提供最为便利化的举措，推动形成内外联动，融合发展，带动离岸经济、服务贸易、数字经济等产业发展。推动新兴产业、服务业和传统产业发展，从而实现培育经济增长新动能的目的。在国家科技创新中心的发展方面，结合本地优势产业和要素禀赋情况，差别化布局，避免同质化的竞争。可开展基础性的研发工作，发展 AI、无人机和生物医药等科技创新产业。围绕人才、科技、金融要素自由流动为主进行改革，推动要素自由流动。在建设自由贸易港方案中提出支持海南开展国际人才管理改革试点，海南的人才要做增量，只有通过自由贸易港实行最为自由的人才政策，给予国际人才极大的便利性、宽松的工作环境，才能吸引全球顶级的人才集聚。

（三）探索离岛产业园区管理模式改革

海南自由贸易港面积很大，很难在管控意识形态、检验检疫、金融风险防范等情况之下，更为便捷地实现包括人员、货物的自由流动。可以采取现代化的监管措施，包括"红线监管、数字监管"模式，综合运用信息化监管手段、诚信数字档案管理、自律管理等多种手段，提升通关效率，实现管理方式由货物管理向企业管理转变。如何保证岛内与岛外的交流，在货物实施围网监管与卡口管理，进出的货物、物品、运输工具和个人，接受自由贸易港监管部门的什么样程度的监管，仍需进一步明确。因此，要落实更大的开放权限,应将一些特殊的政策落到各个产业功能区。一是为了解决岛外要素自由流动的问题,也更有利于风险管理。如对于外国人的工作签证放开,一些园区可以实现货币自由兑换等,在风险可控的前提下,能够实现更好的监管、更大的开放。二是海南可暂时调整实施有关行政法规有利于新兴产业集聚发展。

可以按照不同园区、不同领域、不同产业、不同要素等,采取不同的发展模式和管理体制。产业园区作为落实改革自主权的"试验田",在可控的范围内可以自主试验各类政策,是某些产业新业态的开放试验平台(如国际教育、离岸金融、区块链等),主要是能够享受到自由贸易港带来的便利及政策上的一些特权。通过区内与区外联动,为这些资源集聚与交易提供最为便利化的方便举措和相关服务,推动高端要素所带来的新领域、新模式、新产业、新要素的集聚发展。通过管理园区体制,推动建设国际设计岛、国际教育创新岛、区域性国际会展中心等。产业发展更多强调以"人"为中心来构建产业生态,产业的发展结果是满足"人"的需求,生产过程也需考虑"人"的各类需要。海南还应加强与国外自贸区、港澳台之间的合作,包括共同布局建设离岸创新创业中心、科技合作产业园、技术转移中心等,推动与其他地区产业融合发展与价值链延伸。此外,海南可积极探索"飞地"管理模式,如可与香港联合建设"飞地"管理模式,可将飞地产业园划归香港管辖,不仅可以解决香港资金进入海南的问题,还能提升海南营商环境。

四、促进海南离岛产业发展的路径

(一)积极融入国内国际贸易链、产业链、价值链分工体系

离岸产业发展最重要的是要成为全球价值链的中间节点,海南自由贸易港应与粤港澳大湾区港口群、西部陆海大通道等相链接,打造港口物流大通道,形成"海港+空港""海港+陆港"整合联营、子母联运模式,将是海南自由贸易港未来发展的重点。从国际贸易发展来看,海南已经形成了一个以自由贸易港为枢纽港,进行拨转的全球货运的贸易体系,以航线

联通城市网络，形成自由港城市联盟。需要注意的是，物理空间上分离的港口，可通过公共经营或管理部门相连接，共同构建区域一体的港口服务网络体系，参与到全球网络中，拓展发展保税加工、国际船舶登记、保税燃油、海员培训等产业。建设高标准和完善的港口基础设施和服务体系，依托人工智能、大数据等新技术建设智慧口岸，创新国际港口合作方式，形成"小中心＋大网络"的管理模式，与粤港澳大湾区、东南亚和其他地区自由贸易港建立联盟，打造一体化的港航体系，形成优势互补，深度融合。

供应链贸易网络诞生的主要原因是生产分工，进而产生中间品贸易，而在价值链贸易中也因不同的分工，产生了服务贸易，以往海南两个价值链分工体系都没有加入。海南应积极降低贸易的成本，包括运输成本，信息获取成本，并积极拓展旅游、医疗、数字经济等产业，在知识产权保护、产业规则、科技成果转化与国际规则对接。对内发挥制度优势，打通"政产学研"链条，集聚高端产业资源；对外加强国际合作，吸引境外资源在自由贸易港内集聚。从宏观上看，以往在推动国际和国内市场融合时，国外的企业只愿意把生产放在中国，而设计、研发等则放在本国，国内和国外的产业链并没真正对接。海南应当主动融入全球贸易网络中去，积极吸引全球企业到海南投资，通过构建"双循环"，实现更大程度的对外开放，进一步推动国内供应链对接全球供应链，提高中国企业在全球供应链中的地位。

（二）以数字经济为引领，推动形成现代离岛服务业发展新模式

海南传统的服务贸易既没有足够的市场规模，也缺少了商业应用的场景，而专业服务业需要服务实体经济，海南的实体经济也不足以支撑专业服务业的发展。在发展数字经济方面，近年海南保持在30%以上的增长速度，2019年营收达到了840亿元人民币左右，吸引了阿里巴巴、腾讯、百度、华为等企业落地。数字贸易、服务贸易、电子商务等贸易新业态将是自由贸易港未来发展的重点。数字贸易的典型特征是利用现代信息网络，实现各类信息的高效、高速交换，数字贸易可以是数字产品，如电子书、

视频、音乐、社交平台、网站信息等；还可以是实体货物的交易平台与控制平台，如京东、淘宝等，数字技术正在改变全球的贸易形态。而对于一些发展中的地区来讲，既不能放弃传统的经济发展模式，同时还要积极拥抱数字经济时代的到来。

数字经济可以改变服务贸易的形式，数字经济受地域的限制较小，应是海南发展现代服务业的主导方向。海南应通过发展数字经济融入全球产业链中，构建如区块链产业、现代金融业等现代服务业新发展模式。在中国2019年GDP增长贡献中，消费贡献率为57.8%，资本贡献率为31.2%，而货物和服务净出口的贡献率仅为11%。国家之间产生贸易的原因，正在由劳动力等生产资料的差异变为产品和技术的差异。一些专业服务业也可以通过数字服务的形式体现，包括远程教育、远程医疗、网络订餐等，随着云技术、大数据等新技术的发展，数字贸易的内容也在不断地拓宽，尤其是受新冠疫情的影响，更是加速了这一进程。而进入数字贸易时代，随着通信设施的完善，尤其是5G时代的到来，信息成本的下降，数字产品与服务贸易是其主要特征。海南应借鉴迪拜"媒体城""知识村"的经验，发展数字媒体、数字教育、数字医疗等相关产业，探索加强智慧城市、智能政府的建设。海南可通过加强城市免费高速Wi-Fi的建设，加强物联网的建设，构建更安全、更高效，更适宜数字产业发展的生态环境。

（三）以配套产业政策为基础，加强先导产业和特色产业培育

建设自由贸易港并不是政府完全退出，而是需要政府处理好产业政策和竞争政策之间的关系，提供良好的市场环境，应通过"精准政策"，深耕制度差异化，围绕海南自由贸易港的区域特色和产业发展开展制度创新。一方面，在自由贸易港更不要违法违规设立行政许可、市场准入条件。真正做到"法无禁止即可为"；防止政府公权滥用，形成更为公平开放的竞争环境，企业"轻装上阵"参与国际竞争。另一方面，自由贸易港的特征就是"离岸"政策。自由贸易港从货物贸易开始，就是吸引各种资源在此集聚交换，并通过腹地提供相应服务，创造价值。应尽快制定离岸人才、税收、金融相关政策，配套"境内关外"的措施以及"正面清单"的税收优惠政策吸引国际资源在自由贸易港内集聚。此外，要构建国际一流的生活

环境，并发挥包容性的制度优势。参考迪拜、新加坡、韩国釜山等自由港，提供符合国际标准的学校、医院、餐饮等基础设施，并鼓励各类文化、不同背景、不同知识体系的人员到海南来创新创业。随着全球化的日益发展，离岸业务也突飞猛进，据估计全世界一半以上的资产属于离岸管辖区，海南应积极探索中国特色的离岸公司的管理模式。①

先导型产业和特色产业的培育与发展需要通过产业政策，形成规则与秩序的重构，海南应当重点突破科技管理的体制机制，促进竞争，以提升政府的服务能力为主要"抓手"。首先，积极布局国家重大科学基础设施和重大科研装备，促进科技与产业紧密结合。加强人才在研究与应用之间的流动，在科研体制方面进行改革，如对于非商业性质的基础科学研究，装置设备的使用费用可大幅减免，但要求实验结果等信息向公众公开等措施。其次，积极探索符合国际规则的"功能性"产业政策。通过"功能性"产业政策的有效实施，有利于推进供给侧结构性改革，实现"三去一降一补"，改善经济结构，提高经济效率。特别是在经济发展进入新常态以后，产业发展就应该更多关注质量，产业政策则更多致力于促进创新驱动，这也和供给侧结构性改革相一致。最后，打通"政产学研"链条，构建完备的产业链，促进产业集聚，可进一步发挥产业间的"溢出效应"。

参考文献：

[1] 张耀辉. 传统产业体系蜕变与现代产业体系形成机制 [J]. 产经评论, 2010：12-20.

[2] 贺俊, 吕铁. 从产业结构到现代产业体系：继承, 批判与拓展 [J]. 中国人民大学学报, 2015, V29 (2)：39-47.

[3] 林毅夫. 后发优势与后发劣势——与杨小凯教授商榷 [J]. 经济管理文摘, 2002 (6)：36-42.

[4] ANDERSSON M, KOSTER S. Sources of persistence in regional start-up rates-evidence from Sweden [J]. Working paper, 2011, 11 (1)：179-201.

[5] 许德友, 梁琦. 金融危机、技术性贸易壁垒与出口国企业技术创新

---

① 李华东：《设岛屿离岸管辖有助回流资本》，《新京报》2016年3月10日。

[J]. 世界经济研究, 2010 (9): 28-33.

[6] 熊彼得. 经济发展理论 [M]. 北京: 商务印书馆, 1990.

[7] 刘明宇, 芮明杰. 全球化背景下中国现代产业体系的构建模式研究 [J]. 中国工业经济, 2009 (5): 57-66.

[8] GLORIA SÀNCHEZ-GONZÀLEZ. Cooperation with external agents and non-technological innovations. Management Innovation [M]. Berlin: Springer International Publishing, 2014.

[9] AGHION P, DEWATRIPONT M, DU L, et al. Industrial policy and competition [J]. Cepr discussion papers, 2015, 7: 1-52.

（本文所引用统计数据是根据《2022年海南省国民经济和社会发展统计公报》整理）

第六章 提升战略背景下自由贸易试验区压力测试的方向及建议

王 珏[*]

党的二十大报告提出"实施自由贸易试验区提升战略"。这表明自由贸易试验区在中国下一阶段的发展中具有十分重要的意义；同时，这也对下一阶段中国自由贸易试验区的发展提出了更高的要求。自由贸易试验区的核心是制度创新，是国家改革开放的"试验田"，承担着压力测试的功能。那么，在提升战略下，自由贸易试验区应做好哪些方面的压力测试，将是本章关注的重点。本章通过分析自由贸易试验区实施提升战略的时代背景，以满足中国发展需要为目的，归纳分析自由贸易试验区压力测试的重点方向，并对此提出相应的政策建议。

一、自由贸易试验区实施提升战略的时代背景

（一）外部环境

全球经济政治秩序加速变革。当前，印度、越南等新兴经济体正在崛起，这使得以往以西方国家为主导的国际政治经济格局正发生改变，国际格局多极化趋势明显。从全球价值链分工上看，全球价值链分工正由以美国为中心的北美圈和以德国为中心的欧洲圈的"两极模式"向以美国为中心的北美圈、以德国为中心的欧洲圈和以中国为中心的亚洲圈的"三足鼎立"转变。

---

[*] 王珏，经济学博士，中山大学自贸区综合研究院兼职副研究员，江苏大学知识产权学院讲师。

以WTO为代表的多边经贸合作趋于停滞。全球经贸规则的博弈日趋激烈，全球经贸规则重构的新趋势越发明显。"英国脱欧""美国优先"等成为21世纪全球经贸环境变化的开始。在过去数十年间积极引导全球化和自由贸易的发达国家出现这样的保护主义行为，预示着国际经贸环境不再是以WTO为中心的多边贸易体制，而将发生反转性变化。单边主义、贸易保护主义抬头，逆全球化之风凸显，国家之间的经贸关系变得更加复杂，不确定性明显增多。

（二）内部环境

产业上进入"规模扩张"向"结构升级"的新阶段。改革开放以来，我国产业结构不断优化，目前已形成"三二一"的产业结构。传统制造业所占比重持续下降，高新技术和战略性新兴产业所占比重有所增加，物联网、大数据、人工智能的应用更加广泛，以5G等技术为基础的产业融合将继续深化。三大产业结构调整的同时，第一、二、三产业的内部结构也在持续调整优化中。农业上，呈现出林、牧、渔业全面发展态势；工业上，现代工业体系逐步建立；服务业上，现代服务业、新兴服务业迅猛发展。

发展动力上由"要素驱动"进入"创新驱动"的新阶段。改革开放以来，中国紧抓国际产业分工机遇，依托廉价劳动力等传统要素低成本优势，从低端切入全球价值链，快速融入全球价值链分工体系中，实现了经济贸易在较长时间内的快速增长。但随着自身人口红利的逐步减弱和土地、资源等传统要素的成本上升，要素低成本的优势逐渐消失。未来依托人口、土地等低成本要素驱动的粗放型增长模式已不再适应中国新阶段的发展，以技术、知识、规则等创新要素驱动的集约型发展模式将成为推动中国经济增长的主要驱动力。因此，在向经济高质量发展转型的关键时期，要以新发展理念为引领，以创新带动为主，关注创新主体培育和创新体制机制改革，从而推动经济尽快转入高质量发展轨道。

二、自由贸易试验区建设现状分析

(一) 自由贸易试验区发展阶段研判

设立自由贸易试验区是党中央、国务院全面深化改革和扩大开放的重大战略举措。自 2013 年上海自由贸易试验区正式挂牌成立,截至 2023 年,中国自由贸易试验区分六批扩围至 21 个省,设立数量接近全国省区市的三分之二,经历了从点到线再到面的发展历程。依据自由贸易试验区的发展历程及改革进展分析,中国自由贸易试验区经历了"初期探索—快速发展—战略提升"三大阶段。

1. 初期探索阶段(2013—2016 年)

该阶段,设立自由贸易试验区主要为了满足从要素流动型开放向制度型开放转变的需要。设立自由贸易试验区是中国继加入 WTO 后实施的、具有更高水平的主动开放。中国加入 WTO 后,以多边经贸规则为标准构建了全方位、多层次、宽领域的要素流动型开放。党的十八大之后,开始重视建设开放制度,由此,制度型开放逐步被作为实施更高水平开放的重点任务。上海自由贸易试验区在成立之初就明确了其建设重点是"制度创新",而不是"政策优惠"。该阶段,自由贸易试验区的建设发展更强调改革开放的示范作用。设立自由贸易试验区是中国向全世界宣布中国主动开放的标志性举措。上海自由贸易试验区在贸易、投资、金融等领域,广东自由贸易试验区在粤港澳深度合作等领域,福建自由贸易试验区在对台合作等领域,天津自由贸易试验区在融资租赁等领域的创新经验,为中国进一步扩大开放、深化改革起到了引领示范作用。

2. 快速发展阶段(2017—2020 年)

该阶段,设立自由贸易试验区是为了在全国范围内创建更多制度创新网络节点。经历了前一阶段的发展,自由贸易试验区探索的制度创新成果不仅给自由贸易试验区所在地带来了政策红利,而且通过经验的复制推广,这些政策红利也向周边地区辐射。为了使自由贸易试验区的制度创新红利能够在更广范围传播,党中央国务院在 2017—2021 年期间,分五批分别在陕西、河南、湖北等内陆地区，以及黑龙江、广西、云南等沿边地区设立自由贸易试验区。其间，对上海和浙江实施了自由贸易试验区扩展区域的方案。由此，自由贸易试验区的建设进入快速发展阶段。该阶段自由贸易试验区的批复逐步向沿海、沿江、内陆枢纽、沿边境的省份扩展。同时，自由贸易试验区的建设发展更强调产业引领为主。随着改革开放的深入，自由贸易试验区的制度创新探索更加聚焦产业发展需要。例如，浙江自由贸易试验区围绕油气产业进行一系列的制度创新；海南自由贸易试验区围绕生物医药、离岛免税购物等方面进行一系列的制度创新。

3. 战略提升阶段（2021年以来）

经过了初期探索和快速发展两个阶段，自由贸易试验区进入了战略提升阶段。2020年10月党的十九届五中全会审议通过的《中共中央关于制定国民经济和社会发展第十四个五年规划和2035年远景目标的建议》中提出"自由贸易试验区提升战略"，2022年，党的二十大报告中再次提及"实施自由贸易试验区提升战略"。自由贸易试验区提升战略包括"扩围、提质、增效"三个维度，这三个维度既各自独立，又相互联系。扩围是地理空间上的概念；提质强调的是供给层面，不仅包括了国家层面如何设计自由贸易试验区在国家战略的位置和作用，也包括了地方层面，如何进一步提升自由贸易试验区制度创新成果的质量；而增效则强调的是需求侧，是指自由贸易试验区的建设如何能更好地满足社会主体的需要。如此看来，三者之间是各自独立的。但同时三者之间又相互联系。首先，自由贸易试验区建设质量的提升，有助于满足社会主体的需求，从而促使自由贸易试验区建设成效的增加。其次，自由贸易试验区通过扩围为其进行提质提供了空间上的保证。例如，若自由贸易试验区能够连片发展，有利于促使集成式制度创新经验的形成，进而提升自由贸易试验区制度创新成果的质量，最终提升社会主体的获得感。最后，企业和群众的需求为地方层面探索新的制度创新指明了方向。

（二）自由贸易试验区制度创新成效

根据上述分析，中国自由贸易试验区的发展已经进入战略提升阶段，为我国经济贸易的发展做出了巨大贡献。据统计，2022年，21个自由贸易试验区实现进出口总额 7.5 万亿元，同比增长 14.5%，占全国的 17.8%。①这主要得益于各自由贸易试验区在制度创新方面做出的积极探索，具体表现在以下三个方面。

1. 要素流动更加顺畅便捷

建立国家（上海）新型互联网交换中心试点。上海交换中心将原先必须通过基础电信企业骨干网络绕转实现互联互通的方式，转变为各接入主体可以直接通过接入交换中心实现互联互通，具有"一点接入，多点连通"的特点，大幅降低了接入主体与其他各方互联的复杂度以及企业用网成本，同时依托交换中心高速低时延、业务敏捷开通、流量灵活调度的网络特性，促进5G、工业互联网、元宇宙、国际互联网高速访问等创新业务在交换中心集聚，以信息流的便利流动，推动产业高质量聚集发展。②上海交换中心具备运营模式"新"、接入类型"新"、新老交换中心互动"新"、交换中心业务"新"四个全国首创特性，是信息快捷联通方面实行更大程度压力测试的重要实践。

建立"义新欧"班列多式联运新通道③。金义自贸片区探索的该举措一是实现多式联运一单制。借鉴海运提单及相关法律法规，创设了由班列运行平台作为全程多式联运经营人的中欧班列多式联运提单，出台《铁路多式联运提单管理办法》，明确提单在签发、流转、控货、提货等环节的效力，确保提单作为运输过程唯一的控货凭证，实现"一单到底、一票到底"。二是赋予班列金融属性。通过与金融机构合作，贸易企业以班列运行平台签发的铁路多式联运提单为凭据，向银行获取信用贷款，有效解决进口贸易中小微企业融资难问题。三是优化运输监管流程。运输过程中，班列运行平台对承运货物进行全程运输、监控，确保对货物完全控制。

建立互市贸易"集中申报、整车通关"落地加工新模式④。广西崇左自

---

① 数据来源：商务部：《2022 年 21 家自贸试验区实现进出口总额 7.5 万亿元》，新华网，news. cn。
② 感谢中国（上海）自由贸易试验区临港新片区管委会提供材料。
③ 材料来源：http://www.jinhua.gov.cn/art/2022/8/15/art_1229497159_60242150.html，访问日期：2023 年 6 月 6 日。
④ 材料来源：http://pxzhbsq.gxzf.gov.cn/xwzx/yqdt/t6653438.shtml，访问日期：2023 年 6 月 6 日。

贸片区探索的该模式主要做法包括四点。一是集中申报，创新开展边民互助组（合作社）"集中申报"通关。由村级组织引领边民成立合作社，允许经备案的边民互助组（合作社）委托1～2名边民代表在互市区（点）监管作业场所内按进口免税合计额度申报。二是整车通关，进境越南货车整车报关直通厂区。实行互市进口商品分类管理，对备案范围的商品实行集中申报、监管、放行等"直通式"通关便利化措施，实现境外互市商品"直通厂区"。三是实施边民互市贸易监管全链条、全领域通关作业模式。升级改造互市贸易管理系统，建立溯源体系，优化检验检测监管方式。四是开发边贸互市贸易手机申报App。边民无须到场即可完成互市商品申报，实现互市落地加工商品无纸化、信息化、智能化申报。

2. 社会治理效能提档升级

以"互动"促"主动"特种设备安全监管模式[①]。广州南沙自贸片区探索的该模式包括：一是增强特种设备从业人员安全意识，通过在线视频，特种设备使用单位及作业人员可利用碎片化时间，随时随地学习相关法律法规、安全教育知识，巩固增强安全意识。二是实现政企特种设备档案信息共享，通过采集信息、整理档案、关联使用单位与设备信息，使区市场监管局、各镇街能及时了解特种设备相关单位、设备的变更与最新信息，同时，根据待检的特种设备数量，按规定分类、预警提醒日期，向使用单位提前发送短信提醒、催检及相关通知。三是有效强化特种设备企业主体责任意识，特种设备使用单位依托南沙自贸片区市场监管和企业信用信息平台的自查自纠上报入口，对监管部门在检查中存在安全隐患的特种设备及时拍照上传整改情况及现场照片，保持时刻零距离在线监管。

强化创新税邮合作，打通税费服务"最后一米"[②]。昆明自贸片区立足区域优势、征管现状和优化营商环境的客观现实需求，把税务征管户籍体量大、业务种类多的业务资源优势和邮政网点布局优势紧密结合起来，建立业务合作紧密机制。利用邮局现有的智慧服务厅，开设税务专窗，选配

[①] 材料来源：http://www.gzns.gov.cn/zfxxgkml/gzsnsqscjdglj/zwdt/content/mpost_8698270.html，访问日期：2023年6月6日。

[②] 材料来源：https://ftz.yn.gov.cn/articles/5971，访问日期：2023年6月6日。

人员入驻，增设自助办税终端和外网 PC 端，进行税宣产品数字化投放，为纳税人、缴费人提供集"业务办理、税收宣传、银税互动"为一体的线下税费服务新体验。进一步推广"发票线上申领、邮寄配送"服务，通过人工拨打电话的方式，对全区用票户进行了邮寄地址核实，形成了全区第一份发票配送地址清册，提升税费服务响应速度和配送效率。

3. 区域合作显著提升

建立长三角部分区域船舶检验通检互认工作机制。随着区域内船舶流动性日益增长，船舶检验发证地的地方船检机构前往异地（船舶营运地）进行船舶检验的频次持续上升。异地检验周期长、成本高、质量安全隐患大，航运企业对快速、便捷船检诉求十分迫切。以舟山和南京合作模式为蓝本，舟山船检探索"长三角区域船舶检验通检互认模式"，加大与长三角有关单位沟通协作，联合苏浙沪皖有关海事、船检机构共同完善通检互认机制，破除政策壁垒，成功将该模式作为优化营商环境的措施之一列入交通强国试点任务。[①]

粤港澳大湾区"组合港""一港通"双模式探索。以广州南沙港、深圳蛇口港和盐田港等航线资源丰富的国际大港为枢纽港，以货源充足的珠江各内河码头为支线港，将两者组合成为一个整体，形成"两港如一港""一港多区"的港口群格局。在"组合港"模式下，通过关区货物数据共享，外运华南珠三角内河码头与深圳西部港群形成"两港如一港"的一体化操作，货物在起运港采用"一次申报、一次查验"的方式，减少了货物到中转港后的"二次报关"手续，大幅压缩了通关时间和成本，提高了贸易便利化水平。

（三）自由贸易试验区发展的不足

1. 改革开放新高地的"高"不够突出

习近平总书记对自由贸易试验区建设作出重要指示指出，面向未来，要在深入总结评估的基础上，继续解放思想、积极探索，加强统筹谋划和

[①] 材料来源：https://www.163.com/dy/article/H2H59JG30512DU6N.html，访问日期：2023 年 8 月 18 日。

改革创新，不断提高自由贸易试验区发展水平，形成更多可复制可推广的制度创新成果，把自由贸易试验区建设成为新时代改革开放的新高地。① 然而，目前自由贸易试验区的建设现状离"改革开放新高地"的要求仍有差距，具体表现在：一是与国际高标准经贸规则的对接不够。CPTTP、《美国-墨西哥-加拿大协议》（The U. S. Mexico-Canada Agreement，USMCA）等高标准经贸规则包含了大量"WTO +"和"WTO-X"等宽领域、高标准的内容，如知识产权、环保法规、竞争中性等，目前自由贸易试验区的制度创新成果与高标准国际经贸规则的对接仍存差距。二是服务业投资限制较多。投资限制主要存在于服务业，其中金融业限制最多，银行、证券、保险行业存在外资股比受限制，开放力度小、进程慢等问题。其他行业，如文化产业、电信服务业等均存在类似问题。三是"小门"虽开，又设"玻璃门"。虽然《市场准入负面清单（2022年版）》和CEPA等均以负面清单的方式进行管理，但仍然存在"准入不准营"的问题，即准入机制上施行的是负面清单，但是实际经营权审批上采用的还是正面清单。

2. 制度集成创新不足

《中华人民共和国国民经济和社会发展第十四个五年规划和2035年远景目标纲要》指出："赋予自由贸易试验区更大改革自主权，深化首创性、集成化、差别化改革探索，积极复制推广制度创新成果。"总结我国自由贸易试验区各类制度创新成果发现，多数制度创新成果属于利用信息化手段简化手续、流程改造等技术性的制度创新；另外，由于目前由各部门各自根据分管领域实际推行制度创新，只涉及单一部门改革创新，试验试点举措相对分散，单兵突进"微改革""微创新"较多，跨部门、跨地区、跨领域的制度创新性改革推进较慢，多部门参与、多线条协同的集成型制度创新有待进一步推进。

3. 联动发展动能不足

自由贸易试验区作为国内国际"双循环"的枢纽，在联动发展上仍显不足，主要表现在以下方面。一是自由贸易试验区内部的协同联动不足，

---

① 中国政府网：《习近平对自由贸易试验区建设作出重要指示》，2018年10月24日，https://www.gov.cn/xinwen/2018-10/2H content_5334153.htm#1。

包括各部门之间的协同、产业间的协同、政府与社会组织间的协同等。二是自由贸易试验区之间的协同联动不足，包括各个片区之间的协同、省际部门协作、机制体制联通等。三是自由贸易试验区与其他示范区等重大平台的协同联动不足，包括边（跨）境经济合作区、社会主义先行示范区、优势产业明显地区等。四是特色功能片区与常规片区间的联动不足。

三、自由贸易试验区压力测试的重点方向

（一）服务贸易方向

《区域全面经济伙伴关系协定》（RCEP）于 2022 年 1 月 1 日正式生效，RCEP 一个重要的特点是在服务贸易领域采取正面清单和负面清单混合模式。中国采取正面清单模式，但要在协议生效后 6 年内转为负面清单模式。可见，服务贸易负面清单该如何设置将成为自由贸易试验区接下来进行压力测试的重要内容。通过对比 CPTTP、美日等国 FTA 等相关内容，自由贸易试验区在服务贸易负面清单方面进行压力测试的重点方向如下。

1. 差别化探索"地区不符措施说明性列表"

"地区不符措施说明性列表"是指将各个区域不一致的措施通过清单的方式进行列明，以达到增加缔约成员国对地方政府措施可预测性的目的。例如，美韩 FTA 中，美国通过《附件 I-A：美国地区非符合措施举例清单》列明了地区不符措施的内容[①]。中国幅员辽阔，地区间资源禀赋、产业结构、经济发展现状差异较大，特别是在服务业方面，服务贸易规模、结构差异巨大，因此，各自由贸易试验区应围绕所在地具体情况，有针对性地进行服务贸易负面清单"地区不符措施说明性列表"的探索，通过对兜底条款的全面梳理，提出具有地方特色的"地区不符措施说明性列表"，为中国制定全国版跨境服务贸易负面清单提供经验支持。

2. 探索国际通用的服务贸易统计体系

自由贸易试验区在推动中国服务贸易开放中发挥了重大作用，最具代

---

① 材料来源：https://ustr.gov/sites/default/files/uploads/agreements/fta/korus/asset_upload_file570_12745.pdf，访问日期：2023 年 6 月 6 日。

表性的就是2018年发布《中国（上海）自由贸易试验区跨境服务贸易特别管理措施（负面清单）》和2021年发布的《海南自由贸易港跨境服务贸易特别管理措施（负面清单）》，这两版清单使中国服务贸易对外开放更加系统，提高了开放力度。但相较于国际代表性的贸易协定中的服务贸易负面清单仍存差距，主要表现在清单的格式构成缺乏直观性和透明度、清单内容的透明度较低等方面（胡玫等，2022），造成这些现象的一个原因是中国在服务贸易统计方法上与发达国家存在较大差距。服务贸易统计方法是否规范、统计数据是否准确和翔实、统计口径是否具有一致性、部门分类是否明确等问题，极大地影响跨境服务贸易负面清单的透明度，尤其是清单中行业范围界定以及限制方式的选取（胡玫等，2022）。鉴于此，自由贸易试验区应率先探索，明确部门分类，为完善中国服务贸易统计制度献计献策。

（二）数字贸易方面

自由贸易试验区要在数字贸易方面进行压力测试的原因在于：一是在全球经贸关系加速变革的时代背景下，围绕数字经贸规则的构建及谈判已经成为国际经贸秩序重构的重要内容之一；二是目前以美国（"美国模式"）和欧洲（"欧洲模式"）为代表的数字贸易规则尚存分歧①，关于数字贸易规则的一致性尚未形成，同时，中国已经成为数字经济/电子商务的大国，在这样的背景下，自由贸易试验区围绕数字经济进行压力测试，有助于在全球数字贸易领域放大中国声音，有助于以中国为代表的新兴国家的数字贸易规则体系的建立。通过对比CPTTP、美墨加贸易协定（USMCA）等相关协定内容，自由贸易试验区在数字贸易方面进行压力测试的重点方向如下。

1. 探索以行业为基础的中国数字经济制度体系

中国已经成为数字经济大国，数字经贸规则的制定要体现数字技术在国际贸易中的优势，因此，要以国内数字经济规则为基础，将国内规则转

---

① "美国模式"强调数据的自由流动＋禁止本地化；"欧洲模式"强调个人隐私保护，即美国将个人隐私作为一种商业权力，可以让步；而欧洲则将个人隐私视为人权保护，不可让步。

化为国际规则,成为新一代数字贸易规则的推动者。实现这一目标的必要条件之一是建立健全国内数字经济制度体系,特别是数据进出境制度体系。目前南沙自贸片区探索的全球溯源中心,是探索以行业为基础的中国数据分类制度体系的有力实践,是完善中国数字治理体系的重要探索。

2. 以跨境电子商务为突破口探索数据安全与自由流动间的平衡

受到数字技术、数字贸易利益、国内数字治理规则和非经济因素四个方面因素影响,WTO 成员国在电子商务规则核心议题上存在着严重分歧(沈玉良等,2022)。中国在跨境电子商务规则上虽起步较晚,但在消费者应用程序和在线电子商务平台上具有优势,2015 年生效的 FTA 是中国最早签署的含有"电子商务"条款的自由贸易协定,内容主要侧重贸易便利化与透明度领域,2022 年正式生效的 RCEP 还纳入了跨境数据流动、数据本地化等方面的条款。鉴于此,自由贸易试验区应该以探索制定跨境电子商务相关经贸规则为切入点,借鉴日本单个突破的做法,为数字贸易规则进行试错、试行,从而找到数据安全与自由流动间的平衡。

(三)绿色自由贸易试验区建设

绿色自由贸易试验区是指设立在特定地区的一类特殊自由贸易区,主要以节能减排、资源节约、环境友好等为宗旨。其目的是推动地方产业升级、促进经济发展的同时保护环境、提高资源利用效率。在这种特殊自由贸易区内,企业可以享受税收优惠、投资便利、通关便利等一系列优惠政策,同时在产业升级、环境保护等方面也会面临更高的要求和更多的限制。国际绿色自由贸易试验区具有以下特征:以低碳、环保、可持续发展为导向,引导市场资源配置向绿色领域倾斜,鼓励绿色创新和绿色产业发展。目前,为了兑现"双碳"承诺,我国在绿色技术、数字经济等方面加大了探索力度,而对于绿色标准、绿色国际合作等制度、标准方面的探索仍需加深。自由贸易试验区在此方面进行压力测试的重点方向如下。

1. 探索建立隐含高碳排放商品目录

绿色产品,也称清洁科技产品、环境友好型产品、可再生能源产品等,主要指一系列有助于减少环境污染、延缓全球气候变暖等对环境有益的产品(史沛然,2020)。根据联合国亚洲及太平洋经济社会委员会的定义,更清洁或更节省资源的技术、产品以及环境监测、分析与评估设备,均可视为绿色产品①。目前,绿色贸易统计的产品大多基于各组织发布的环境产品清单,比如,经济合作与发展组织(Organization for Economic Cooperation and Development,OECD)/亚太经合组织(Asia-Pacific Economic Cooperation,APEC)基于最终用途认定环境产品(黄向庆,2022),但并未考虑生成过程或消费过程中的碳排放,例如,风力发电机组、动力装置基于最终用途被视为环境商品,但其隐含的碳排放系数却很高,此类隐含碳排放系数高的产品未来更可能面临绿色贸易壁垒,因此,要探索建立隐含高碳排放商品目录,提前做好应对碳关税的准备工作。

2. 探索碳排放交易体系的国际互认

《国务院关于加快建立健全绿色低碳循环发展经济体系的指导意见》(国民〔2021〕4号)中提出:"加强绿色标准国际合作,积极引领和参与相关国际标准制定,推动合格评定合作和互认机制,做好绿色贸易规则与进出口政策的衔接。"碳排放交易体系是联合国为应对气候变化创建的一种贸易体系,碳排放交易体系能够有效促进碳资源的合理配置,最终达到减排的目的。欧盟的碳排放交易系统(European Union Emission Trading Scheme,EU ETS)建立最早且日渐完善,可以为我国建立碳排放交易体系提供借鉴。具备条件的自由贸易试验区可以借鉴EU ETS的经验,探索开发配额注册登记、交易及运维管理系统,制定碳排放市场登记与交易细则,保证配额分配与管理工作有序开展。

四、政策建议

(一)分类对标经贸规则,实施"一区一策"的高标准开放

充分发挥自由贸易试验区对标高标准经贸规则进行压力测试和风险测试的"试验田"作用,将目前国际准备谈判的或我国可能参与谈判的双边、

---

① UNESCAP, *Climate-smart trade and investment in Asia and the Pacific: towards a triple-win outcome* (United Nations Publications, 2011), p. 84.

区域、多边协定议题作为主要方向,与符合条件的自由贸易试验区——对接试点;把当前谈判中已经达成的结果在自由贸易试验区里率先示范。例如,RCEP协议中有大量的非强制性鼓励类义务,如透明度、国际合作等,这些要求可以成为自由贸易试验区在探索建设更优营商环境方面的对标标准。CPTTP和DEPA中的某些规则标准较高,实施难度大,如数据的便捷有序流动,可在具备条件的自由贸易试验区率先试点,提高数据出入境便利程度,建立健全相应的风险防范机制。通过一个片区采取一个策略的方法,将自由贸易试验区建设走深走实。

(二) 突破固有思维,实行灵活可变的区域范围划定

目前,我国的自由贸易试验区面积一般在120平方千米左右(除上海、浙江、海南),一般由三个片区组成(除海南等个别自由贸易试验区外),但自贸片区面积过小或者地理空间上过于分散,难以承载系统集成性改革项目和大型新兴产业项目,难以发挥经济活动的聚集效益(符正平,2020)。从国际自由贸易园区的发展经验看,自贸区的覆盖区域不是一成不变的,而是依据实际发展需要进行调整或扩展的。例如,美国通过设立辅区的方式使某些因用地成本、环保等问题不便落户自由贸易园区的企业可以享受自由贸易园区的各种优惠政策。我国分别于2019年和2020年在上海和浙江增设新片区,这一举措突破了对片区数量和面积的固有思维,未来可更进一步地探索建立自由贸易试验区扩围机制,建立灵活可变的区域划定方案。

(三) 突出特色功能,强化差异化发展

自由贸易试验区的发展并不像自由贸易港那样强调面面俱到,而是强调某项单一功能的强化或突出。具有海港、空港、铁路等优势的自由贸易试验区,应赋予其国际物流中转、商品分拨、仓储等功能,强化其国际物流中转功能;具有特色、高端产业的自由贸易试验区应赋予其围绕特色产业重点开放的权力,如对浙江舟山自由贸易试验区可围绕油气产业进行充分释权,对陕西杨凌自由贸易试验区围绕农业发展清单批量授权。通过特色功能的强化发展,避免自由贸易试验区之间的政策竞赛,有助于形成良

性的互动和合作,共促实现对外开放的新格局。

(四)梯队建设自由贸易试验区,成熟的自由贸易试验区向自由贸易港转型

经过了十年多的发展,各自由贸易试验区的发展呈现出差异,根据各自由贸易试验区的发展现状,引导自由化水平高、管理体制开放、港区资源整合程度高的"第一梯队"自由贸易试验区向自由贸易港转型。具体地说,对目前在货物、人员等生产要素和公共服务具备较高流动性、营商环境优越的自由贸易试验区赋予局部功能的自由贸易港,即针对特定功能的自由化,如货物贸易、国际物流中转等。出台相应的评价体系进行引导,引导其逐步探索自由贸易港。例如,韩国政府对国内七个经济自由区采取不同的评价体系,其中,仁川、釜山经济自由区对标的是国际优秀的自由贸易港,而对其余经济自由区则考察是否有效促进地区经济增长。借鉴此方法,通过建立科学客观的评价体系来引导自由贸易试验区的"梯队"发展。

参考文献:

[1] 胡玫,张娟,李计广. 中国跨境服务贸易负面清单推进路径分析 [J]. 国际经济评论,2022 (6):102 - 126,127.

[2] 黄向庆. 中国绿色贸易现状和发展策略 [J]. 中国金融,2022,982 (16):78 - 79.

[3] 林毅夫. 百年未有之大变局下的中国新发展格局与未来经济发展的展望 [J]. 北京大学学报(哲学社会科学版),2021,58 (5):32 - 40.

[4] 沈玉良,彭羽,高疆,等. 是数字贸易规则,还是数字经济规则?——新一代贸易规则的中国取向 [J]. 管理世界,2022,38 (8):67 - 83.

[5] 史沛然. 中国绿色产品出口潜力分析——基于拓展引力模型的研究 [J]. 中国流通经济,2020,34 (6):105 - 116.

[6] 符正平. 探索自贸区差异化发展路径 [J]. 人民论坛,2020 (27):23 - 25.

第七章 世界银行"宜商环境"视阈下自由贸易试验区(港)的法治创新研究

刘金玲[*]

一、引言

习近平总书记于 2019 年 2 月 25 日,在中央全面依法治国委员会第二次会议上的重要讲话指出,法治是最好的营商环境。此外,党的二十大报告指出,"加快建设海南自由贸易港,实施自由贸易试验区提升战略"。从各自由贸易试验区(港)建设实践看,把优化营商环境摆在突出位置是共同特征。优化营商环境的关键是打造市场化、法治化、国际化的营商环境,加快建设开放型经济新体制。自由贸易试验区(港)是优化营商环境的"天然"试验场,有助于探索完善法治化与国际化营商环境的路径。

2022 年 2 月 4 日,世界银行发布了《宜商环境评估体系》(*Business Enabling Environment*,BEE)的项目说明,表明运行了 17 年的营商环境(doing business,DB)评估体系将被更新。在新的全球经济形势下,世界银行发布新的《宜商环境评估体系》值得我们高度关注和重视,这对于我国进一步优化营商环境,进一步激发市场主体活力和动力,进一步推动经济高质量发展,均具有重要意义。由此,本文采用文献分析法和实证研究法,通过对自由贸易试验区(港)的相关法律政策及实践案例进行梳理和总结,探讨法治创新在自由贸易试验区(港)建设中的实践应用。

自由贸易试验区(港)被视为中国深化改革、扩大开放、促进经济发展的重要举措,是推进中国特色新型城镇化的新平台、新引擎。法治创新

---

[*] 刘金玲,法学博士,中山大学自贸区综合研究院博士后研究人员。

对自由贸易试验区（港）来说具有极为重要的意义和作用。本文拟对自由贸易试验区（港）中的法治创新进行深入研究。自由贸易试验区（港）的法治创新是指在符合法律制度的前提下，通过对政策体制模式、人才培训机制、行政审批制度、标准体系等多方面进行改革创新，推动自由贸易试验区（港）经济社会发展的一种独特方式。自由贸易试验区（港）的法治创新具有推动政策创新、推动投资活力、推动模式创新、提高国际竞争力、提高政府服务水平等多重作用，法治是创新驱动发展的保障。

当前，随着中国经济的快速发展，自由贸易试验区（港）的建设已成为推动中国经济转型升级的重要战略举措。为了营造良好的营商环境，中国政府正在积极推进自由贸易试验区（港）的法治创新和法治建设。其中，广东、天津、福建自由贸易试验区已经探索出了一种新的法治创新路径及法治建构模式，即"国家授权、部委规章、地方立法三层次联动推进模式"。然而，自由贸易试验区（港）的法治创新和法治建设仍然存在一些问题和挑战。因此，需要对自由贸易试验区（港）的法治创新进行深入研究，为其法治建设提供支持和指导。

本文研究的主题是世界银行"宜商环境"视阈下自由贸易试验区（港）法治创新，具体是以世界银行"宜商环境"视阈为基础，探讨自由贸易试验区（港）的法治创新路径及法治建构模式，并以上海、广东等自由贸易试验区和海南自由贸易港为例，分析其实践特征和优缺点，提出相应的优化路径，包括完善法律法规、加大执法力度、强化行业自律等。自由贸易试验区（港）的法治创新应当更好地与国际规则接轨，创造更加公正透明的营商环境，为国内外企业和投资者带来更多商机。这些对策可以为自由贸易试验区（港）的法治创新和法治建设提供理论支持和实践指导，推动自由贸易试验区（港）的商事制度改革和营商环境优化，促进其与国内外先进自由贸易试验区的融合和发展，实现自由贸易试验区（港）的提升战略。

二、自由贸易试验区（港）的法治创新

（一）自由贸易试验区（港）的概念

自由贸易试验区（港）是指国家为探索更高水平开放型经济新体制，加快形成以国家经济发展战略为引领的开放型经济新体制，促进内外贸融合发展，探索跨境金融、法律服务、人才流动等领域的改革创新，根据国家政策，在特定区域内创新宏观调控、制度安排、投资增长、市场准入、政务服务等方面的国际化改革试验区。

自由贸易试验区（港）属于特别行政区版块，是中国对外开放的重要窗口和连接全球经济的"桥梁"。作为国际大都市，香港连续多年被评为世界上最具竞争力的城市之一，其独特的地位、经验和优势是推进自由贸易试验区（港）的法治创新的重要基础。在"一国两制"下，自由贸易试验区（港）将坚持香港的法制独立、司法独立，保证法治在服务国家发展中的基本作用和地位。同时，自由贸易试验区（港）在追求开放的同时，需要与香港不断加强交流、协调和沟通，全面深化与香港的合作。

值得注意的是，自由贸易试验区（港）并非只是在原有香港的基础上增加一些新的开放开发政策和措施，而是从发展格局、产业布局、政策制度安排等方面调整，旨在打造更加开放透明、规范有序、安全高效的制度框架和管理体系。自由贸易试验区（港）在整合境内外市场资源的同时，也要充分考虑香港的特殊地位和优势，更好地服务"一带一路"和粤港澳大湾区的发展。

（二）自由贸易试验区（港）法治创新的意义

自由贸易试验区（港）法治创新，是指在坚持中国特色社会主义的前提下，允许自由贸易试验区（港）根据新形势，通过创新的思维和方法来解决新的问题，推动法律的修订和完善。法治既要保护创新的自由，又要对创新进行规范和约束，以确保创新的合理性和可持续性。自由贸易试验区（港）的建立，为法治创新提供了可贵的机遇。自由贸易试验区（港）

法治创新的意义，体现在以下三个方面。

首先，自由贸易试验区（港）法治创新提升了整个区域的法治水平。法治水平的提升，在一定程度上可以促进各领域的深度融合发展。实施自由贸易试验区（港）法治创新，可以在一定程度上增强本地的综合实力，吸引更多投资，同时也提高了本地的竞争力。

其次，自由贸易试验区（港）法治创新依托了本地对外交流的人文环境。在文化交流与交融的现代社会，一个城市的人文环境也成为重要的吸引力。自由贸易试验区（港）法治创新充分利用了本地自身的文化背景和地理位置，吸引了大量投资。同时，自由贸易试验区（港）法治创新凸显了中国特色社会主义的法治理念，构建了具有国际化背景的法治机制。

最后，自由贸易试验区（港）法治创新有望成为中国法治进程的重要推动力量。在全面深化改革的背景下，坚持依法治国是中国社会稳定和发展的重要保障。作为法治创新的试验区，自由贸易试验区（港）所承载的意义不仅在于实践，更在于对中国法治建设的全局视角。全球化的背景下，中国的法治建设面临诸多挑战与机遇，实施自由贸易试验区（港）法治创新可以为推动中国法治建设走向更高阶段提供重要的经验和参考。

综上所述，自由贸易试验区（港）法治创新在彰显中国特色社会主义法治理念、吸引投资、提升本地的综合实力等方面，具有重要的促进作用；在推进中国法治建设过程中发挥着不可替代的作用。

（三）自由贸易试验区（港）法治创新的现状与问题

自由贸易试验区（港）作为中国改革开放的新平台，不断探索各种改革创新，其中法治创新尤为重要。在自由贸易试验区（港）的实践中，尝试了很多与法治创新相关的政策，且已经取得了一定成效。

首先，自由贸易试验区（港）制定了一系列与法治相关的政策，鼓励市场主体积极参与、培育公平竞争的市场环境。例如，《中华人民共和国海南自由贸易港法》，聚焦贸易自由便利、投资自由便利、财政税收制度、生态环境保护、产业发展与人才支撑等，对自由贸易港的功能定位、运行方式、管理模式进行顶层设计，为海南推进高水平制度型开放提供原则性、基础性法治保障。

其次，自由贸易试验区（港）还采用了一些先进的法律制度，规范市场秩序，保证市场的公平竞争。例如，国务院印发《全面对接国际高标准经贸规则推进中国（上海）自由贸易试验区高水平制度型开放总体方案》，以政策文件支持上海全面实施自由贸易试验区提升战略，打造国家制度型开放示范区。以更大力度先行先试推动深层次改革。该方案有42条措施涉及"边境后"规则，主要包括推进政府采购制度改革，深化国有企业改革，加大对劳动者权益的保护力度，实施高水平环境保护措施等方面，通过开展深层次改革创新，为推进国内重点领域改革探索路径。

然而，自由贸易试验区（港）的法治创新仍然存在一些问题，主要表现在以下两个方面：一方面，政策文件尚不完备，相关法律文件不足以支持及保障自由贸易试验区的法治创新；另一方面，自由贸易试验区（港）的诸多创新还面临着一些实际问题，如辖区人员特别是涉外人员与本地人员对法律法规的认识和遵守意识不同，需要加强对辖区人员的法制教育和宣传。

总之，自由贸易试验区（港）在法治创新方面的尝试和实践还需要不断完善，建立起一个更加完备的法规法律体系，促进市场秩序健康发展，为自由贸易试验区（港）的长远发展提供更为坚实的法治保障。

三、优化"宜商环境"与自由贸易试验区（港）法治创新的辩证关系

（一）世界银行关于"宜商环境"的概念与内涵

世界银行对"宜商环境"的定义是指国家在经济、司法、政治、文化等各方面创造的一种良好的、稳定的、透明的、便利的、可预期的商业经营环境。"宜商环境"因国家的历史、文化、政治、法律、制度等方面的因素而各有差异。而在如今全球化的背景下，随着不同国家之间的经济联系加深，优化"宜商环境"已成为各国政府的共同目标。

世界银行在推进全球化、促进经济发展、增加国际投资、创造新的就业机会等方面扮演着重要角色，它对"宜商环境"的定义也具有权威性。

世界银行认为,"宜商环境"应该具备以下要素:市场准入的便利化、企业和资本的自由流动、法律和制度的透明化和完备性、支持产业和贸易的基础设施完善、知识产权得到保护等。[1]

不少国家在优化"宜商环境"方面有着不错的表现。其中,中国是近年来最为成功的案例。自由贸易试验区(港)作为中国在优化"宜商环境"方面的重要一环,得到了国内外专家学者的广泛关注。自由贸易试验区(港)在推进行政、贸易、金融等方面的法治创新,有力地促进了宜商环境的进一步完善。

自由贸易试验区(港)的法治创新主要表现在:首先,在加强知识产权保护方面取得了重大进展。自由贸易试验区(港)建设了国内首个知识产权法庭和专门的知识产权审判机构,并针对跨境电商、知识产权保护、知识产权检索等方面开展法规和制度创新,有力地保护了知识产权。其次,自由贸易试验区(港)通过放宽市场准入、简化企业注册、优化知识产权保护等措施,提高了企业运作的便利程度,并减少了企业的行政成本。此外,自由贸易试验区(港)还对外资、税收、金融、投资、贸易等方面进行了全面的法律和制度调整,打造了开放、透明、规范的投资环境。

综上所述,自由贸易试验区(港)的法治创新措施对推进"宜商环境"的建设与完善,发挥了十分重要的作用。随着自由贸易试验区(港)的不断发展,法治创新也将不断前行,并为中国的"宜商环境"建设做出新的贡献。

(二)自由贸易试验区(港)法治创新对"宜商环境"的贡献

自由贸易试验区(港)作为中国推进改革开放和以市场为导向的经济发展的战略重点,一直受到世界银行的关注。世界银行将经济宜商环境作为"营商环境"的核心概念之一,认为这是推动经济发展的关键因素之一。自由贸易试验区(港)在法治创新方面做出的贡献使其成为营商环境改善

---

[1] THE WORLD BANK, Business Enabling Environment (BEE), web:https://www.worldbank.org/en/search,访问日期:2023年7月8日。

的成功案例之一。

首先,自由贸易试验区(港)在企业注册和投资管理方面实现了大幅度的简化和优化,使得外商来华的门槛降低,投资环境也更加开放和透明。自由贸易试验区(港)的成立也为中国的商业法律体系提供了借鉴和参考,为加快推进我国商事登记制度改革提供了宝贵的经验。

其次,自由贸易试验区(港)在税收优惠和海关监管等方面进行了积极探索和创新,创造出更加优秀的投资环境。其中,自由贸易试验区(港)的"负面清单"管理模式使得外商投资更加规范合法,特别是涉及投资准入和行业准入方面,这一制度的实行让外商投资更加通畅便捷。

最后,自由贸易试验区(港)也为中国加强法治建设做出了贡献。自由贸易试验区(港)在知识产权等方面的保护力度更大,为我国进一步完善知识产权保护,提供了可行性和启示性的方案。同时,自由贸易试验区(港)的国际商事法庭也得到了世界各国的广泛关注和认可,成为解决国际商事争端的重要平台。

总之,自由贸易试验区(港)在法治创新方面的探索和实践,为世界银行宜商环境视阈下的自由贸易试验区(港)法治创新提供了有力的支撑,为国内外企业在华投资和发展提供了更加良好的投资环境。

(三)自由贸易试验区(港)法治创新与"宜商环境"之间的关系

自由贸易试验区(港)法治创新与"宜商环境"之间的关系,是当前研究领域的重点。自贸试验区(港)的创新探索,以优化"宜商环境"为"抓手",而且涉及方方面面制度的变化,法律法规是其中的重要内容。自由贸易试验区(港)能不能发展好,司法制度的保障和落实是一个重要的前提。

首先,自由贸易试验区(港)法治创新提供了更加完善的法律保障,为投资者和企业家提供了更加稳定和可预期的法律环境。例如,自由贸易试验区(港)的法规创新加强了知识产权保护,加快了知识产权纠纷解决机制的建设,提升了知识产权保护的水平,吸引和鼓励了更多的技术和人才进入自由贸易试验区(港),促进了科技创新和经济发展。

其次，自由贸易试验区（港）法治创新推动了更加公正和透明的法律体系建设。自由贸易试验区（港）制定了一系列创新性的法律规定，建立了"互联网+政务服务"平台，优化了审批流程，简化了审批手续，完善了管制和监管措施，提高了行政效率，加强了监管力度，促进了诚信经营和公平竞争，为企业提供公正的市场环境和繁荣的发展空间。

最后，自由贸易试验区（港）法治创新为建设"宜商环境"注入了新的活力和动力。自由贸易试验区（港）基于海洋、金融、科技创新等领域的战略定位，深化市场化改革和法治建设，拓展服务功能和发展模式，为区域经济一体化和全球化发展提供了重要的支撑和保障。

综上所述，自由贸易试验区（港）法治创新与"宜商环境"之间的关系密不可分，相互促进和支撑。未来，应进一步完善法治建设和基础设施建设，加强合作与交流，积极推进夜间经济和数字经济等新型经济形态的发展，构建更加开放、便利和高效的"宜商环境"，为区域经济融合和全球治理注入新动力。

四、自由贸易试验区（港）法治创新的实践案例分析

（一）上海自由贸易试验区加强知识产权保护

上海自由贸易试验区在知识产权保护方面进行了一系列法治创新。首先，强化知识产权司法保护。上海自由贸易试验区设立了知识产权法院，专门负责处理知识产权纠纷案件。该法院的设立提供了高效、专业的司法保护，加强了对知识产权侵权行为的打击力度。其次，推进知识产权审批便利化。上海自由贸易试验区积极探索并实施了一系列知识产权审批便利化的政策措施。例如，简化知识产权登记流程，缩短审批时间，提高审批效率，为创新主体提供更快速、更便捷的知识产权保护。再次，设立知识产权保护绿色通道。上海自由贸易试验区建立了知识产权保护绿色通道，为知识产权权利人提供便捷的投诉和维权渠道。该绿色通道通过优化流程、加强协调，提高了知识产权权利人的维权效能。最后，加强知识产权执法合作。上海自由贸易试验区积极加强与相关部门的执法合作，建立了跨部

门、跨地区的知识产权执法协作机制。通过信息共享、协同执法等方式，加大了对知识产权侵权行为的打击力度，提升了知识产权保护的效果。

这些法治创新举措在知识产权保护方面起到了积极的推动作用，有效提升了自由贸易试验区的知识产权保护水平，并且优化了"宜商环境"，为创新创业提供了更好的法律环境和保障。

（二）广东自由贸易试验区推动国际仲裁规则衔接

广东自由贸易试验区以深圳国际仲裁院（下文称"深国仲"）为载体，于2019年在香港设立华南（香港）国际仲裁院，形成"深圳+香港 双城两院"新发展格局，充分发挥"两个法域、两个仲裁地、两个机构、两套规则"的特殊优势，通过"规则衔接软联通"和"庭审设施硬联通"，为在前海推动跨境争议解决、探索跨境法律规则衔接提供新思路和新方案，打造"深圳+香港"国际仲裁优选地。

该制度创新的亮点主要有两方面：

一是"双城两院"推动规则衔接。深国仲于2016年推出了《深圳国际仲裁院关于适用〈联合国国际贸易法委员会仲裁规则〉的程序指引》，创造性地将香港作为默认仲裁地，推动香港法律在香港国际案件中的适用，吸引更多香港专业人士以仲裁员、代理人或专家证人等角色参与大湾区争议解决业务。2022年5月，华南（香港）国际仲裁院于发布《华南（香港）国际仲裁院仲裁规则》，基于《联合国国际贸易法委员会仲裁规则》制定，在规则框架设计上符合国际通行的规则内容，方便境外人士熟悉、理解和使用，同时充分吸纳了《深圳国际仲裁院仲裁规则》中的亮点，对仲裁程序的期限、仲裁成本等做出了限制性规定，为我国企业"走出去"过程中解决纠纷提供便利选择。

二是"双城两院"推动庭审机制对接。深国仲创新性采用"深港联动、异地同步"的方式审理涉港案件。深国仲在位于前海的国际仲裁大厦为内地的当事人和仲裁员提供庭审设施和服务，华南（香港）国际仲裁院在位于香港中环的国际金融中心为在港及境外当事人和仲裁员提供庭审设施和服务，深港两地采用视频连线方式同步开展庭审，增强当事人跨境纠纷解决的参与感和体验感。

广东自由贸易试验区以建立国际化的多元纠纷解决机制来优化"宜商环境"。深国仲和华南（香港）国际仲裁院共同形成的"双城两院、规则衔接、优势互补"格局，充分利用了国际仲裁跨境管辖、跨境适用法律、跨境执行裁决、跨境共享资源的功能，为当事人在粤港澳大湾区的争议解决提供了全新选择和多重保障。

（三）海南自由贸易港跨境服务贸易负面清单

《海南自由贸易港跨境服务贸易负面清单》（以下简称《清单》）是在新发展格局下，我国主动推动高水平制度性开放的一项重要举措，亦是重要的法治创新。

在海南推出我国首张跨境服务贸易负面清单，在专业服务、交通运输、金融、教育等跨境服务贸易领域提出针对性开放举措，推动我国服务贸易管理模式与国际高标准经贸规则更好对接。《清单》主要有四大亮点：

（1）在人才政策方面，《清单》实行了更加开放的政策。比如：取消境外个人参加注册计量师、勘察设计注册工程师、注册消防工程师等十多项职业资格考试方面的限制。

（2）在提升运输自由便利化方面，《清单》实施了更加开放的船舶运输政策和航空运输政策，在推动建设西部陆海新通道国际航运枢纽和航空枢纽方面，也将发挥重要作用。比如《清单》取消了境外船舶检验机构没有在中国设立验船公司，不得派员或者雇员在中国境内开展船舶检验活动的限制。同时，还取消了外国服务提供者从事航空气象服务的限制等。

（3）在扩大专业服务对外开放方面，《清单》明确允许境外律师事务所驻海南代表机构从事部分涉海南的商事非诉讼法律事务，允许海南律师事务所聘请外籍律师担任外国法律顾问和港澳律师担任法律顾问，取消外国服务提供者从事报关业务限制等。

（4）在扩大金融业对外开放方面，《清单》一方面坚持金融服务实体经济，有序推进金融改革创新；另一方面也进一步扩大对外开放。比如允许境外个人申请开立证券账户或者期货账户，并且可以申请证券投资咨询从业资格和期货投资咨询的从业资格等。

这些举措有助于海南自由贸易港打造法治化、国际化、便利化的"宜商环境",集聚全球创新要素资源,促进海南自由贸易港高质量发展。

五、自由贸易试验区(港)法治创新的问题与对策

(一)自由贸易试验区(港)法治创新面临的问题

自由贸易试验区(港)法治创新是现代法治建设的重要实践,虽然已经取得丰硕成果,但在实践中也面临着一些问题。一方面,自由贸易试验区(港)法治创新相较于传统法治建设,需要充分考虑市场需求和创新要求,提升适应性和灵活性。另一方面,自由贸易试验区(港)法治创新也要遵循法治原则,保障公平公正,建立有效的监督机制。

首先,自由贸易试验区(港)法治创新面临着法律标准的变化和规范的不统一。自由贸易试验区(港)的设立是为了更好地发挥市场活力,因此要求法治建设在一定程度上更强调市场化和灵活性,不过这也会导致法治标准没有统一的依据。此外,自由贸易试验区(港)法治创新过程中,法规制定和规范管理也存在一定缺陷,未能完全规避制度创新无法律支持和保障的风险。

其次,自由贸易试验区(港)法治创新还面临着监管机制与实践问题。根据宜商环境的要求,自由贸易试验区(港)在法治上更强调市场逻辑,然而市场下的行为也需要监管机制的有效运转,这就要求自由贸易试验区(港)法治创新不仅仅要把握法律标准,还必须要完善监管体系,确保市场环境健康和公正。

综上,自由贸易试验区(港)法治创新面临着一些问题,需要更好地推进和加强。在落实市场机制和法治标准的基础上,自由贸易试验区(港)还需要加强对规范制定和管理的完善,同时也需要探索出一个相对完善的监管机制,使自由贸易试验区(港)商业环境更加健康和有序。

(二)自由贸易试验区(港)法治创新的建议

自由贸易试验区(港)法治创新,需要从多方面来加强和改善。首先,需要完善法律制度建设,加大审批权限下放力度,完善多元化争端解决机

制,以及加强立法保障和风险防控。其次,需要重视人才队伍建设,提升相关从业人员的法律意识和服务意识,针对普遍存在的司法资源短缺问题,加大人才培训力度,提高司法人员素质。同时,还需要建立智慧法治机制,引入人工智能和大数据等新技术,提升法治服务效能,优化服务质量。最后,需要进一步加强监管和执法能力,规范市场秩序,加强对违法犯罪行为的打击和制裁,维护公平竞争和良好商业环境。此外,加强协调合作机制建设,推动更加紧密的区域合作,搭建交流合作平台,加强信息共享和沟通,提升法治水平和服务能力,为自由贸易试验区(港)在国家开放大局中继续发挥重要作用创造更好的环境。

总之,自由贸易试验区(港)法治创新的对策,需要多方面共同发力,形成多层次、多元化的支持体系,不断推动宜商环境的改善和创新。只有在实践中积极探索,不断完善和创新,才能更好地服务于经济社会的发展,展现中国法治建设的成果和优势。

六、总结与展望

(一)自由贸易试验区(港)法治创新的意义与贡献

自由贸易试验区(港)自设立以来,以深化改革、扩大开放为目标,旨在积极打造开放型经济新体制、新模式,成为中国改革开放新时代推进高水平对外开放的重要平台。自由贸易试验区(港)优化"宜商环境"的主要"抓手"是法治创新。

在自由贸易试验区(港)的建设中,法治创新是一个十分重要的方面。通过在自由贸易试验区内不断尝试,制定了一批具有鲜明特色的法规,包括市场准入、投资自由、贸易自由、知识产权保护等方面,在自由贸易试验区(港)法制环境中,企业经营和人民生活得到了更好的保障。这一系列法规的颁布和实施,有效提升了自由贸易试验区(港)的法治水平,为我国各地开展各类改革试验和创新积累了新的经验。

自由贸易试验区(港)的法治创新在未来将继续发挥重大作用。首先,它将为深入推进自由贸易试验区改革提供有力的制度支撑。其次,自由贸易试验区（港）的法治创新在今后的改革实践中也将具有示范性，借鉴它的经验，可以为我国各地的改革探索提供重要的思路。最后，随着中国与国际社会的交流合作日益紧密，自由贸易试验区（港）法治创新具有很强的吸引力和影响力，必将为我国和世界其他国家建立更加公正、透明、稳定、可预测的投资环境、促进人民生活水平提高起到积极的作用。

（二）自由贸易试验区（港）法治创新的未来发展方向

自由贸易试验区（港）作为一个重要的改革开放"试验田"，其法治创新对于我国法治建设以及国际经济贸易合作具有重要的示范和引领作用。在未来的发展中，自由贸易试验区（港）法治创新还有很多的发展空间和方向。

首先，自由贸易试验区（港）可以进一步加强与国际法的对接。国际法是国际社会关系的基本准则和规范，自由贸易试验区（港）的法治创新应当与国际法的规定相协调。在此基础上，自由贸易试验区（港）可以在国际法的框架内，进一步完善法治化"宜商环境"，提升国际合作水平。

其次，自由贸易试验区（港）可以以科技为先导，进一步推动法治创新。随着科技发展的不断推进，人工智能、区块链等新技术将对法治创新产生深刻的影响。自由贸易试验区（港）应当积极引入新技术，不断优化法治环境，加速推进数字化、智能化法治建设。

最后，自由贸易试验区（港）可以深化与内地［内地，指自由贸易试验区（港）以外的中国内地］法治建设的对接。自由贸易试验区（港）作为内地与国际之间的"桥梁"，应当进一步加强与内地法治建设的沟通和交流，利用两地互惠互利的优势，促进自由贸易试验区（港）以及内地法治环境的协调与发展。

综上所述，自由贸易试验区（港）法治创新具有非常重要的意义和贡献，未来的发展空间和方向也是广阔的。自由贸易试验区（港）应当持续推进法治创新，适应新时代的发展要求，为我国法治建设和国际经济贸易合作做出更大的贡献。

参考文献：

[1] 程金华. 世界银行营商环境评估之反思与"中国化"道路[J]. 探索与争鸣, 2021 (11)：105 – 113.

[2] 石贤平, 张明悦, 张宇琪. 世界银行营商环境"办理破产"评估指标研究[D]. 哈尔滨：哈尔滨商业大学, 2022.

[3] 郭文波, 刘璇, 王萧斐. 世界银行营商环境排名前列经济体改革措施的演化分析[J]. 现代管理科学, 2021 (13)：9 – 21.

[4] 世界银行继续把中国列为营商环境改善度最高国家之一[J]. 中国眼镜科技杂志, 2019：53.

[5] 曾斌, 陈亚辉. 世界银行《全球营商环境报告》引介——兼论法与金融分析方法的发展与局限[J]. 海南金融, 2012 (10)：75 – 78.

[6] 符卓, 杨婷. 自贸区（港）下建设银行海南省分行发展研究[J]. 全国流通经济, 2019：152 – 153.

[7] 中国农业银行审计局上海分局调研组, 包庆, 仇忠岭. 银行自贸区业务的新机遇[J]. 中国金融, 2021：2.

[8] 赵希望, 郑翱翔. 世界银行《全球营商环境报告》跨境贸易指标体系评议[J]. 新营销, 2019：277 – 278.

[9] 李聪. 世界银行营商环境评价体系适用中亚五国的评述——以陕西企业为例[J]. 现代商业, 2020：3.

[10] 世界银行《全球营商环境报告（2017）》[J]. 中国投资, 2017：90 – 91.

[11] 郑刚. 从世界银行《营商环境报告》谈企业开办的便利化[J]. 工商行政管理, 2018：29 – 30.

[12] 曲宁. 世界银行《营商环境报告》梳理及中国营商环境述评[J]. 商场现代化, 2019：17 – 18.

[13] 世界银行发布《全球营商环境报告2020》，中国营商环境排名跃居全球第31位[J]. 招标采购管理, 2019：10.

第八章 我国自由贸易试验区对接 DEPA 数字贸易规则研究

程钰舒[*]

一、引言

党的二十大报告中讲到建设贸易强国要依靠三个抓手：推动货物贸易优化升级、创新服务贸易发展机制以及发展数字贸易，数字贸易的重要性被上升到一个新的高度。习近平总书记也曾多次强调，发展数字经济是把握新一轮科技革命和产业变革新机遇的战略选择，数字贸易作为数字经济的重要组成部分，已经逐渐发展成为驱动我国开放型经济高质量发展的崭新引擎和全新增长极。据中华人民共和国中央人民政府网 2023 年 3 月报道的数据显示，2022 年我国可数字化交付的数字贸易规模达到 2.5 万亿元，比 2017 年增长了 78.6%，数字贸易发展迅速，极具韧性和潜力。

2021 年 11 月 1 日，中国商务部部长代表中方向 DEPA 保存方新西兰正式提出加入《数字经济伙伴关系协定》（Digital Economy Partnership Agreement，DEPA）申请。2022 年 8 月 18 日，根据《数字经济伙伴关系协定》（DEPA）联合委员会的决定，中国加入 DEPA 工作组正式成立。工作组成立以来，中方与成员方一道开展了大量富有成效的工作，总体进展顺利。目前，我国国内多个地方都在主动对接 DEPA，与成员方一起推进在各领域展开合作，并尝试在一些项目上取得关键性突破。自由贸易试验区作为我国改革开放和先行先试的"试验田"，理应承担起对接国际高标准数字贸易规则的重任，积极主动开展压力测试和风险监管，为我国参与全球数字贸

---

[*] 程钰舒，法学博士，中山大学自贸区综合研究院兼职研究员。

易治理提供谈判依据和有效经验。

二、DEPA 数字贸易规则的主要内容及典型特征

关于数字贸易的界定，美国最早提出了它的解释。2013 年 7 月，美国国际贸易委员会（United States International Trade Commission，USITC）首次提出数字贸易是指通过互联网传输货物或服务的商业活动，主要包括数字内容、社交媒介、搜索引擎、其他产品和服务四大类。[①] 显然，数字贸易的定义不是仅局限于此，随着时代的发展和技术的进步，其内涵和外延也在不断地扩大。2017 年 8 月，USITC 更新了对"数字贸易"的定义，数字贸易是指"通过互联网及智能手机、网络连接传感器等相关设备交付的产品和服务"，[②] 涉及互联网基础设施及网络、云计算服务、数字内容、电子商务、工业应用及通信服务六种类型的数字产品和服务。综观过去十年国际贸易的发展态势，伴随着数据的海量爆发和数字技术的科技革命，将数据和数字贯穿于大宗商品上下游产业链将成为全球化供应链服务发展的主要特征，数字贸易不仅发展成为新的国际贸易增长点，也势必将为全球经济的增长和发展贡献强大力量。与此对应，国际贸易的相关规则也应该进行调整，然而，数字贸易的兴起和发展并没有与之相匹配的全球性规则来对其进行规制和监管，因此在发展的过程中遇到了诸如市场准入、数据隐私、流动限制、知识产权、网络安全和管辖权不明等问题。因此，推进全球数字贸易体系尽快建立和形成规制成为全世界面临的共同问题。2020 年 6 月 12 日，为加强数字贸易的互惠合作，新西兰、新加坡、智利是首先签署《数字经济伙伴关系协定》（DEPA）的三个国家，这份于 2021 年生效的协定是全球首份数字经济区域协定。

[①] U. S. International Trade Commission, "Digital Trade in the U. S. and Global Economies, Part 1, Investigation No. 332-531, USITC Publication 4415" (Washington: USITC, July 2013).

[②] U. S. International Trade Commission, "Global Digital Trade 1: Market Opportunities and Key Foreign Trade Restrictions" (2017).

（一）DEPA 数字贸易规则的主要内容

《数字经济伙伴关系协定》（DEPA）以商业和贸易便利化、数据跨境流动自由化、个人信息安全化、数字参与普及化等为主要内容，并就加强金融科技、人工智能等领域的合作进行了规定。DEPA 主要包括十六章：第一章是初始条款和一般定义，涉及协定适用范围、与其他协定的关系、一般定义；第二章商业和贸易便利化，包括无纸贸易、国内电子交易框架、物流、电子发票、快运货物、电子支付。这当中最为主要的就是要促进数字贸易的便利化，以数字化技术降低贸易成本，从而推动数字贸易在质量上提高，在效率上增加；第三章是数字产品待遇及相关问题，包括关税、数字产品非歧视待遇、适用密码术的信息和通信技术（information and communications technology，ICT）产品，对于关税的豁免和对于数字产品的非歧视是确保数据能够跨境自由流通的两项主要规则；第四章是数据问题，涉及个人信息保护、通过电子方式跨境传输信息、计算机设施的位置；第五章是更广泛的信任环境，包括网络安全合作以及网上安全和保障，以上两项其实是数据治理的主要方面，数据所涵盖的巨大的商业价值必定衍生出数据个人隐私、数据国家安全等问题，各国间的合作需要对其达成共识，形成标准化的通用的数据治理规则，这是促进数字贸易良性发展的基本条件；第六章是商业和消费者信任，包括非应邀商业电子信息、线上消费者保护、接入和使用互联网的原则，这一项主要是对数字贸易发展带来的消费者保护问题，新的商业模式必然会带来消费端产生区别于传统贸易的新的问题，监管和保护措施都需要随之更新确保消费者利益不受到不必要的侵害；第七章是数字身份，也就是数字身份的相互认证，这可以减轻威胁数字信任的风险，安全、可靠和得到国家之间互相认可的身份是全球数字贸易繁荣的重要前提和基础；第八章是新兴趋势和技术，主要内容包括金融科技合作、人工智能、政府采购以及竞争政策合作，重视新兴技术来促进贸易的创新发展是 DEPA 的一大亮点，也为未来有可能的新增模块留下了制度空间，人工智能的发展需要以道德和规则层间加以约束和引导，使之可以安全、可信任地使用；第九章是创新和数字经济，涉及公有领域、数据创新和开放政府数据，数字贸易规则最重要的一个元素就是要促进数字的开放与创新,以数据交换和数字技术为基础的数字贸易要进一步发展需要开放的国际合作环境;第十章是中小企业合作,强调增强中小企业在数字经济中贸易和投资机会的合作、信息共享、数字中小企业对话;第十一章是数字包容性,提出要给妇女、农村人口、低收入社会经济群体等参与数字贸易机会,以上两项体现了数据的包容性,体现了协定要平等发展数字贸易,让更多中小企业和个人能够在政府采购、投资、信贷等方面获得数字贸易发展机会的决心和意志;第十二章是联合委员会和联络点,讲明了联合委员会的设立、职能、决策、议事规则、协定的合作与实施以及联络点;第十三章是透明度,涉及法律法规的公布、行政程序、审查和上诉、通知和提供信息;第十四章是争端解决,包括目标、范围、争端解决的方式(斡旋和调解、调停、仲裁)、场所选择;第十五章是例外,包括一般例外、安全例外、《怀唐伊条约》(*Treaty of Waitangi*)、审慎例外和货币与汇率政策例外、税收例外、国际收支保障措施;第十六章,也就是最后条款,包括交存方生效、修订、加入、退出、信息披露,机密性,附件和脚注,电子签名,以上五章属于流程性模块,也就是实施过程中的程序性问题。①

(二) DEPA 与 RCEP、CPTPP 数字贸易规则差异比较

总体上来说,DEPA 的侧重点是促进其成员国之间的数字贸易和电子商务,旨在促进数字贸易,加强数字创新,并建立数字交易的通用规则和标准;RCEP 是亚太地区 15 个国家之间的自由贸易协定,其成员国包括东盟(东南亚国家联盟)10 国(文莱、柬埔寨、印度尼西亚、老挝、马来西亚、缅甸、菲律宾、新加坡、泰国、越南),以及中国、日本、韩国、澳大利亚、新西兰,它旨在降低关税,促进商品和服务贸易,促进其成员之间的投资;CPTPP 起源于跨太平洋伙伴关系(Trans-Pacific Partnership Agreement,TPP)协议,美国退出 TPP 谈判后,其余 11 国(澳大利亚、文莱、加拿大、智利、日本、马来西亚、墨西哥、新西兰、秘鲁、新加坡、越南)重新谈判,CPTPP 成立,它旨在减少贸易壁垒,促进经济一体化,并在成员国之间建立共同的规则和标准。就三者的主要关注点来说,DEPA 更侧重

---

① 根据《数字经济伙伴关系协定》(DEPA)文本整理。

于数字贸易。

从具体条款内容上看,三项协定在数字贸易规则领域存在或多或少的差异(详见表1)。

表1 DEPA、RCEP、CPTPP数字贸易规则差异比较

项目	DEPA	RCEP	CPTPP	主要差异
个人信息保护	第四章第4.2条第3款规定了8个关键原则,但没有规定对个人信息跨境流动进行限制要遵守必要性原则;第4.2条第8—10款鼓励缔约方就数据保护信任标志展开合作	第十二章第三节第八条规定了5点个人信息保护规则	第十四章第14.8条规定了5点个人信息保护规则	DEPA明确规定了数据保护信任标志内容
跨境数据自由流动	第四章第4.3条"通关电子方式跨境传输信息",将"合法的公共政策目标"定为例外	第十二章第四节第十五条"通关电子方式跨境传输信息",缔约方可自行决定是否有必要实施限制数据跨境流动的措施,且其他缔约方不得对此类措施提出异议	第十四章第14.11条"通关电子方式跨境传输信息",每一缔约方对通过电子方式传输信息可设有各自的监管要求	DEPA、CTPTPP对数据跨境自由流动的保障更为严格,缩小了例外范围,RCEP则相对宽松,允许了比较多的例外情形出现

续上表

项目	DEPA	RCEP	CPTPP	主要差异
计算设施的位置	第四章第4.4条"计算设施的位置",禁止计算设施本地化,但增加了例外条款,成员可基于"合法的公共政策目的"采用或维持一些规制措施	第十二章第四节第十四条"计算设施的位置",禁止将计算设施本地化作为对方领土内进行商业行为的条件;缔约方可自行决定是否有必要实施计算设施本化措施,且其他缔约方不得对此类措施提出异议	第十四章第14.13条"计算设施的位置",规定了两点例外措施:(a)不以构成任意或不合理歧视或对贸易构成变相限制的方式适用;及(b)不对计算设施的使用或位置施加超出实现目标所需限度的限制	对于规定的监管例外,范围从大到小依次为RCEP、DEPA、CPTPP
数字产品非歧视性待遇	第三章第3.3条"数字产品非歧视待遇"	—	第十四章第14.4条"数字产品非歧视待遇"	DEPA与CPTPP都给予了缔约方数字产品国民待遇或最惠国待遇,RCEP没有明确这项要求
电子传输关税	第三章第3.2条"关税",提出"任何缔约方不得对一缔约方的人与另一缔约方的人之间的电子传输及以电子方式传输的内容征收关税"	第十二章第三节第十一条"海关关税",提出"每一缔约方可在电子商务工作计划框架下,根据世贸组织部长会议就电子传输关税做出的任何进一步决定而调整第一款所提及的(每一缔约方应当维持其目前不对缔约方之间的电子传输征收关税的现行)做法"	第十四章第14.3条"海关关税",提出"任何缔约方不得对一缔约方的人与另一缔约方的人之间的电子传输,包括以电子方式传输的内容征收关税"	DEPA、CPTPP对电子传输免征关税提出了更高的要求,即"永久性"免征关税,而RCEP则是"临时性"免征关税

续上表

项目	DEPA	RCEP	CPTPP	主要差异
数字知识产权	第三章第3.4条"使用密码术的信息和通信技术（ICT）产品"规定"对于使用密码术并设计用于商业应用的一产品，任何缔约方不得强制实施或设立一技术法规或合格评定程序，作为制造、出售、分销、进口或使用该产品的条件而要求该产品的制造商或供应商：（a）向该缔约方或缔约方领土内的人转让或使其可获取属制造商或供应商专有的且与该产品中的密码术相关的特定技术、生产工序或其他信息，例如一专用密钥或其他秘密参数、算法说明或其他设计细节；（b）与其领土内的人合伙；或（c）使用或集成一特定密码算法或密码，但该产品是由或为该缔约方的政府制造、出售、分销、进口或使用的情况除外。"	—	第十四章第14.17条"源代码"规定"任何缔约方不得将要求转移或获得另一缔约方的人所拥有的软件源代码作为在其领土内进口、分销、销售或使用该软件或含有该软件的产品的条件"	DEPA对于数字知识产权的保护更为灵活，CPTPP对于共享软件源代码予以强行禁止，RCEP并未规定相关内容

（三）DEPA 数字贸易规则的典型特征

1. 更关注前沿性领域的议题

在 RCEP、CPTPP 等协定中，都对电子商务事项做出了规定，DEPA 在这些前沿性规定的基础上，更加细化和深入，尤其是在消费者保护与数据隐私方面的规定，增加了应公开中小企业与个人开展数字贸易的相关信息：包括数据流动相关法规、创新与数据监管沙盒、政府采购机会、中小企业融资等信息，以提升中小企业获取相关信息的能力并降低成本。在此基础上，还首次提出了电子发票、电子支付、快递和物流、数字身份认证等十分前沿的问题。更值得注意的是，DEPA 对于人工智能、金融科技、数字包容等议题的关注，体现了创新开放的特性，也提升了数字贸易治理议题的广度。

2. 强调技术和操作规则的先进性

技术和操作规则的互联互通，直接决定了参与贸易的主体之间能否及时沟通信息、交付和使用产品以及准时完成交易。DEPA 不仅从技术上提出要建立数据交换系统、电子支付系统来确保数据便捷的流通，而且规定了贸易管理文件的电子形式，明确了其法律效力，对于许可要求、监管标准也进行了较为明晰的解释。从技术和规则两方面提升了数字贸易的便利化，提高了数字贸易的效率，并加强了数字贸易的安全保障。

3. 提高了数字贸易治理的标准

对于数字贸易的传统议题，DEPA 的规则内容也提高了相应的标准，对缔约国起到更好的约束作用。具体而言，在"无纸化贸易"条款中，DEPA 不仅承认电子文件的法律效力，还具体规定了缔约国之间电子文件的语言形式和格式化标准；在强制力方面，典型条款是"网络安全合作"，不仅仅要求合作，还要求缔约国成员应实施与劳动力标准国际兼容性、劳动力平等的政策措施；即便在新兴领域如人工智能，也创造性地提出了人工智能技术的道德标准和治理框架。从这几个方面看，DEPA 无疑对于数字贸易的治理提出了更高的标准。

三、自由贸易试验区对接 DEPA 数字贸易规则的优势与创新举措

(一) 区位优势利于数字贸易规模扩大

自 2013 年第一个自由贸易试验区在上海设立，截至 2023 年，已形成"1+3+7+1+6+3"21 个自由贸易试验区以及海南自由贸易港的基本格局，究其区位选址，基本符合以下几个条件：首先，接近交通枢纽，交通基础设施便利，通常情况下靠近重要港口和国际航运路线可以为进出口贸易和物流运输提供便利，且有助于降低物流成本，提高贸易效率，而便利的交通设施也同样可以方便物流和人员的流动；其次，设立于或者邻近于重要的经济中心，靠近城市群可以充分调动和利用当地既有的经济资源，更好地形成产业集聚；最后，考虑到当地的产业优势和技术创新能力，自由贸易试验区还会选择设立于具备特定领域优势和竞争力的地区，从而发挥自由贸易试验区的试验和创新功能。

基于此，在自由贸易试验区发展数字贸易具有独特的区位优势，也因此形成了自由贸易试验区争先发展数字贸易的局面。北京数字经济基础牢固，且数字技术优势也居于全国前列，这为中国（北京）自由贸易试验区数字贸易发展提供了优良的基础条件，加之自由贸易试验区内数字服务十分完备，数据资源集中汇集，数字化企业也呈现聚集态势。根据北京市商务局印发的《关于促进数字贸易高质量发展的若干措施》（京商服贸字〔2021〕36 号），到 2025 年，北京市数字贸易进出口规模可达到 1500 亿美元，在全市进出口总额中可占比 1/4；除北京之外，江苏的数字技术及产业化发展也在全国处于领先位置，2022 年，江苏全省的数字经济规模已超过 5.1 万亿元，围绕数字经济的相关核心产业，其增加值占 GDP 比重达 10.6%，[1] 江苏自由贸易试验区是江苏数字贸易发展的先行区，三个片区都

---

[1] 江苏省数据局网：《2023 数字江苏发展报告》，https://jszwb.jiangsu.gov.cn/art/2023/10/24/art_81695_11049953.html，访问日期：2023 年 10 月 25 日。

显示出了在数字贸易领域的强劲势头。先看苏州片区,享负盛名的苏州工业园区是中国—新加坡国际合作的典范,将新加坡的成功经验复制并改良,形成了具有"中国特色的新加坡经验",在数字创新体系的构建方向处于全球领先水平,立足于园区规模化的特征,发展出集群化的数字产业;南京片区则围绕江北新区,主力发展数字创新技术,并致力于打造"数贸之都",为加快数字技术创新能力,吸引了华为鲲鹏产业生态园、龙芯自主创新产业园等大企业的数字创业项目来江北新区开展并实施,截至2022年,南京市的数字贸易进出口额以超780亿元,同比增长17%;① 连云港片区充分利用跨境电商零售进口试点以及跨境电子商务综合试验区的优越条件,大力发展片区内的电子商务,并在产业化的过程中利用独特的地理区位优势,开展与日本、韩国的双向进出口跨境电商业务,逐渐形成规模优势。

(二) 先行先试利于数字贸易开放发展

我国自由贸易试验区担负着先行先试和开放高地的重任,就必须以不断的制度创新,形成有针对性、有时效性、有集成优势的制度创新成果来破除原有体制机制束缚发展的障碍。同时,自由贸易试验区也被赋予了更大的改革自主权,就应该以向更先进的规则、规制、标准对接为目标,加大对外开放的压力测试力度,形成国际范围内的竞争优势。为更好地促进数字贸易发展,自由贸易试验区可以制定创新的数字贸易政策,为数字贸易发展提供更便利的贸易环境和跨境交易机制;与此同时,还可以通过注册、报关、支付等流程的创新应用来提高通关效率,降低企业的贸易成本和时间成本,鼓励更多企业从事数字贸易;可以通过在自由贸易试验区设立数字贸易创新发展中心来吸引更多的数字贸易相关企业和数字技术的创新项目进驻,以技术的发展和创新来促进数字贸易应用场景的拓宽和数字贸易规模,推动数字贸易的发展和应用。自由贸易试验区的这些灵活创新优势,可以为数字贸易开放发展提供更好的环境和机遇。

浙江自由贸易试验区金义片区为促进数字贸易国际合作和发展,做出

---

① 参见中国网:《南京做强做大"数字宝船"助推服务贸易"乘风出海"》,http://home.china.com.cn/txt/2023-04/04/content-42320718.htm,访问日期:2023年5月4日。

了许多创新尝试：依托数字贸易电商，2022年在义乌成功举办了全球跨境电商数字贸易博览会，博览会的举办对金义片区乃至全国跨境电商服务体系的完善起到了重要作用。根据《中国（义乌）跨境电子商务综合试验区实施方案》，在未来5年内义乌仍将重点发展跨境电商产业，争取5年内实现跨境电商年交易额达到2000亿元。就创新举措而言，金义片区对于跨境汇兑进行了大胆创新，让地方银行直接与跨境电商品平台进行业务操作，实现更加便捷的收结汇，大大节省了跨境汇兑的时间，将原来需要两天办理的业务时间缩短到即刻完成，缓解了跨境资金结算时间久、业务多的压力。无纸化交易，是提高电子商务效率的一个重要环节，它是尽可能将交易各个环节中的管理文件以电子方式呈现，并且在有电子商务往来的国家和区域互相承认通过电子签署的文件的法律效力。金义片区进行跨境贸易的中小企业都已经开始采取无纸化交易的方式与RCEP的成员国进行交易，大大简化了纸质文件的烦琐流程，并解决了后续文件的管理问题。

厦门片区制定并实施了《厦门片区打造数字自贸区三年行动方案》，大力推动数字经济驶向快车道，在数字经济重点相关产业包括基建、监管、服务等方面大力发展数字化技术，努力建设数字贸易、产业数字化和数字创新的示范区、先行区、样板区。2021年9月，厦门自贸片区比较有代表性的数字化创新业务，国际酒类交易平台投入使用，该平台旨在为进口酒类贸易提供数字化的公共服务，将云计算、大数据等数字化技术应用到进口酒类贸易中去，对所有的进口酒类的数据和信息进行追踪、归类，将服务拓展到供应链环节以及后期的销售环节。

（三）法治创新有利于数字贸易规则对接

我国自由贸易试验区作为推进改革开放和法治建设的重要平台，被赋予了一定的法治创新自主权。在政府规章之后，有地方性法规，在这些法规、规章的授权范围内可以制定相应的规范性文件，各省级（或直辖市）地方政府基本完成了对自由贸易试验区基本地方立法的工作，具有代表性的就是《自由贸易试验区条例》《自由贸易试验区管理办法》。以及对应的与自由贸易试验区管理相关的一些规范文件。自由贸易试验区的法治建设通过将自由贸易试验区在贸易、投资、政府职能转变、金融等相关制度予以正式化、规范化、强制化的法律固化，为制度创新提供了法律保障。就数字贸易发展的法律环境来看，自由贸易试验区可以通过建立数字贸易规则的法律框架、促进法律技术的创新以及数字贸易争端解决机制的建立来推动数字贸易规则对接和协调，为自由贸易试验区内的数字经济发展提供稳定和可预测的法律环境。

2022年3月18日，《中国（浙江）自由贸易试验区条例》（以下简称《条例》）修订版通过。新修订的《条例》充分彰显建设的特色，总则中开篇明义，阐述了要以数字化改革为引领，积极参与数字经贸规则和标准的制定，促进传统产业数字化转型，鼓励数字产业、数字贸易、数字物流、数字金融，推进政府职能向符合智慧监管理念的数字化监管服务模式转化，全面建设数字自由贸易试验区。在《条例》第七章具体规定了数字经济发展示范要求："一是打造数字经济发展示范区；二是优化新型数字基础设施布局；三是促进数字产业联动发展；四是鼓励智能制造装备等高端产业；五是创建新一代信息技术产业集群；六是加速智能制造技术创新应用"[①]。

南京片区司法服务保障DEPA落地，实施数字经济提升战略：推动司法服务与DEPA高标准规则兼容对接。江北新区法院从司法服务角度出发，主动对接DEPA高标准规则要求：拓宽特邀调解组织的合作覆盖面，将江苏省数字经济商会作为商会调解组织引入涉外商事纠纷"一站式"解纷平台，提升数字经济相关纠纷专业调解水平。

四、我国自由贸易试验区对接DEPA数字贸易规则存在的问题

（一）自由贸易试验区数字贸易营商环境存在较大的提升空间

首先，自由贸易试验区数字化基础建设水平参差不齐。数字贸易的发展离不开数字平台、智能终端、高速互联网接入、云计算等数字技术的支

---

① 参见《中国（浙江）自由贸易试验区条例》，浙江省人民政府网：https://zhengcezj.gov.cn/policyweb/httpservice/showinfo.do?infoid=e13eb2eof807490597dfea5278ed5f49，访问日期：2023年11月5日。

撑，但现阶段自由贸易试验区在数字化基础建设上仍然进展缓慢，智能仓储、数字港口、智慧物流等技术的散状集中[①]于东部沿海片区，在内陆片区，数字贸易相关的技术和设施建设仍然需要加快进度，以适应数字贸易的飞速发展。其次，支撑数字贸易高质量发展的人才后备力量不足。在自由贸易试验区内专业人才严重匮乏，熟悉数字技术和熟悉数字经济的人才尚未能满足数字贸易发展的需要。人才结构单一问题明显，尤其是对数字技术有更高要求的云计算、人工智能、区块链等领域，这样的专业人员缺口很大。最后，自由贸易试验区数字贸易便利化程度差异性明显。优势自贸片区已经基本上实现了无纸化操作，且在国际贸易"单一窗口"升级、政务服务数据共享机制等方面不断进行制度创新。但仍然有一些自由贸易试验区在数字贸易便利化方向上缺少实质性探索，制度创新积累经验不足，对试验区内企业开展数字贸易通关效率造成不利影响。在数据流动以及跨境支付、结算等方面，因为面临数据安全、国家利益、外汇管制、监管规定等限制，增加了自由贸易试验区数字贸易企业的成本，最终影响了数字贸易的便利化和发展。

（二）自由贸易试验区数字贸易法律政策缺乏细化的规则规范

数字贸易是近几年来兴起的贸易形式，在国家层面，对数字贸易进行约束和规制的全国性法律法规本身就比较匮乏。在数据隐私保护、电子商务法律框架、跨境数据流动管理、知识产权保护等方面，相关的法律政策还不完善，基础性制度也还未建立。首先，就国家法律层面，关于数据流动，仅有《中华人民共和国网络安全法》进行规制；对于数字贸易，《中华人民共和国电子商务法》《中华人民共和国对外贸易法》《中华人民共和国海关法》等法律法规中的部分条款有涉及，但没有形成法律体系，规制程度也远没有跟上数字贸易的发展速度；对于个人信息保护，电子签名、电子认证在法律上也还没有统一标准。其次，在地方立法层面，通过北大法宝检索数据库，截至 2023 年 6 月 20 日，搜索"数字贸易"，位阶较高的地

[①] 解释说明：呈散状分布是因为并不是东部每个港口完整配置了数字化基础设施，又称集中是相对于内陆片区来说。

方性法规有 29 项，呈逐年增加的趋势，搜索"自由贸易试验区"与"数字贸易"，两者并存的地方性法规共 19 项。在天津、北京、浙江等自由贸易试验区条例中都有涉及高质量发展数字贸易的内容。从中可以看出，各个自由贸易试验区都开始对数字贸易的发展进行重点关注，通过分析当地的条件与形势，因地制宜，各自由贸易试验区逐渐形成了具有不同特色的数字贸易。这些自由贸易试验区在重视数字贸易发展的同时也存在共有的缺陷，就是对于数字贸易的规制内容仍然较为宽泛，涉及具体问题例如数字贸易平台、数字产业发展等缺乏具体的细化规则，针对自由贸易试验区本身数字贸易发展的具体规则也基本没有体现。最后，就数字贸易便利化政策来说，在我国已签署的自贸协定包括正在申请加入的 DEPA 协定中，已经涉及了源代码、知识产权、人工智能、数字服务市场准入等崭新的议题，但我国目前涉及数字贸易便利化的政策仍然还停留在无纸化贸易、海关程序电子化等层面，对于覆盖新议题的维度基本没有提及，这显然无法跟上国际标准和自贸协定的步伐，紧靠原则性的规定来发展数字贸易不利于与其他国家和地区数字贸易的合作。总的来说，自由贸易试验区缺少相关细则来对数字贸易加以约束。

（三）自由贸易试验区数字贸易治理主体依靠单一的监管部门

我国自由贸易试验区的数字贸易治理依靠的是政府部门的单一监管，仅靠政府对数字贸易进行监管，其服务效能是不能满足数字技术和数字贸易的发展的。数据已经被全世界普遍认为是具有巨大经济价值的资产之一，数据主权是在开展全球数字贸易过程中必定遇到的问题。对数字贸易的监管既要充分鼓励国与国之间的数字贸易合作，又要充分维护国家、企业、个人的数据安全。在自由贸易试验区内开展数字贸易，参与方必然包含多个主体，政府监管机构固然扮演重要角色，但如果仅仅依靠政府，监管工作的开展则缺少协同创新。目前，在自由贸易试验区内参与数字贸易的企业还停留在仅仅是贸易参与方这样的主体认知，自律组织和行业协会没有形成规模，无法开展行业标准和规范的制定以及形成自律机制，第三方认证机构参与监管程度不够，公众甚至国际机构都尚未参与到数字贸易治理和数字贸易监管工作中，多元化监管主体和合作共治的监管环境没有形成。

五、推进自由贸易试验区与 DEPA 数字贸易规则对接的具体思路

（一）发挥自由贸易试验区营商环境优势，提升数字贸易发展环境

1. 推进数字基础建设进度

新基建是数字贸易高质量发展的重要支撑，对于自由贸易试验区发展数字贸易来说，将数字化技术应用于实现通关便利化和程序化是最重要的建设内容。对于新基建本身所包含的 5G 建设、工业互联网、人工智能技术的研发，增加对这些基础设施算法算力的投入，其研发过程本身就是提高生产效能的表现，也能提高数据生产力；而企业本身参与数字基础建设如建设智能化、数字化、便利化的海外仓建设也可以大大提高数字贸易的效率。

2. 加快"数字技术+贸易"人才培养

自由贸易试验区可利用较优惠的人才引进政策，引进国内外既熟悉数字技术又有国际贸易从业经验的专业人才；设立数字贸易专业的教育培训计划，包括鼓励高校开设相关学位课程、开展职业培训和短期培训项目，为已从业人员和未从业学生进行职业技能培训，提高他们在数字贸易领域的专业能力；建立创新创业支持机构和基金，为数字贸易创新企业提供资金和政策支持。这样可以吸引具有创新意识和创业能力的人才，推动数字贸易的技术创新和商业模式创新。

3. 提高数字贸易服务水平

对数字贸易的服务进行创新可以使服务效率得到显著提高。依托自由贸易试验区已经投入使用的数据平台，推动自由贸易试验区数据平台的建设和升级，鼓励自由贸易试验区区内数据的统一流动、共享，逐步开展跨境数据流动平台建设，鼓励跨境数据在有效监管的前提下传输、交易和处理。在已经设立的服务贸易创新发展试点、数字贸易示范区等开放发展平台进行大胆的尝试和测试，对数字贸易进行更进一步的"放管服"改革，以企业推动数字贸易的场景应用，提升数字贸易便利化水平。建立"数字

自贸区"、在有条件的自贸片区内设立国际离岸数据中心等,以这些创新探索为基础,以自由贸易试验区内数据跨境流动为样本,推广到建立中国特有的数据跨境流动标准。促进跨境电子支付和结算,推动跨境电子支付和结算机制的发展,降低跨境支付的成本和风险。建立跨境支付的合作机制和互联互通机制,提供便捷、安全的支付和结算渠道,支持数字贸易的跨境交易。升级数据安全的维护手段、确保个人数据隐私不受侵犯,通过完善和改进数据保护相关规定及技术标准,赋予数据安全和数据隐私保护以法律边界,确保数字贸易中的数据传输和存储安全,保护用户的个人隐私权益。

(二)对标 DEPA 数字贸易具体规则,细化数字贸易相关政策

自由贸易试验区应发挥先行先试作用,主动对接 DEPA 高标准数字贸易规则。在对接过程中进行大胆的制度创新,一是可以拔高层次,从理念上进行治理方面的创新;二是要进行压力测试的创新,探索更加严格的条款所带来的负面影响。具体可以在以下三个方面对政策进行细化。

1. 对接"数据跨境流动及存储规则"

可在自由贸易试验区内率先开展数据流动自由的试点,制定专属于自由贸易试验区的数据分类标准,对标国际高标准的数据出入境管制体系,建立自由贸易试验区内的入境前、后安全评估机制。

2. 对接"数字贸易便利化规则"

在 DEPA 数字贸易便利化规则中,对"无纸化贸易""电子发票""电子支付"等有比较详尽的规定。对于自由贸易试验区来说,为提升数字贸易的便利化程度,应积极主动在数字贸易的通关、商检、消费者权益等方面进行对接,梳理现有的贸易管理方面相关政策文件,对数字贸易便利化相关法律制度进行整理分类,在空白的领域如电子发票、电子支付加快制定相应法律法规细则,对于数字证书和电子签名,则应加快现有制度升级,推进国际跨境互认。在数据产权、数据隐私、安全保护等方面,探索制定出相应的制度和标准规范。完善数字技术应用于贸易便利化方面的实施细则,在鼓励数字技术发展的同时,加快制定技术标准、认证体系及准入规则。

3. 对接"新兴数字技术规则"

面对当代社会数字技术研发和应用的快速迭代，DEPA也做出了相应的回应，在"金融科技""数字身份识别"等方面，制定了突破性的规则。金融科技本身就是自由贸易试验区重点发展的领域，只是要在与DEPA金融科技合作相关条款融合的同时，应根据国际标准细化大数据、云计算在金融领域的应用标准，构建完善的金融科技人才培养体系。

（三）借鉴DEPA数字贸易创新条款，提升数字贸易治理水平

DEPA在数字贸易领域进行了多项治理创新以促进国际数字贸易合作和全球数字贸易的发展。对此，自由贸易试验区可借鉴DEPA协定中的相关创新条款，率先在自由贸易试验区内提升数字贸易的治理水平。

1. 提升人工智能的治理手段

目前人工智能无论在法律法规还是监管上都存在滞后性，我国在人工智能治理方面都缺乏统一的治理框架，自由贸易试验区应克服困难，主动对接DEPA的人工智能技术伦理治理条款，先以行业和企业的道德伦理作为抓手，再构建先进的符合中国特色的治理发展框架。

2. 完善数据平台监管体系

数据平台监管体系的建立需要辅助以先进的人工智能和大数据分析技术，从而实现对数据平台的实时监控、风险评估和安全预测，增强监管能力，确保能及时发现违规行为，提高数字贸易多部门的协同监管水平，保证数据平台的安全有序运行。加强对关键信息数据平台（例如各政府或者非政府机构的数据平台）的数据安全保护，明确平台运营主体责任，细化管理措施。探索建设离岸数据交易平台，以国际数据资源的汇聚带动发展数字贸易、离岸数据服务外包等新业态，完善相关管理体制，加强平台监管领域的国际合作。

3. 开展多元化主体治理

鼓励数字贸易的龙头企业参与行业标准的制定，并与数据管理平台、金融机构等展开广泛的交流和合作，形成数据联盟，从而扩大数据管控能力。行业协会也应发挥社会监管的作用，主动参与到数字贸易治理的工作中去，积极发挥行业协会数据流动的协同治理功能。各自由贸易试验区可

以根据本地情况，在政府部门的组织下，联合高校、科研机构积极研究高标准的数字贸易治理规则，在自由贸易试验区内设立行业的自律性原则，与DEPA数字贸易创新条款中的"包容性增长"创新条款进行对标，提高中小企业、消费者的参与度，形成他们的参与意识，主动参与数字贸易并参与协同治理。

（四）推动DEPA数字协定加入进程，积极参与国际规则制定

自由贸易试验区既然承担着压力测试的使命，就应该积极对接DEPA数字贸易规则，争取把自由贸易试验区建设为数字贸易的国际示范区，并为加入DEPA数字协定提供可供参考的经验模板。

1. 提升新技术领域规则制定话语权

在大数据、云计算、区块链、人工智能、5G通信、物联网等关键技术领域，应充分利用高峰论坛、圆桌会议等先进技术的展示和交流平台，为关于数字贸易中新兴技术的应用与开展的国际标准规则制定贡献经验和案例，积极参与数字贸易新兴技术的国际标准规则制定。除了帮助提升新技术领域规则制定的国际话语权，还应该借助企业之间开展的国际合作，推动企业深度参与数字技术规范、产业标准等的国际数字贸易规则制定。

2. 加强数字贸易便利化的自由贸易试验区实践

在自由贸易试验区之间，应当鼓励数字贸易创新成果的推广和复制，扩大自由贸易试验区数字贸易的参与度。在对具体数字贸易规则如跨境电商、服务贸易、知识产权保护等根据当地实际情况进行扩充、适应和改进的前提下，推广具有成功经验的中国范本，为数字贸易的中国方案提供具有代表性的经验借鉴。

3. 扩大中国模式治理模板影响力

目前世界范围内尚未形成普适的数字贸易治理规则，中国在积极推进加入DEPA协定的过程中，可充分利用贸易谈判将以上成功的数字贸易治理经验推广出去。为扩大影响力，自由贸易试验区应主动承担前沿研究和落地试验的重担，从以下几个方面开展尝试：对于允许数据跨境流动的自由贸易试验区设定分类标准，完善管理规则和出入境管理规制，并积极开展与"数字丝路""一带一路"沿线国家的跨境流动实践，在交流过程中复制

推广数据跨境有序流动的流通和监管经验；在经济较发达的自由贸易试验区，如广东自由贸易试验区、上海自由贸易试验区、北京自由贸易试验区，其贸易、金融、物流等领域也一直处于领先位置，就应该围绕这些重点领域做好国际规则的衔接；对于数据安全、隐私保护、数据流动等问题，应结合自由贸易试验区本身开放优势，建立既能促进发展又能安全保护和进行风险评估的管理机制，在保护国家数据利益的前提下率先做出数据治理的成功范例，并在国际数字贸易开展的过程中不断根据形势进行优化和升级，形成在国际舞台上具有说服力的中式模板。

参考文献：

[1] 李佳倩，叶前林，刘雨辰，等. DEPA 关键数字贸易规则对中国的挑战与应对——基于 RCEP、CPTPP 的差异比较 [J]. 国际贸易，2022，492（12）：63-71.

[2] 夏融冰，尹政平. 中国参与全球数字贸易治理——基于亚太地区规则合作的机遇与挑战 [J]. 国际经济合作，2023，421（1）：51-59，93-94.

[3] 王淑敏，何悦涵，张乐. 我国数字自贸区的治理创新问题探析 [J]. 中国行政管理，2023，451（1）：156-158.

第九章 推动中国式现代化背景下自由贸易试验区创新国际服务贸易发展机制的实践与建议

郑 蕴*

一、引言

国际服务贸易已经成为推动中国经济发展的新引擎。一方面，尽管存在断链脱钩的杂音，但全球产业链深度融合、制造业服务化、电子通信技术迅猛发展等经济趋势使服务贸易成为推动国际贸易市场发展的重要动力；另一方面，受管理政策、技术水平、行业竞争力等因素的限制，中国服务贸易的"走出去"与"引进来"水平皆有待提升。2020年商务部印发《全面深化服务贸易创新发展试点总体方案》，提出要通过全面深化试点，推动服务贸易深层次改革、高水平开放、全方位创新、高质量发展，以提升"中国服务"在全球价值链地位，发挥服务贸易对稳外贸、稳外资的支撑作用，推动外贸转型升级和高质量发展。① 党的二十大胜利召开，中国对内对外经济不断发展并面临变化，要求以中国式现代化全面推进中华民族伟大复兴。② 在推进中

---

* 郑蕴，法学博士，西南政法大学讲师，中山大学自贸区综合研究院兼职副研究员。此文为2020年度重庆市教育委员会人文社会科学研究项目"建设高水平自由贸易试验区制度创新法治保障体系研究（20JD016）"阶段性成果。

① 《商务部关于印发全面深化服务贸易创新发展试点总体方案的通知》（商服贸发〔2020〕165号），中国政府网，http://www.gov.cn/zhengce/zhengceku/2020-08/14/content_5534759.htm，访问日期：2024年3月18日。

② 习近平：《高举中国特色社会主义伟大旗帜 为全面建设社会主义现代化国家而团结奋斗——在中国共产党第二十次全国代表大会上的报告》，2022年10月16日，中国政府网，http://www.gov.cn/xinwen/2022-10/25/content_5721685.htm，访问日期：2024年3月18日。

国式现代化进程中，自由贸易试验区关于服务贸易的制度设计亦需要有相应的改革与发展。本章以中国式现代化理论内涵为指引，对照国际高水平经贸规则关于国际服务贸易开放与管理的标准，梳理当前自由贸易试验区就此开展的创新实践与不足之处，并提出对策建议。

二、中国式现代化对自由贸易试验区创新国际服务贸易机制的基本要求

党的二十大报告指出，为推进中国式现代化，需要继续推进高水平对外开放以加快构建新发展格局，推动高质量发展。对于服务贸易而言，需要依托我国超大规模市场优势，以国内大循环吸引全球资源要素，增强国内外两个市场、两种资源联动效应，创新服务贸易发展机制。① 在创新服务贸易发展机制的过程中，需要深刻领会中国式现代化的内涵，并将其作为服务贸易制度改革创新的理论指导。

（一）中国式现代化的重要内涵

习近平总书记在学习贯彻党的二十大精神研讨班开班仪式上发表重要讲话，对中国式现代化进行了全面且深刻的阐释。习近平强调："推进中国式现代化是一个系统工程，需要统筹兼顾、系统谋划、整体推进，正确处理好顶层设计与实践探索、战略与策略、守正与创新、效率与公平、活力与秩序、自立自强与对外开放等一系列重大关系。"② 在促进国际服务贸易制度改革的过程中，需要重点关注其中五点。其一，顶层设计需要洞察世界发展大势，深入探索经济社会发展规律，使制定的规划和政策体系体现时代性、把握规律性、富于创造性，做到远近结合、上下贯通、内容协调。

---

① 习近平：《高举中国特色社会主义伟大旗帜 为全面建设社会主义现代化国家而团结奋斗——在中国共产党第二十次全国代表大会上的报告》，2022年10月16日，中国政府网，http://www.gov.cn/xinwen/2022-10/25/content_5721685.htm，访问日期：2024年3月18日。

② 习近平：《习近平在学习贯彻党的二十大精神研讨班开班式上发表重要讲话强调 正确理解和大力推进中国式现代化》，2023年2月14日，中国商务部网，http://www.mofcom.gov.cn/artic/xwfb/xwldrhd/202302/202303383382.shtml，访问日期：2024年3月18日。

其二，制定战略需要把握前瞻性、全局性与稳定性，在把握事物发展规律与趋势的基础上科学地预见未来、引领未来，谋划全局，一经形成则需要长期坚持。其三，需要把创新摆在国家发展全局的突出位置，顺应时代要求，聚焦重大理论和实践问题，不断塑造新动能新形式，充分激发全社会创造活力。其四，既要创造比资本主义更高的效率，又要更有效地维护社会公平；要统筹安全与发展；要平衡独立自主与扩大开放。其五，要不断扩大高水平对外开放，深度参与全球产业分工与合作，用好国内、国际两种资源，拓展中国式现代化的发展空间。①

（二）中国式现代化对创新服务贸易机制的要求

推进中国式现代化，就经济发展而言，归根结底需要以促进经济高质量发展，构建新发展格局和建设现代化经济体系，形成高水平开放型经济新体制为目标。② 对此，国际服务贸易作为促进中国经济发展与开放的重要引擎与突破口，结合中国式现代化的理论内涵，创新服务贸易发展机制需要遵循如下三点要求。

第一，要紧跟国际服务贸易发展的新趋势，依据服务贸易市场发展的经济规律创新服务贸易机制。在全球价值链与电子信息技术发展过程中，服务贸易与建立世界贸易组织时的经济形态与管理样态已大有不同。就传统而言，服务贸易聚焦于旅游、教育等传统领域，主要通过自然人移动、自然人存在、商业存在、跨境提供四种模式进行，且当时大部分发展中国家的行业开放程度较低。当前，跨境服务贸易体量不断增长，电子信息技术促进跨境提供模式迅猛发展，诸如医疗服务、法律服务、会计服务等各类行业均可以通过线上方式跨境提供。同时，高新技术促使许多高技术机

---

① 具体内容总结自习近平在学习贯彻党的二十大精神研讨班开班式上的重要讲话，参见《习近平在学习贯彻党的二十大精神研讨班开班式上发表重要讲话强调 正确理解和大力推进中国式现代化》，2023年2月14日，中国商务部网，http://www.mofcom.gov.cn/artic/xwfb/xwldrhd/202302/202303383382.shtml，访问日期：2024年3月18日。

② 参见曲青山《深刻理解中国式现代化的科学内涵》，《学习时报》2022年11月5日。

械设备的运行依赖于专业服务，制造业"服务化"趋势不断增强。① 在此基础上，国际服务贸易规制不仅需要世界贸易组织《服务贸易总协定》的传统规则革新发展，还触及电子商务、投资、自然人移动等新型贸易议题，服务贸易的边境后国内规制规则亦发展细化。创新服务贸易规制，需要统筹涉及服务贸易的各类管理议题，全面、综合地开展制度设计与整合。

第二，扩大服务贸易市场开放，吸引高水准的服务业聚集，充分利用国际资源以提升创新动能。大量服务贸易行业涉及专业服务、技术研发等内容，吸引高质量服务提供者进入中国市场能够产生溢出效应，有助于推进中国经济高质量发展。尤其在数字经济发展背景下，数字中国建设是推进中国式现代化的重要抓手。② 大量服务行业需要数字基础设施建设以促进产业数字化，诸如电子通信等服务行业本来就是重要的数字行业，扩大相应服务行业的开放与聚集对于数字中国建设具有重大意义。自由贸易试验区以扩大开放、先行先试为重要职能，需要率先扩大对高质量服务行业的开放。

第三，深化服务行业国内规制制度改革，在提升服务贸易市场营商环境时兼顾行政管理主权、统筹安全与发展、维护社会公平。不同于货物贸易，由于服务与服务提供者的紧密联系以及服务的无形性，服务行业的开放需要国家对国内规制措施做相互协调。这不仅对国家行政管理能力提出较高要求，而且形成对国内经济管理主权的限制。同时，诸如金融、法律、会计、电子通信等服务行业本身也构成其他行业发展的基础，对一国经济市场的发展具有重大影响，数据安全等问题还涉及国家安全考量。因此，在开放并发展国际服务行业的同时，需要兼顾社会公平与国家安全等要素。自由贸易试验区在创新服务贸易机制时不仅需要深化国内服务行业管理制度的改革，还需维护社会公平、统筹安全与发展，平衡独立自主与扩大开放。

---

① National Board of Trade, "The Servicification of EU Manufacturing: Building Competitiveness in the Internal Market" (2016); Cernat L. and Z. Kutlina-Dimitrova, "Thinking in a box: A Mode 5 'Approach' to Service Trade," *DG Trade Chief Economist Notes*, Issue 1 (2014).

② 网信办：《数字中国发展报告 2022 年》，https://www.100ec.cn/Public/Upload/file/20230524/1684892315684384.pdf，访问日期：2023 年 5 月 25 日。

三、高水平国际经贸规则对国际服务贸易制度的新要求

在中国式现代化理论的指导下,创新服务贸易发展机制要以服务贸易经济规律为依据,扩大行业开放的同时深化国内管理制度改革,兼顾公平与效率、发展与安全、对外开放与独立自主。对此,本部分总结国际服务贸易制度在当前市场环境下的新结构,并进一步对服务贸易自由化、服务贸易边境后国内规制两个层面的制度内容做梳理。

(一)国际经贸规则关于国际服务贸易制度的新发展

当前,国际服务贸易制度仍然以世界贸易组织《服务贸易总协定》的规则为基础。《服务贸易总协定》的核心内容可以被分为三点。其一,明确服务贸易的定义,确定跨境提供、自然人移动、商事存在、自然人存在为服务贸易的四种基本模式,以对这四种模式做统一的制度安排。其二,为服务贸易的管理制度设立一般纪律,包括最惠国待遇、透明度、国内规制、互认、垄断与排他性服务提供者、商业惯例、支付与汇兑限制等规则。其三,为促进服务贸易开放而设立正面清单制度,包括国民待遇、市场准入、附加承诺、特殊承诺的谈判与减让表等条款。需要注意的是,此规则框架只是概括地确立了世界贸易组织设立时各国规制服务贸易制度的基本框架与原则,并未就服务贸易惯例制度做较多的改革或创新。就市场开放而言,各国的减让承诺表通常是对当时各国服务贸易市场现状的重申,并没有就市场开放做更多承诺。① 就一般纪律而言,《服务贸易总协定》只是概括地对涉及服务提供的普遍适用的制度做诸如透明、客观、合理、公正等的基本要求,且关于补贴、保障措施等问题留待成员方进一步谈判以确定纪律。简言之,《服务贸易总协定》的核心成果并未对服务贸易市场进行有效开

---

① Juan A. Marchetti, Petros C. Mavroidis, "What Are the Main Challenges for the GATS Framework? *Don't Talk About Revolution*, 5 European Business Organization Law Review (2004):516, 521 - 523.

放，但对国际服务贸易管理制定了基本制度框架，并依赖后续谈判逐步发展国际服务贸易规则。①

在此基础上，国际服务贸易规则正逐步发生革新性变化。随着服务贸易在国际经贸市场中的重要性不断提升，货物贸易、制造业、服务贸易、直接投资、电子商务等经济活动相互交织且紧密联系，国际服务贸易活跃的行业和领域不断增多，服务贸易触及的贸易议题范畴也不断扩张。当前，国家主要通过诸如《全面与进步跨太平洋伙伴关系协定》（CPTPP）、《区域全面经济伙伴关系协定》（RCEP）等超级区域贸易协定（Mega Free Trade Agreement）促进国际服务贸易制度的革新。2021年，67个世界贸易组织成员亦通过开放性诸边谈判模式就服务贸易的国内规制问题达成协议，联合发布《关于服务贸易国内规制谈判结束的宣言》（Declaration on the Conclusion of Negotiations on Services Domestic Regulation）。②

总体而言，当前关于国际服务贸易的管理可以被分为三种模式：整合模式、分立模式与混合模式。③ 就整合模式而言，其沿用《服务贸易总协定》的框架结构，通过正面清单方式开放服务贸易市场，并采用《服务贸易总协定》已有规则统一对服务贸易的四种模式进行规范。事实上，该模式只是在已有制度的基础上就缔约双方服务贸易市场开放做进一步承诺，并未就服务贸易规则做革新或发展。④ 就分立模式而言，其针对服务贸易活动的发展特点，分别通过多个章节对服务贸易四种模式设立具体规则。其一，设立"跨境服务贸易"章节规范跨境提供、自然人移动、自然人存在三种模式的服务贸易，设立"投资"章节规范商事存在模式的服务贸易以及其他直接投资活动。其二，通过负面清单方式开放服务贸易市场，追求服务贸易的高水平自由化发展。其三，关于国际服务贸易活动的特殊问题分别散落在不同章节，如跨境提供模式的自由化问题依赖于"数字贸易"

---

① General Agreement on Trade in Services, Part IV Progressive Liberalization.
② 关于该诸边谈判达成的成果，以及服务贸易国内规制问题的最新发展，参见WTO网站，https://www.wto.org/english/tratop_e/serv_e/jsdomreg_e.htm，访问日期：2023年5月17日。
③ Pierre Latrille, "Services Rules in Regional Trade Agreements: How Diverse or Creative are they Compared to the Multilateral Rules?," in *Rohini Acharya*, eds., Regional Trade Agreements and the Multilateral Trading System（Cambridge: Cambridge University Press, 2016), p.431.
④ 此类模式通常为亚太地区的发展中国家采用。

章节关于数据流通、零关税等条款，自然人存在等模式的自由化问题依赖于"商务人员临时入境"章节的相关条款等。其四，就金融服务、电子通信等特殊服务行业设立专门章节进行规范。此种模式源于美式自由贸易协定，CPTPP则是当前最典型的采用分立模式的自由贸易协定。就混合模式而言，即兼具分立模式与整合模式两种特点。例如，虽然设立投资章节，但服务贸易章节仍然统一规范服务贸易的四种模式；又如，针对不同缔约方的不同市场发展水平，同时采用正面清单与负面清单的承诺模式。当前，RCEP关于国际服务贸易的规则即采用典型的混合模式。

总体而言，此三种模式的服务贸易规范方式并不互相取代，国家根据自身的缔约偏好与利益考量而自由选择。然而，无论采取何种模式，当前国际服务贸易规则试图推动更高水平的市场开放，分别针对跨境提供、商事存在、自然人存在等模式制定更细致的规则，并在服务贸易国内规制诸边谈判的推动下不断促进各国国内行政管理制度的改革。在此基础上，本文将进一步对国际服务贸易的自由化与国内规制条款内容进行梳理。

（二）国际服务贸易的自由化制度

为促进服务贸易自由化，国际服务贸易制度主要制定了两类规则。

第一类规则规定国家开放服务贸易市场的承诺模式，以正面清单与负面清单为核心。正面清单模式最早由《服务贸易总协定》采用，要求缔约方通过"正面清单"方式制定减让表，明确其承诺开放的行业，并分别就各行业各种模式关于市场准入、国民待遇及附加承诺的条件或要求进行描述。[1] 中国缔结的几乎所有自由贸易协定都采用此方式。负面清单模式源于美式自由贸易协定的实践，并为CPTPP所采用，要求国家原则上开放所有服务行业的市场，除非其通过不符措施（non-conforming measures）列举其不承担义务的服务行业或限制性条件。[2] 虽然理论上而言，负面清单因为带有"非禁止即自由"的特点而具有更高的自由化水平，但国家仍然可以通过在正面清单列举足够多的行业的方式实现同样水平的服务贸易市场开放。

---

[1] 就减让表的具体列举形式，参见 General Agreement on Trade in Services, Article XX。
[2] 例如：CPTPP, Chapter 10, Article 10.7。

不过，由于负面清单模式通常会要求国家明确列举不符措施的内涵与法律依据，因此该模式具有更高程度的透明度以及更强的执行性。除此以外，诸如 RCEP 等协定采用混合模式。① 中国在 RCEP 下通过负面清单开放商事存在模式的服务贸易，并通过正面清单模式开放其他模式的服务贸易。

第二类规则规定国家开放服务贸易市场的核心义务，主要包括三个条款。其一，市场准入条款。无论《服务贸易总协定》或 CPTPP 等自由贸易协定，通常要求缔约方就做承诺的服务部分，不得采取或维持各种措施以限制服务提供者数量、限制服务交易或资产总值、限制服务贸易总数或服务产出总量、限制特定服务部门或服务提供者雇佣的自然人总数、限制服务提供者的法律实体形式、限制外国资本的参与股比等。② 其二，国民待遇条款。该条款要求缔约方应给予缔约另一方的服务和服务提供者不低于其在相同情况下给予本国服务和服务提供者的待遇；并且，在判断是否存在歧视时，不以待遇的形式为判断标准，而关注待遇是否实质上改变了同类服务和服务提供者之间的竞争关系。③ 实践中，尤其如要求服务提供者的法律实体必须采取特定形式等措施的性质存在争议，难以判断其究竟属于市场准入措施还是属于国民待遇措施。其三，当地已存在条款。当前，越来越多的自由贸易协定都会规定，缔约方不得要求另一缔约方的服务提供者在其领土内设立或维持代表处或任何形式的企业，或成为其领土内的居民，以作为提供服务的条件。④

除此以外，一些自由贸易协定还专门针对跨境提供、自然人存在等模式制定具体规则以促进服务自由化。就跨境提供而言，自由贸易协定通常在数字贸易（digital trade）或电子商务（e-commerce）章节规定相关条款，要求不对数字产品征收关税，承认电子认证或电子签名效力，允许消费者接入或使用互联网开展电子商务，原则上保持数据自由流动等。⑤

---

① RCEP, Chapter 8, Article 3, 7, 8.
② 例如：RCEP, Chapter 8, Article 5；CPTPP, Chapter 10, Article 10.5。
③ 例如：RCEP, Chapter 8, Article 4；CPTPP, Chapter 10, Article 10.3。
④ 例如：RCEP, Chapter 8, Article 11；CPTPP, Chapter 10, Article 10.6。
⑤ 一般而言，美式自由贸易协定采用"数字贸易"的措辞以关注全面规范通过数据传输方式开展的国际贸易活动，中国则更偏好使用"电子商务"措辞以关注通过电商服务平台等开展的货物贸易。具体规则参见 CPTPP, Chapter 14, RCEP, Chapter 12。

(三) 国际服务贸易的国内规制制度

由于服务的无形性以及服务与服务提供者的紧密联系，国际服务贸易制度需要协调各国国内规范服务贸易行业的行政管理制度，制定国内规制条款。由于相关条款既对国际服务贸易市场的发展具有实质影响，又直接触及一国的经济管理主权，规则制定需要注重贸易发展与主权利益两者之间的平衡。针对自由贸易试验区的改革需要，本部分主要讨论两个条款。

第一，透明度条款，对缔约方影响服务贸易的普遍适用的制度及国际协议提出透明度要求。① 具体而言，其一，要求缔约方迅速公布可能影响服务贸易的普遍适用的所有相关措施，以及缔约方缔结的相关国际协议。其二，应另一缔约方请求，缔约方应当迅速回应与服务贸易相关的问题，具体内容涉及其需要公布的制度与协议，以及对服务贸易有重大影响的新的法律、法规、行政指南或现有相关制度的变动。其三，确立联络点或询问机构，以对利害关系人的相关问题进行答复。中国缔结的一些自由贸易协定还专门要求缔约方就与资质认证、行政许可等相关的法律、条件、程序等问题进行公开。透明度条款能够确保服务市场的可预测性，是便利服务提供者跨境营业的重要保障。

第二，国内规制条款，对缔约方管理服务与服务提供者的国内行政制度提出原则要求。② 具体而言，其一，确保影响服务贸易的普遍适用的措施以合理、客观和公正的方式实施。其二，为确保对行政决策的救济，缔约方应当在宪法制度框架内设立司法、仲裁或行政程序，提供客观、公正的审查机会。其三，在制定与资质要求、技术标准和许可要求相关的措施与程序时，需要遵循必要原则，客观与透明标准，并考虑适用相关国际组织制定的国际标准。其四，在执行与资质要求、技术标准、许可要求等相关的授权程序时，需要确立合理期限，授权适当的费用，并及时告知申请人相关的审查状态与结果等。其五，如果许可或资质要求包括考试形式，需要确保考试的相关时限合理。在此基础上，《关于服务贸易国内规制谈判结

---

① 例如：RCEP, Chapter 8, Article 14；CPTPP, Chapter 10, Article 10.11。
② 例如：RCEP, Chapter 8, Article 15；CPTPP, Chapter 10, Article 10.8。

束的宣言》对资质许可的授权程序做了更细化的规定,并要求缔约方做具体承诺以并入其在《服务贸易总协定》下的义务。

此外,国际服务贸易规则还要求各国按照其在国际货币基金组织下承担的金融义务确保汇兑自由,避免国内垄断服务提供者滥用市场地位等,适时修改不利于服务贸易发展的国内商业惯例,以确保国内服务市场的开放与公平。

四、自由贸易试验区创新国际服务贸易机制的实践

服务贸易制度涉及不同行业领域的国内监管,各行业领域的创新发展需要多个部门协同治理。受限于此,当前自由贸易试验区并未专门就创新国际服务贸易机制进行完善的顶层设计与制度细化,具体举措分散于各个部门与地区的碎片化实践中。

(一) 自由贸易试验区国际服务贸易机制的概述

总体而言,各地的自由贸易试验区无论在总体方案或实施条例中皆未专门关注服务贸易的发展问题,仅能通过诸如促进贸易便利化、自由化,或促进金融行业创新发展等要求零星地看到服务贸易相关问题。在此背景下,有两个实践值得关注。

1.《全面深化服务贸易创新发展试点总体方案》的要求

2020年8月,国务院下发《关于同意全面深化服务贸易创新发展试点的批复》(国函〔2020〕111号),同意在北京、天津、上海、重庆、深圳、厦门、广州、苏州、西安等28个省、市(区域)实施商务部提出的《全面深化服务贸易创新发展试点总体方案》(以下简称《总体方案》),全面深化试点期限为3年(截至2023年8月)。《总体方案》并未将先行先试区域局限在自由贸易试验区范围内,但其内容值得自由贸易试验区借鉴。

《总体方案》要求以提升"中国服务"在全球价值链地位为目标,围绕服务贸易改革、开放、创新、发展等重大事项,着手于深层次改革、高水平开放、全方位创新、高质量发展等维度,能有力地促进对外贸易和经济高质量发展。具体而言,试点任务包括八个方面的内容。其一,全面探索

完善管理体制，强化顶层设计，优化行业管理，强化制度支撑，推进联动协作。其二，全面探索扩大对外开放，有序拓展开放领域，探索制度开放路径，提升开放发展成效。其三，全面探索提升便利水平，推动技术、资金、人员等流动便利化，推动营商环境便利化。其四，全面探索创新发展模式，推进区域集聚发展，拓展新业态模式，并推动传统领域转型。其五，全面探索健全促进体系，强化促进平台，优化促进机制。其六，全面探索优化政策体系，完善财政政策，拓展金融政策。其七，全面探索完善监管模式，优化行业监管，加强监管协作，提升监管效能。其八，全面探索健全统计体系，完善统计制度，拓展统计范围，强化统计合力。①

《总体方案》对服务贸易发展进行了整体规划，内容涉及经济政策、行政服务、平台构建、制度构建等各层面。然而，针对创新国际服务管理机制问题，尤其需要关注扩大开放与完善监管模式的内容。对于扩大开放，《总体方案》提出有序开放的理念，即"在充分竞争、有限竞争类重点服务领域和自然垄断类服务领域的竞争环节，分别以全面取消、大幅放宽、有序放开为原则，推动取消或放宽对服务贸易的限制措施"。②该理念借鉴了投资制度改革过程中"证照分离"实践的做法，对不同行业进行分类，按照宽严不同的水平逐步扩大开放。同时，为便利专业服务的发展，《总体方案》针对自然人移动服务模式，要求"探索允许境外专业人才按照有关要求取得国内职业资格和特定开放领域的就业机会，按照对等原则推动职业资格互认"。③该要求亦是自由贸易协定推动服务贸易自由化的重要内容。对于完善监管模式，《总体方案》要求优化行业监管，"确立分类监管理念，聚焦旅游、运输、金融、教育、数字贸易、技术贸易、服务外包、专业服务等重点领域，在试点地区之间推进错位探索、共性创新、优化监管。"④鉴于服务贸易行业较多且各行业监管需求不同，该要求具有实践意义。另外，提升监管效能要求"推动建立以市场主体信用为基础的事中事后监管

---

① 商务部：《全面深化服务贸易创新发展试点总体方案》第1-2页。
② 商务部：《全面深化服务贸易创新发展试点总体方案》第4页。
③ 商务部：《全面深化服务贸易创新发展试点总体方案》第4页。
④ 商务部：《全面深化服务贸易创新发展试点总体方案》第7页。

体系，运用'互联网+监管'，推动加强服务行业领域诚信管理"。① 该监管模式改革思路与投资制度改革类似，都强调以信用体系为基础进行事中事后监管改革。

2. 海南自由贸易港的改革要求

当前，海南自由贸易港是唯一就国际服务贸易发展提出专门要求的特殊经济区域。2020 年《海南自由贸易港建设总体方案》在"贸易自由便利"版块要求推进服务贸易自由便利。其具体内容包括"实施跨境服务贸易负面清单制度，破除跨境交付、境外消费、自然人移动等服务贸易模式下存在的各种壁垒，给予境外服务提供者国民待遇。实施与跨境服务贸易配套的资金支付与转移制度。在告知、资格要求、技术标准、透明度、监管一致性等方面，进一步规范影响服务贸易自由便利的国内规制。"② 以此为基础，《中华人民共和国海南自由贸易港法》在贸易自由便利章节专门规定："海南自由贸易港对跨境服务贸易实行负面清单管理制度，并实施相配套的资金支付和转移制度。对清单之外的跨境服务贸易，按照内外一致的原则管理。海南自由贸易港跨境服务贸易负面清单由国务院商务主管部门会同国务院有关部门和海南省制定。"③

简言之，海南自由贸易港就服务贸易开放提出负面清单管理制度，并要求资金支付与转移制度的便利与自由，同时关注透明度、技术标准、资格要求等国内规制制度的改革问题。

3. 其他制度

除此以外，自由贸易试验区专门涉及服务贸易制度改革的规定较少。2018 年，上海市人民政府印发《中国（上海）自由贸易试验区跨境服务贸易负面清单管理模式实施办法》，首次对跨境服务贸易制定负面清单。2021 年，深圳市前海管理局发布《深圳经济特区前海蛇口自由贸易试验片区条例》，在投资开放章节关注服务贸易自由问题，要求"推动对港澳跨境服

---

① 商务部：《全面深化服务贸易创新发展试点总体方案》第 7 – 8 页。
② 国务院《海南自由贸易港建设总体方案》，中国政府网，http://www.gov.cn/zhengce/2020 – 06/01/content_5516608.htm，访问日期：2024 年 3 月 18 日。
③ 《中华人民共和国海南自由贸易港法》第十七条。

贸易负面清单管理，促进与港澳服务贸易全面自由化"①。受制于权限的限制，深圳前海蛇口自由贸易试验片区尽管具有推动服务贸易负面清单管理制度改革的意识，但只能率先就涉港澳的跨境服务贸易开展创新实践。

（二）自由贸易试验区国际服务贸易自由制度的内容

在目前为数不多的改革举措中，自由贸易试验区开始对标国际高水平经贸规则的要求，通过负面清单方式自主开放服务贸易市场。

2018年，上海自由贸易试验区率先发布《中国（上海）自由贸易试验区跨境服务贸易负面清单管理模式实施办法》，首次较全面地对跨境服务贸易负面清单管理制度进行规定。其一，对跨境服务贸易进行定义，指跨境交付、境外消费、自然人流动三种模式，排除商事存在模式。② 该定义与自由贸易协定中的分立模式一致，对商事存在模式与其他三种模式分别进行管理。其二，明确负面清单管理模式："《负面清单》根据国民经济行业分类，统一列明跨境服务贸易领域对境外服务和服务提供者采取的与国民待遇不一致、市场准入限制、当地存在要求等特别管理措施。"③ 对于清单内的跨境服务贸易行为，有关部门应按照"程序简化、流程优化、精简便利"的原则，不断推动跨境服务贸易便利化改革；④ 对于清单外的跨境服务贸易行为，在自由贸易试验区内，按照境外服务及服务提供者与境内服务及服务提供者待遇一致的原则实施管理。⑤ 其三，确定负面清单管理部门的协同机制。具体而言，自由贸易试验区推进工作领导小组统筹协调；各行业主管部门履行对跨境服务贸易的监管职责；自由贸易试验区管委会负责会同相关部门实施负面清单，完善统计分析制度，监测运行情况，探索在资金流动、信息跨境、人员流动等方面的制度，建立相应事中事后监管制度；外汇、税务、出入境、通信、海关等管理部门配合跨境服务贸易领域管理

---

① 《深圳经济特区前海蛇口自由贸易试验片区条例》第十七条。
② 《中国（上海）自由贸易试验区跨境服务贸易负面清单管理模式实施办法》第二条。
③ 《中国（上海）自由贸易试验区跨境服务贸易负面清单管理模式实施办法》第四条。
④ 《中国（上海）自由贸易试验区跨境服务贸易负面清单管理模式实施办法》第六条。
⑤ 《中国（上海）自由贸易试验区跨境服务贸易负面清单管理模式实施办法》第七条。

措施的具体实施。① 在此基础上，相关部门需要加强联动、协同促进，评估实施情况，加强风险管理。② 具体到上海自由贸易试验区的负面清单而言，其覆盖行业广，涵盖批发和零售、交通运输、信息服务、金融、科学研究、水利环境、教育、广播、体育、娱乐等各种行业，限制措施仍然较多，共有159项特别管理措施。③

随着《中华人民共和国海南自由贸易港法》出台，海南自由贸易港于2021年发布《海南自由贸易港跨境服务贸易特别管理措施（负面清单）（2021年版）》，被誉为我国在跨境服务贸易领域公布的第一张负面清单。该清单明确列出针对境外服务提供者的11个门类70项特别管理措施，在清单之外的领域，对在海南自由贸易港内的服务提供者实施内外一致的管理模式。尤其是该清单在专业服务、交通服务、金融等领域做出了较高的开放安排；又鉴于旅游业、现代服务业、高新技术产业等是海南的三大主导产业，负面清单做出了放开外籍游艇进出海南自由贸易港申请引航限制等一系列开放措施，有助于加快培育具有海南特色的合作竞争新优势。④ 需要注意的是，该清单仍然只适用于跨境交付、境外消费、自然人移动三种服务贸易模式，商事存在模式的服务贸易由《海南自由贸易港外商投资准入特别管理措施（负面清单）》所管理。⑤ 至此，无论是通过何种清单进行市场开放，海南自由贸易港的服务贸易行业皆通过负面清单模式进行开放。

（三）自由贸易试验区国际服务贸易管理制度的内容

关于国际服务贸易管理制度改革的举措，可以通过各地通报的"全面深化服务贸易创新发展试点最佳实践案例"梳理实践特点。总体而言，各

---

① 《中国（上海）自由贸易试验区跨境服务贸易负面清单管理模式实施办法》第五条、第八条。
② 《中国（上海）自由贸易试验区跨境服务贸易负面清单管理模式实施办法》第九条、第十条、第十一条、第十二条。
③ 《中国（上海）自由贸易试验区跨境服务贸易特别管理措施（负面清单）（2018年）》，https://www.shanghai.gov.cn/newshanghai/xxgkfj/hfgg1801.pdf，访问日期：2023年6月1日。
④ 参见《跨境服务贸易首张负面清单公布》，《光明日报》2021年7月27日，https://www.gov.cn/xinwen/2021-07/27/content_5627584.htm，访问日期：2023年6月1日。
⑤ 《海南自由贸易港跨境服务贸易特别管理措施（负面清单）（2021年版）》，https://www.gov.cn/zhengce/zhengceku/2021-07/26/5627279/files/5343f0e8c06f49e3b8d61cd8e4110e67.pdf，访问日期：2023年6月1日。

地按照《全面深化服务贸易创新发展试点总体方案》的具体要求分别进行实践。

就完善管理体制而言，上海创新国际船舶登记管理制度。临港新片区以"中国洋山港"船舶登记为载体，建立起集优化登记流程、实行多证联办、引入预审机制、完善政策接口、实施信用管理为一体的船舶登记管理制度，强化洋山港的国际航运中心地位，助推跨境运输服务能级提升。

就扩大对外开放而言，深圳与苏州着眼于专业服务资格互认制度。对于专业服务而言，资质互认对于自然人移动等服务提供模式的自由化具有实质意义。深圳扩大与港澳专业服务领域资格互认范围，印发《香港工程建设领域专业机构资质备案管理办法》《香港工程建设领域专业人士执业资格备案管理办法》《港澳社会专业人士执业管理暂行办法》等文件，允许工程建设与涉税专业服务等领域的专业人士在有关部门备案后，可以取得与内地对应的资质资格，在特定区域与规定范围内提供服务。苏州推进国际职业资格与国内职称资格比照认定制度，根据生物医药等重点新兴产业发展特点，制定全国首个以产业分类的国际职业资格比照认定职称资格目录，推进国际职业资格与国内职称资格有效衔接，以促进海外高素质人才在苏州就业。

就提升便利水平而言，多部门通过不同方式便利服务提供者的经营活动与日常生活。国家外汇管理局创新开展服务贸易外汇收支便利化试点，印发《国家外汇管理局关于进一步促进跨境贸易投资便利化的通知》，推出服务贸易外汇收支便利化试点，探索构建以主体信用为基础的分类管理模式，推动实现高效、安全、低成本的跨境资金结算。石家庄市打造生物医药知识产权全链条保护与运用体系，整合医药行业协会及知识产权服务机构等各方资源，搭建知识产权保护服务平台，为生物医药企业提供专业化、全方位、全流程的知识产权服务。广州创办港澳子弟学校，由暨南大学、香港维港教育集团、奥园集团、东莞伊顿教育集团共同创办的广州暨大港澳子弟学校，提供涵盖学前、小学、初中及高中阶段教育的非营利性质的教育服务。

除此以外，各地针对不同行业创新发展平台。例如，深圳市打造跨境医疗健康服务创新发展新高地，西咸新区探索国际教育创新发展新模式，上海推动跨境船舶租赁出海远航，厦门打造现代服务仲裁新模式，广州首创互联网仲裁推荐标准，中国出口信用保险公司创新支持国际运输服务出口，等等。

五、自由贸易试验区创新国际服务贸易机制的决策建议

总体而言，尽管国家已经意识到服务贸易对于构建高质量、开放型经济的重要作用，但鉴于服务贸易本身的复杂性与新兴性，自由贸易试验区关于国际服务贸易制度的认识不足，缺乏方向性、目标性与指向性。本部分将进一步对自由贸易试验区创新国际服务贸易机制提出决策建议。

（一）自由贸易试验区国际服务贸易机制的现存问题

关于服务贸易的创新实践多但碎片化，由涉及多地区、多层级、多类别的部门或机构针对不同行业分别探索创新举措。相关举措能够促进中国服务贸易的发展，但难以形成合力。

第一，对服务贸易的内涵理解不足。传统而言，服务贸易分为跨境提供、境外消费、自然人流动、商事存在四种模式。然而，由于服务贸易性质与传统货物贸易、直接投资行为有联系亦有区别，且商事存在模式作为国际服务贸易提供的重要形式与国际直接投资性质一致，政府部门在规制国际服务贸易时对其归类并不明确。如海南自由贸易港等将服务贸易归于贸易领域，但通过投资制度规范商事存在模式的问题；深圳前海则在投资领域规范国际服务问题，要求制定针对港澳的服务贸易负面清单。对服务贸易内涵理解不清晰将直接导致制度设计的混乱，亦不利于自由贸易试验区对国际高水平经贸规则制度设计的理解。

第二，对服务贸易制度的创新缺乏顶层设计。综观各自由贸易试验区的总体方案或实施条例，皆没有专门针对国际服务贸易制度的改革或建设要求。尤其是，诸如金融服务、法律服务、会计服务等行业，既是促进各国际经贸活动顺利开展的基础，本身又是服务贸易行业。自由贸易试验区的总体方案通常会以促进整体市场发展为目标，提出对完善相关产业发展的要求，但具体要求并不明确。

第三，自由贸易试验区权限不足。现实而言，国际服务贸易制度创新涉及不同行业，且对于国家经济市场发展具有深远影响，尤其如金融、法

律、医疗、教育等行业的发展将直接影响社会公共利益，相关制度改革需要同更高权限的机构部门的协同合作。此外，就扩大服务贸易开放问题而言，单独一个自由贸易试验区很难自主确定开放的服务贸易行业，亦需要更高层级的政府部门的共同商讨与决策。

第四，改革举措碎片化现象严重。由于缺乏对服务贸易内涵以及国际服务贸易规则的理解，加之顶层设计与改革权限的缺乏，目前各地关于服务贸易的制度创新或围绕特定行业的某一个制度，或围绕招商引资搭建平台等内容，或围绕税收优惠或社会福利等角度，分散地促进服务贸易发展。相关举措碎片化，难以形成合力。

（二）自由贸易试验区推动国际服务贸易制度中国式现代化的建议

国际服务贸易是联结传统货物贸易与直接投资活动的重要纽带，亦是推动中国经济高质量发展的重要助力。随着国际服务贸易活动不断发展深入，国际经贸规则已经针对服务贸易的发展特点制定出相对完善的规制体系。在此基础上，自由贸易试验区应当加强对上述规则的理解，结合本地的禀赋优势，在完善制度设计的基础上有针对性地吸引当地需要的服务贸易行业，协同各部门完善政策制度并创新服务贸易机制。

第一，厘清国际服务贸易的具体模式与管理框架。鉴于国际服务贸易各类模式的发展深入，国际经贸规则基于各类模式特点逐步完善服务贸易的规则体系。当前，诸如CPTPP等高水平经贸规则通常对服务贸易进行分类管理，通过跨境服务贸易规则管理跨境提供、境外消费、自然人移动三种模式，并通过国际投资规则管理商事存在的服务模式。对于跨境服务贸易规则，还需要分别就跨境提供完善电子商务规则，就自然人移动完善商务人员临时入境规则与资质互认规则。

第二，完善国际服务贸易的管理制度。鉴于服务贸易的无形性以及服务和服务提供者的紧密联系，服务贸易管理制度本质上涉及各服务行业的边境上市场准入制度与边境后行政管理制度。进而，服务贸易制度体系与国际投资制度体系具有相似性，即首先通过负面清单或正面清单的模式对特定行业进行开放并明确准入要求，其次加强以信用体系为基础的事中事后监管，完善行业管理制度。

第三，率先尝试通过负面清单模式扩大服务贸易行业开放。具体而言，需要通过两类清单来开放市场。就商事存在模式，既有的外商投资负面清单已经涉及金融、教育、医疗等重要服务行业，可以直接通过既有制度完成对服务贸易商事存在模式的开放。就自然人移动、跨境提供等模式，则可以通过制定跨境服务贸易负面清单完成对相应行业的开放，并在"不符合措施"中充分列举对特定行业的特殊管理制度。事实上，经过海南自由贸易港的既有实践，中国目前已经有充分的条件通过负面清单模式完成对各类服务贸易模式的开放。

第四，建立以信用体系为基础的事中、事后监管模式。在服务提供者进入中国市场后，仍然可以通过与外商投资监管模式类似的逻辑，加强事中事后监管。需要注意的是，鉴于服务贸易的特殊性质，在传统事中事后监管制度基础之外，还需要重点关注服务提供者的专业能力资质互认制度、数据传输自由与安全例外制度、规范具有垄断地位的国内服务提供者的商业行为等，以全面提升国内服务市场的营商环境。

六、结语

国际服务贸易是促进中国经济高水平发展的重要引擎。然而，鉴于服务贸易活动的复杂性以及其涉及行业的敏感性，既有国际服务贸易制度发展并不完善。党的二十大报告对自由贸易试验区提出要创新服务贸易管理机制的要求。结合中国式现代化内涵创新服务贸易管理机制需要遵循服务贸易发展的基本经济规律，科学、全面地把握中国服务贸易市场发展全局，稳步有效推动国际服务贸易高水平对外开放，并在外国服务提供者进入中国市场之后完善监管制度，实现效率与公平、发展与安全等方面的平衡。对此，需要准确理解服务贸易的四种模式，分别通过跨境服务规则与国际投资规则进行管理；探索负面清单机制促进各类服务贸易模式的高水平开放；分别针对跨境提供与自然人移动模式完善电子商务、商务人员临时入境以及资质互认等制度；建立以诚信体系为基础的事中事后管理制度。在此基础上，各自由贸易试验区可以结合自身资源禀赋，分别针对不同的服务贸易行业发展优惠政策，搭建行业发展平台，促进行业集聚。

参考文献：

［1］习近平. 高举中国特色社会主义伟大旗帜 为全面建设社会主义现代化国家而团结奋斗——在中国共产党第二十次全国代表大会上的报告［R］. 2022-10-16.

［2］CERNAT L, KUTLINA DIMITROVA Z. Thinking in a box：a mode 5 "approach" to service trade［J］. DG Trade Chief Economist Notes，Issue 1，2014.

［3］JUAN A, PETROS M, MAVROIDIS C. What are the main challenges for the GATS framework? Don't talk about revolution，5 European business organization law review，2004：511-562.

［4］PIERRE L. Services rules in regional trade agreements：how diverse or creative are they compared to the multilateral rules?［M］//Rohini Acharya eds.，Regional Trade Agreements and the Multilateral Trading System. Cambridge：Cambridge University Press，2016.

第十章　新发展格局下自由贸易试验区提升产业链供应链现代化水平研究

肖　旦　姬晓楠　段洪舟[*]

2019年8月26日，习近平总书记在十九届中央财经委员会第五次会议上提出，要打造具有战略性和全局性的产业链，提升产业链水平，在开放合作中形成更强创新力、更高附加值的产业链；在2020年10月召开的党的十九届五中全会上则明确提出了要提升产业链供应链现代化水平，这是我国提升产业链供应链现代化水平的开端。在2021年3月发布的《中华人民共和国国民经济和社会发展第十四个五年规划和2035年远景目标纲要》中，具体指出了提升产业链供应链现代化水平，既是国内经济高质量发展的必然要求，也是应对全球产业链供应链重构和分工细化的重要举措，并对如何提升产业链供应链现代化做出了战略部署；2023年1月31日，在党的第二十届中央政治局第二次集体学习中，习近平总书记提出为了加快构建以国内大循环为主体、国内国际双循环相互促进的新发展格局，要"更有针对性地加快补上我国产业链供应链短板弱项，确保国民经济循环畅通"。[①]

在新发展格局下，自由贸易试验区不仅是我国深化改革和扩大开放的高地，而且是连接国内国际双循环的重要纽带。自由贸易试验区产业链供应链的现代化水平的提升，不仅有利于推动自由贸易试验区整体的高质量

---

[*] 肖旦，中山大学自贸区综合研究院兼职研究员，广州大学管理学院副教授，硕士研究生导师，研究方向：供应链管理；姬晓楠，广州大学管理学院供应链管理方向硕士研究生；段洪舟，广州大学管理学院供应链管理方向硕士研究生。

[①] 人民网：《把握未来发展主动权的战略部署》，http://politics.people.com.cn/n1/2023/0416/c1001-32665367.html，访问日期：2024年4月30日。

发展,而且可以推动产业变革,更好满足人民日益增长的美好生活需要。本章从提升产业链供应链现代化水平是自由贸易试验区高质量发展的必然要求出发,分析了产业链供应链现代化的内涵,研究了自由贸易试验区产业链供应链现代化发展的实践现状和存在的问题,并提出了相应的建议。

一、提升产业链供应链现代化水平是实现自由贸易试验区高质量发展的必然要求

2021年7月9日,习近平总书记主持召开中央全面深化改革委员会第二十次会议时强调:"以更大力度谋划和推进自由贸易试验区高质量发展"[1],党的二十大报告中明确提出要"实施自由贸易试验区提升战略"。为了加快构建新发展格局,实现自由贸易试验区的高质量发展,各自由贸易试验区围绕"参与国际产业分工与合作""加快实现绿色发展""推动数字经济与实体经济融合发展""增强自由贸易试验区产业集群的辐射带动作用"四个重点方向持续发力推进落实。产业链供应链现代化水平的提升将为以上方向的发展提供支撑,是自由贸易试验区高质量发展的必然要求。

(一)深入参与国际产业分工与合作

面对世界百年未有之大变局,党的二十大报告提出要"深度参与全球产业分工与合作"。自由贸易试验区作为我国对外开放的高地,承担着"走出去"的主要任务,特别是自中美贸易摩擦和全球新冠疫情以来,我国自由贸易试验区内部分产业面临高质量转型需求,使得部分中低端产业链面临转移和外迁压力,例如苹果公司为节约成本、保持竞争优势将部分生产线转移到了印度,还有三星、家乐福等外资企业也在逐渐撤离,自由贸易试验区内企业需要把握时机,提高在参与国际产业分工中的地位。提高产业链供应链现代化水平是自由贸易试验区在高水平对外开放中确保经济安全稳定、深入参与全球产业分工与合作的重要基础。

---

[1] 中国政府网:《努力建设更高水平自贸试验区》,https://www.gov.cn/lianbo/bumen/202309/content_6906704.htm,访问日期:2024年4月30日。

提升产业链供应链现代化水平有助于提高自由贸易试验区传统产业链在国际产业分工中的不可替代性。我国作为最大的发展中国家，以往参与国际分工依靠的是廉价劳动力、土地资源等低端生产要素，缺乏关键的核心技术，具有一定的可替代性，在全球产业链供应链中处于中下游。自由贸易试验区提升产业链供应链现代化水平，一方面有助于扩大自由贸易试验区内传统产业的基础优势，推进产业现代化体系建设，调整产业结构，提高在全球产业链分工中的地位；另一方面有利于顺应全球产业变革趋势实现产业链供应链转型升级，以增加自由贸易试验区内产业链供应链的附加值，利用自由贸易试验区政策、制度优势发挥要素集聚效应，培育高端生产要素，进而提高自由贸易试验区产业链供应链在全球产业分工中的地位。

提升产业链供应链现代化水平有助于推动自由贸易试验区产业链跨境合作。产业链跨境合作分工是目前产业发展的重要形式之一，能够充分利用不同国家、地区的优势，整合国内外资源，对接国际产业链，打造具有国际竞争力的产业链。通过依托自由贸易试验区的制度创新优势，加快智慧物流平台、跨境电商平台、供应链管理系统等现代化平台建设和技术突破，提升产业链供应链现代化水平，为跨境合作和生产要素的流动提供现代化基础设施支撑，突破产业链上下游跨境合作条件限制，实现产品、资金、信息的高效流通。

（二）加快实现绿色发展

为应对全球气候变化，绿色发展已成为全球共识，自由贸易试验区作为国内国际交流平台，积极推进绿色发展进程对中国及全球可持续发展具有重要意义。在我国"双碳"目标和全球绿色发展的背景下，自由贸易试验区内产业必须进行转型升级以适应时代发展的需求。提升产业链供应链现代化水平能够从产业转型和消除绿色壁垒两个方面助力自由贸易试验区走好绿色发展之路。

提升产业链供应链现代化水平，助推自由贸易试验区产业绿色转型。加快产业绿色转型是从根源上推动自由贸易试验区实现绿色发展的关键举措。产业链供应链现代化水平的提升，能够加速数字化技术、绿色低碳技术在产业链供应链上的应用和推广,有助于带动上下游企业加快绿色转型,实现对碳足迹的追溯、分析与监管,为加强供应链低碳管理、构建绿色产业链供应链提供了有力支撑。同时,传统产业的绿色转型升级有助于催生出环保材料、清洁能源等一系列新兴绿色产业,加快构建现代化产业体系,进一步推动自由贸易试验区实现产业绿色化发展。

提升产业链供应链现代化水平,助力自由贸易试验区消除国际经贸绿色壁垒。部分发达国家依靠技术优势追求相关绿色标准制定的主导权,形成了绿色技术壁垒和绿色产业壁垒,① 以维持其在全球产业链中的地位。提升产业链供应链现代化水平,不仅能够促进自由贸易试验区内清洁能源产业发展,带动重点耗能产业与清洁能源产业的合作,提供符合国际绿色标准的产品,而且能够促使企业进行绿色技术创新,掌握国际话语权,加强与全球性和区域性组织之间的互动合作,推动中国绿色标准"走出去",突破国际经贸绿色壁垒。

(三) 推动数字经济与实体经济融合发展

党的二十大报告提出,要加快发展数字经济,促进实体经济与数字经济深度融合。面对产业变革和内部高质量发展的要求,数字经济已成为推动产业链供应链现代化的新动能。提升产业链供应链现代化水平,有利于促进产业数字化发展和产业数字基础设施建设,加速数字经济与实体经济融合发展。

提升产业链供应链现代化水平有利于推动自由贸易试验区产业数字化发展。随着新一轮科技革命和产业变革的发展,数字化成为未来产业发展的新趋势,也是产业链供应链现代化的特征之一。提升产业链供应链现代化水平,一方面,以数字技术赋能产业发展,带动企业、行业对数字化技术的应用,能够推进产业数字化、智能化转型,为产业发展提质增效;另一方面,依托数字技术平台,能够实现产业链供应链各个环节的资源协调和信息共享,打造智慧管理体系,提高协调效率,同时也可以实现与自由

---

① 项松林、田容至:《主动应对清洁能源产业链上的贸易壁垒》,https://m.gmw.cn/baijia/2022-08/31/35991374.html,访问日期:2022年8月31日。

贸易试验区外产业链环节的交流和管理，扩大产业链覆盖范围。

提升产业链供应链现代化水平有助于推进数字自由贸易试验区建设。依托数字化平台、大数据中心，一方面，能够加快数据要素的流动，实现不同产业链供应链的数据资源共享，促进自由贸易试验区数据资源的价值转化；另一方面，在提升产业链供应链现代化水平的过程中探索自由贸易试验区数据流动、监管等标准化规范的制定，有助于对标数字经济国际规则，完善数字产业的发展。提升产业链供应链现代化水平促进了数字产业化和产业数字化的双向赋能，共同推进数字自由贸易试验区的建设。

（四）增强自由贸易试验区产业集群的辐射带动作用

为应对激烈的国际竞争，我国各自由贸易试验区依托制度优势，根据各自的产业基础和地理区位，正积极打造具有国际竞争力的特色产业集群。自由贸易试验区连接国内国外两个市场、两种资源，其产业集群的发展不仅能够带动自由贸易试验区及其周边地区的发展水平，而且具有吸引国内外高端要素聚集的功能。因此，产业链供应链现代化有利于自由贸易试验区提高带动能力、扩大其辐射范围，进一步增强自由贸易试验区产业集群的辐射带动能力。

提升产业链供应链现代化水平，可以更好地发挥要素集聚效应，提高产业集群的带动能力。产业链供应链的现代化水平的提升，有利于催生大量产业发展新模式新业态，充分发挥对人才、资本、技术等要素的聚集效应，进而拉动自由贸易试验区和当地经济发展，对国内其他地区发展具有示范和带动作用。

提升产业链供应链现代化水平，有利于促进产业链延伸，扩大产业集群的辐射范围。产业链供应链现代化水平的提高，为自由贸易试验区内产业集群的高质量发展提供了条件，随着产业集群发展壮大，自由贸易试验区内产业链必然会逐渐向外延伸拓展，与自由贸易试验区外的企业、地区甚至是国家展开密切合作，扩大自由贸易试验区内产业链的覆盖范围，也使得自由贸易试验区产业集群的辐射范围随着产业链供应链的延伸逐步扩大，更好地发挥自由贸易试验区的辐射带动作用。

二、自由贸易试验区提升产业链供应链现代化水平的内涵与实践现状

(一) 产业链供应链现代化水平的内涵

习近平总书记就产业链供应链现代化发表的讲话内容,以及党的十九届五中全会、六中全会和二十大报告、"十四五"规划及国务院、地方政府发布的一系列与产业链供应链现代化有关的政策文件,都对提升产业链供应链现代化水平做出了战略部署和具体安排,并详细阐述了产业链供应链现代化的丰富内涵,主要包括开放合作、安全稳定、数字化和绿色化四个方面。见表1。

表1 关于提升产业链供应链现代化水平相关政策文件

时间	来源	相关内容	关键词
2017年10月	国务院办公厅关于积极推进供应链创新与应用的指导意见①	1. 推进供应链协同制造,促进供应链可视化和智能化。 2. 积极倡导绿色供应链,推行绿色流通,建立逆向物流体系。 3. 积极融入全球供应链网络,提高全球供应链安全水平,参与全球供应链规则制定	数字化、绿色化、安全稳定、开放合作
2020年10月	中国共产党第十九届中央委员会第五次全体会议公报②	要提升产业链供应链现代化水平,发展战略新兴产业,统筹推进基础设施建设,加快数字化发展	数字化

---

① 中国政府网:《国务院办公厅关于积极推进供应链创新与应用的指导意见》,https://www.gov.cn/gongbao/content/2017/content_5234516.htm,访问日期:2024年4月30日。
② 参见《中国共产党第十九届中央委员会第五次全体会议公报》,新华社,https://www.gov.cn/xinwen/2020-10/29/content_5555877.htm,访问日期:2020年10月29日。

续上表

时间	来源	相关内容	关键词
2020年11月	国务院办公厅关于推进对外贸易创新发展的实施意见①	1. 探索组建企业进出口联盟，鼓励中小企业深度融入供应链；引导企业与境外产业链上下游企业加强供需保障的互利合作。 2. 保障在全球产业链中有重要影响的企业和关键产品生产出口，维护国际供应链稳定；提升全球产业链供应链风险防控能力。积极参与和推动国际产业链供应链保障合作。 3. 推进供应链数字化、智能化发展	开放合作、安全稳定、数字化
2021年3月	中华人民共和国国民经济和社会发展第十四个五年规划和2035年远景目标纲要②	1. 补齐短板、锻造长板，形成具有更强创新力、更高附加值、更安全可靠的产业链供应链。 2. 加强国际产业安全合作，推动产业链供应链多元化	安全稳定，开放合作
2021年11月	中共中央关于党的百年奋斗重大成就和历史经验的决议③	坚持推进简政放权、放管结合、优化服务，保障产业链供应链安全	安全稳定

① 中国政府网：《国务院办公厅关于推进对外贸易创新发展的实施意见》，https://www.gov.cn/zhengce/zhengceku/2020 - 11/09/content_5559659.htm，访问日期：2022年4月30日。
② 《中华人民共和国国民经济和社会发展第十四个五年规划和2035年远景目标纲要》，中国政府网，https://www.gov.cn/xinwen/2021 - 03/13/content_5592681.htm，访问日期：2021年3月13日。
③ 参见《中共中央关于党的百年奋斗重大成就和历史经验的决议（全文）》，新华社，https://www.gov.cn/xinwen/2021 - 11/16/content_5651269.htm，访问日期：2021年11月16日。

续上表

时间	来源	相关内容	关键词
2022年4月	2022年天津市制造业数字化转型工作要点①	推动产业链供应链数字化贯通,支持龙头企业通过数据贯通,构建透明的数字化供应链,打造安全稳定的供应链网络	数字化,安全稳定
2022年5月	关于贯彻落实扎实稳住经济一揽子政策措施的实施方案②	1. 建立健全产业链供应链风险监测机制,加强产业链供应链苗头性问题预警管理。 2. 及时总结推广"点对点"运输、绿色通道等经验做法	安全稳定,绿色化
2022年10月	习近平:高举中国特色社会主义伟大旗帜 为全面建设社会主义现代化国家而团结奋斗——在中国共产党第二十次全国代表大会上的报告③	1. 着力提升产业链供应链韧性和安全水平。 2. 加强国际产业安全合作,推动产业链多元化	安全稳定,开放合作
2022年11月	广东省循环经济发展实施方案(2022—2025年)④	开展绿色供应链试点示范,加快构建源头减排、过程控制、末端治理、综合利用的绿色产业链	绿色化

---

① 参见《天津市制造业数字化转型三年行动方案(2021—2023年)(全文)》,网经社,http://www.100ec.cn/index.php/detail--6606156.html,访问日期:2022年1月12日。

② 参见《福建省人民政府印发关于贯彻落实扎实稳住经济一揽子政策措施实施方案的通知》,福建省人民政府门户网站,http://www.fujian.gov.cn/zwgk/zxwj/szfwj/202206/t20220602_5924099.htm,访问日期:2022年5月30日。

③ 《习近平:高举中国特色社会主义伟大旗帜 为全面建设社会主义现代化国家而团结奋斗——在中国共产党第二十次全国代表大会上的报告》,新华社,https://www.gov.cn/xinwen/2022-10/25/content_5721685.htm,访问日期:2022年10月25日。

④ 参见广东省发展改革委《广东省发展改革委关于印发〈广东省循环经济发展实施方案(2022—2025年)〉的通知》,广东省发展和改革委员门户网站,http://drc.gd.gov.cn/ywtz/content/mpost_4037251.html,访问日期:2022年10月21日。

续上表

时间	来源	相关内容	关键词
2022年12月	上海市工业领域碳达峰实施方案①	1. 加快工业互联网创新发展，加强龙头企业牵引，促进产业链供应链数字化增智降碳。 2. 在稳定产业链供应链安全的基础上深入推进产业绿色低碳转型	数字化，绿色化，安全稳定
2022年12月	"十四五"现代物流发展规划②	1. 提升产业链供应链韧性和安全水平，为建设现代产业体系、形成强大国内市场、推动高水平对外开放提供有力支撑。 2. 提高物流安全治理水平，完善应急物流体系，提高重大疫情等公共卫生事件、突发事件应对处置能力，促进产业链供应链稳定。 3. 将绿色环保理念贯穿现代物流发展全链条，提升物流可持续发展能力	开放合作，安全稳定，绿色化

1. 产业链供应链的开放合作

开放合作是现代产业发展的一个重要特征，虽然在新冠疫情的影响下，部分发达国家产业链供应链出现本土化、逆全球化的现象，但是经济全球化仍是全球经济发展的必然趋势，全球产业链分工持续深化细化的趋势也不会改变。我国改革的历史经验表明，闭门造车必然落后。加强开放合作，不仅能够帮助自由贸易试验区内产业链深度融入全球产业链，在开放合作中吸引、整合并利用国内外优质资源，优化产业链结构，而且有助于自由

---

① 《上海市经济信息化委 市发展改革委 市科委 市生态环境局关于印发〈上海市工业领域碳达峰实施方案〉的通知》，上海市人民政府网站，https://www.shanghai.gov.cn/gwk/search/content/27edbac3aaed45e884506fdde4cd65f2，访问日期：2022年12月9日。

② 参见国务院办公厅《国务院办公厅关于印发"十四五"现代物流发展规划的通知》，央视网，https://www.gov.cn/zhengce/content/2022-12/15/content_5732092.htm，访问日期：2022年12月15日。

贸易试验区吸取国外先进经验，对标国际产业链发展水平，提升产业链供应链创新能力，从而推动产业链供应链现代化。因此，坚持开放合作有助于深化产业链供应链的国际合作，在国际产业链合作与竞争中推动现代化产业体系建设。

2. 产业链供应链的安全稳定

产业链供应链是否安全稳定关系着自由贸易试验区现代化产业发展和国家安全。一方面，产业链供应链安全稳定发展要求自由贸易试验区产业链结构完整、具备较高的自主创新能力，才能够补齐产业短板，降低产业链供应链对外依赖程度和断链风险，提高产业链供应链的韧性，加速现代化产业的发展。另一方面，产业链供应链的安全稳定与国家安全密切相关，党的二十大报告中将产业链供应链安全稳定与粮食、能源安全放到了同一战略高度。安全稳定的产业链能够使自由贸易试验区在参与国际分工与合作时占据主导地位，提高国际话语权。

3. 产业链供应链的数字化

数字化技术与产业链供应链融合是实现产业链现代化的必由之路。实现与数字化融合发展，其一，能够提高自由贸易试验区内产业链上下游之间的工作和协同效率，优化产业链资源配置，实现降本增效；其二，能够推动传统产业转型升级，改变传统生产方式，为产业链现代化提供基础支撑；其三，打破了各产业链供应链主体之间在空间、信息以及数据资源等方面的限制和壁垒，催生产业发展新模式，推动构建现代化产业体系。而且，数字化已成为现代化产业发展的新动能，能够激发产业链供应链创新活力，顺应新一轮科技革命产业变革趋势，助力产业链供应链现代化水平的提升。

4. 产业链供应链的绿色化

绿色化既是世界各国应对全球气候变化的共识，也是现代化经济发展的重要支撑。产业链供应链绿色化，能够推动自由贸易试验区企业绿色转型，优化产业能源结构，形成绿色低碳的产业发展方式；同时，也是提高产业链供应链附加值和可持续发展能力的重要手段。在"双碳"目标的指引下，推动产业链供应链与自然和谐共生，实现可持续发展，才是符合自然与社会发展规律的发展，才能使产业链供应链朝着现代化发展的方向不断推进。

（二）自由贸易试验区提升产业链供应链现代化水平的实践

为落实自由贸易试验区提升战略，提高产业链供应链现代化水平，各自由贸易试验区围绕产业链供应链现代化四方面的内涵积极开展探索实践。本节主要介绍了上海自由贸易试验区、广东自由贸易试验区、福建自由贸易试验区、天津自由贸易试验区、陕西自由贸易试验区在提升产业链供应链现代化水平方面的实践案例和成功经验。

1. 上海自由贸易试验区

（1）菜鸟物流助建国际综合供应链枢纽，提高对外开放水平。2023年2月17日，上海自由贸易试验区临港新片区与菜鸟物流签署战略合作协议，菜鸟物流依托临港新片区的区位优势和政策优势，探索共建集聚多元业态、统筹企业和用户端的枢纽门户。① 菜鸟物流拥有的大型自动化流水线、自动分拨系统、自动揽收系统等智慧系统，极大地提高了物流效率，同时，其为不同品牌货物专设的仓储库区和恒温仓库，能够为各行业国际龙头企业提供更专业的服务，成为服务外商"走进来"和国产品牌"走出去"的重要跳板。此次战略合作，进一步推进了全球货运和跨境电商深度融合，将跨境业务产业链上下游的货、客、渠道汇聚于临港，从而提高自由贸易试验区开放水平。

（2）数字化技术赋能"西域"供应链，开拓客户采购新体验。上海自由贸易试验区内的西域智慧供应链有限公司（以下简称"西域"）对数字供应链的探索走在国内前列，② 西域供应链专注于MRO（指在实际的生产过程中只提供维护、维修、运行设备的物料和服务）供应链的服务创新，帮助企业真正从"为库存而采购"转变为"为订单而采购"，通过自动化的供应链降低企业成本。2023年5月8日，西域与英格索兰签署战略合作协议，携手打造安全、高效、专业的产品供应链体系，在供应链整合、需求预测等方面进行深度合作，实现信息"端到端"的高效传递，为英格索兰的客

---

① 金融界：《推出跨境服务贸易开放，菜鸟上海旗舰仓落地洋山特殊综保区》，http://baijiahao baidu.com/s? id=1758067533085979544&wfr=spider&for=pc，访问日期：2023年2月17日。

② 参见《英格索兰携手西域，共拓客户数智化采购新体验》，挖贝网，http://www.senn.com.cn/sx/2023/05/08/166203.html，访问日期：2023年5月8日。

户提供高效、可靠、便捷的采购方式，助力客户提高采购效率。

2. 广东自由贸易试验区

（1）"前海仓单"模式基于数字技术，保障产业链供应链数据安全。2021年，广东自由贸易试验区前海片区的联合交易中心推出"前海仓单"模式①，有效推动供应链管理的数字化转型升级。一方面，基于区块链技术的可追溯、不可篡改等特性，"前海仓单"将仓单生成、流转、融资等业务的信息记录在区块链上，形成电子凭证，实现仓单资产的溯源，确保资产以及供应链上信息的真实有效。另一方面，为实现仓库的数字化管理，"前海仓单"基于物联网技术，对交易的各个环节实时跟踪控制，保障仓库业务数据的真实性以及实物商品的安全性。"前海仓单"项目利用区块链、物联网等数字技术手段，在电子仓单的基础上，实现对供应链交易风险要素的关联，不仅为供应链金融服务提供支持，还为企业融资贷款提供真实有效的信息支撑，创新性地解决了中小企业仓单融资困难的难题。

（2）越海创立"C2B DIY"模式，提高前海片区产业链供应链外贸水平。越海全球供应链股份有限公司（以下简称"越海"）作为首家入驻前海片区的物流企业，前海自由贸易试验区通过优化供应链管理服务、拓展国际新客户等方式为越海的发展创造更加便利的条件。越海通过"C2B DIY"模式②（以需求驱动供应链，以供应链协同制造）提高国内物流、跨境电商仓、全球中心仓的服务水平，优化对外贸易的产业链供应链结构，助力提升自由贸易试验区及周边地区的对外开放水平。2021年3月深圳市前海管理局公布，"越海跨境电商智慧供应链项目"入选2018—2020年度前海蛇口自贸片区供应链创新与应用案例，并成为可复制、可推广的提高供应链对外开放水平的经典案例。

3. 福建自由贸易试验区

（1）厦门航空根植绿色服务理念，积极构建绿色供应链生态圈。2022

---

① 参见广东省商务厅《广东自贸试验区2021年最佳制度创新案例专题》，广东省商务厅网站，http://com.gd.gov.cn/zggdzymysyq/ztzl/gdzmsyqeleyzjzdcxalzt/content/post_4076357.html，访问日期：2022年9月5日。

② 《HiShop. 智慧供应链协同企业，越海C2B + DIY供应链模式》，搜狐网，https://www.hishop.com.cn/ydh/show_45284.html，访问日期：2017年11月9日。

年 11 月，福建自由贸易试验区厦门片区大力推动国家供应链创新与应用示范（试点）城市的建设，以"持续安全、绿色发展、质量优先、共享效益"为目标，支持厦门航空有限公司（以下简称"厦门航空"）构建绿色供应链体系。[①] 一方面，厦门航空通过整合机供品配送物流，重新梳理集团机供品配送需求，实现机供品供应链物流流程再造，同时，通过引入环保机型、优化降碳管理、倡导低碳办公等方式推行航空低碳运行模式，构建集团绿色供应链网络。另一方面，厦门航空通过为旅客打造全流程绿色服务体验，例如，厦门航空利用自研全渠道动态电子登机牌、"无纸化"便捷出行、发布"碳中和机票"等方式，倡导绿色发展理念，建立全流程的智慧化自助服务出行链条。

（2）"大数据+信用监测"，维护福州自由贸易试验区产业链供应链安全稳定。福州自由贸易试验区率先建成自由贸易试验区企业综合信息应用服务平台，通过以大数据监管为核心、以信用监管为抓手的新型监管制度，[②] 实现对市场主体的大数据高效精准监管，有效维护自由贸易试验区内的产业链供应链安全稳定。2022 年，福州自由贸易试验区通过打造区域行业信用标杆，探索建设福州片区市场主体信用监测与分级分类评价体系，构建了渔业水产、建筑企业、类金融、跨境电商四个行业评价模型，形成了一整套完整的企业信用服务系统，极大地推动了福州自贸片区相关产业链供应链的安全发展。

4. 天津自由贸易试验区

（1）东疆自贸片区"以网管网"数字创新模式，推动货运产业链发展。东疆自贸片区位于天津滨海新区，是国务院定位的北方国际航运中心和国际物流中心核心功能区。东疆片区依托现有的产业政策和服务优势，自主研发共享经济企业综合服务系统，通过线上监管解决传统监管方式与电子

---

① 参见生态环境部《福建入选全国自贸试验区加强生态环境保护推动高质量发展案例 | 坚持创新驱动"航空+"积极构建绿色供应链生态圈》，中国（福建）自由贸易试验区门户网站，https://www.china-fjftz.gov.cn/article/index/aid/19997.html，访问日期：2022 年 12 月 1 日。

② 参见《福州自贸片区七周年 | 福州自贸片区：大数据助力精准监管》，西安新闻网，http://m.xinhuanet.com/fj/2022-04-29/c_1128607036.htm，访问日期：2022 年 4 月 29 日。

商务新模式不适应的问题,即通过"以网管网"创新模式①实现对数字货运企业提供线上全方位服务,吸引产业链上下游企业,形成数字货运产业链。据悉,截至2022年12月,东疆片区已落户平台企业超过200家,50多家企业已获批网络货运牌照。此外,自2022年以来,东疆片区迅速形成了以中通、极兔、韵达为代表的物流快递型数字货运企业集群,为东疆构建智慧物流产业新格局奠定了基础。

(2)"天津模式+离岸贸易",推动国内企业更好地"走出去"。2022年8月,为进一步实现离岸贸易创新政策在全市范围内的全面推开,天津自由贸易试验区管委会决定将"滨海模式"升级为"天津模式"。②"天津模式"就是通过"外汇管理部门+属地行政主管部门+商业银行+离岸贸易实施企业",以现场办公会的形式,支持实体经济企业开展新型离岸贸易的业务模式。例如,中垦国邦公司在获得"天津模式"的支持后,能够平抑国内国际市场价格波动,维持了公司所属产业链供应链的稳定;通用水电通过"天津模式",有效解决海外工程项目中的当地采购问题,确保原材料、设备等关键生产要素的稳定供应。新模式使得自由贸易试验区内企业在对外贸易中能够平稳发展。

5. 陕西自由贸易试验区

(1)沣东新城探索国际教育创新发展,助力对外贸易人才培养。陕西自由贸易试验区大力探索国际教育创新发展新模式,助推服务贸易高质量发展。2022年2月,自由贸易试验区内的西咸新区沣东新城通过搭建国际教育合作、国际教育双创就业及国际人才引进服务平台,③实现了教育链与产业链的有机衔接。目前,陕西自由贸易试验区通过"丝路空中课堂"为哈萨克斯坦等中亚国家提供空中电子商务课程,吸引更多外籍留学生入驻,并为入驻的跨境电商、贸易进出口类企业提供讲汉语的复合型国际人才支

---

① 参见《新区优化营商环境优秀案例公布,东疆13项上报案例全部入册!》,东疆新闻网,https://www.dongjiang.gov.cn/contents/22/18899.html,访问日期:2022年12月17日。

② 参见《一文读懂!关于离岸贸易"天津模式"的干货全在这里》,腾讯网,https://www.china-tjftz.gov.cn/contents/16116/542376.html,访问日期:2022年11月13日。

③ 参见《西咸新区沣东新城探索国际教育创新发展新模式》,西安日报,https://www.xiancn.com/content/2022-02/28/content_6491372.htm,访问日期:2022年2月28日。

持，弥补对外贸易产业链的人才短板。

（2）浐灞生态区推动"会展+"格局构建，助力产业链绿色发展。2021年，陕西自由贸易试验区内的浐灞生态区发挥自由贸易试验区叠加优势，秉承"全域自贸"与绿色低碳理念，以会展场馆为依托，通过搭建绿色展馆、打造"绿色驿站"、应用清洁能源、发展绿色金融等方式构建完善绿色会展全产业链[①]，助力浐灞国际化生态城市建设与发展，实现从"水岸景观"向"水岸经济"的转型升级，在成为绿色发展的最佳实践区的同时，实现产业链供应链的进一步完善。

三、自由贸易试验区提升产业链供应链现代化水平过程中存在的问题

虽然自由贸易试验区在政策、制度等方面存在一定的优势，但是在提升产业链供应链现代化水平的过程中仍然受制度、人才、技术以及企业构成等方面因素的影响，制约着产业链供应链现代化水平的提高。本部分对自由贸易试验区提升产业链供应链现代化水平过程中出现的制度创新性不足、产业链供应链人才匮乏、数字化技术应用风险以及龙头企业缺失等问题进行分析。

（一）制度创新性不足，执行缺乏政策保障

设立自由贸易试验区本身就是为提高对外开放水平做出的重大举措，核心任务就是制度创新。要提升产业链供应链的现代化水平，就需要自由贸易试验区围绕高水平对外开放、数字化转型等重点方向不断进行制度创新，为推动自由贸易试验区产业链供应链加强开放合作、对接国际高标准经贸规则提供保障。目前我国各自由贸易试验区已经取得了较多的制度创新成果，但是目前存在的制度创新性不足、制度创新成果的落地实施缺乏保障等问题阻碍了自由贸易试验区的制度创新。

---

① 参见《风口已至，西安浐灞国际化生态城市》，人民资讯网，https://www.nbd.com.cn/articles/2021-11-30/2018362.html，访问日期：2021年11月30日。

第一，制度创新性不足。随着我国自由贸易试验区数量的增加，各自由贸易试验区制度创新同质化、碎片化严重。以工商登记改革为例：上海自由贸易试验区在2013年率先推出"单一窗口"办理模式，缩短了企业在准入阶段的办事时间；广东自由贸易试验区国际贸易"单一窗口"办理模式优化了进出口贸易的服务效率；2020年，天津自由贸易试验区建成国际贸易"单一窗口"，优化贸易通关模式；陕西自由贸易试验区2022年打造"一站式"服务平台，为跨境电商企业提供便捷的"出海"渠道。虽然上述自由贸易试验区针对不同方面采用、改进"单一窗口"办理模式以优化自由贸易试验区内产业链供应链的运行效率，但并不是本质上的制度创新。自由贸易试验区制度创新的"唯数量"标准在一定程度上使各自由贸易试验区一味追求创新的数量，缺乏首创精神，而忽视了改革的实际成效。

第二，自由贸易试验区制度创新成果缺乏保障。首先，首先，在推动各自由贸易试验区制度创新的过程中存在"消极授权模式"，当前我国自由贸易试验区延续"国家授权、部委规章、地方立法"的法制化路径，在该授权模式下，各自由贸易试验区运行的实际依据与制定各类"条例"的基础为国务院颁发的针对各个地区的"总体方案"。授权方案缺乏稳定性和可预期性，同时也存在着法律依据不充分等问题。此外，我国自由贸易试验区的横向管理机制为"片区管委会+各行政部门"的分离型管理模式，其中管委会作为协调机构，没有具体的审批权限却承担优化"审批权"的制度创新重任，不规范的管理模式制约了制度创新工作的推进。

（二）产业链供应链现代化中高端人才匮乏

在自由贸易试验区提升产业链供应链现代化水平的过程中，传统产业数字化转型升级以及产业发展新模式新业态的出现，对人才结构提出了新的要求，产业转型和产业链开放程度的提高使得产业链传统技术人才难以满足现代化产业链供应链的需求，需要大量创新技术研发人才、数字化技术应用和管理人才，以及熟悉国际经贸规则、法律等海外环境并精通多国语言的国际化高端人才。

在人才引进方面，由于各自由贸易试验区的发展水平不同，产业链供应链现代化程度也不同，对人才引进的要求也各有差异。以上海、广东、天津等建立时间较早的自由贸易试验区为例，虽然其发展环境较好，人才引进政策也较为完善，本身对中高端人才就具有强大的吸引力，但是对人才落户的条件也相对较高。而目前各自由贸易试验区对人才的需求都较为迫切，不断出台和创新相关政策，人才引进竞争十分激烈。例如，海南自由贸易港创新人才评价机制，破除唯"帽子"倾向，以市场为导向划分人才评价范围；福建、湖南、重庆等自由贸易试验区也都为高层次人才提供了优惠力度较大的住房补贴。对于新设立或发展水平相对较低的自由贸易试验区，人才引进政策相对不够完善，但是中小企业数量增长速度较快，仅依靠自由贸易试验区人才引进政策，高水平人才供给跟不上产业发展需求，影响产业链供应链现代化水平的提升。

在人才培养方面，产业链供应链现代化水平逐渐提高，催生出一批产业发展新业态新模式，以上海自由贸易试验区临港新片区为例，正在加快建设东方芯港、大飞机园等前沿产业园集群，使得自由贸易试验区对高技术水平人才的需求极为迫切。此外，随着产业链分工更加细化，出现了如数据分析师、碳排放管理员、人工智能应用等许多新的岗位，这些岗位通常对人才专业性要求较高，而高校对于相应专业的建设和人才培养也在逐步探索中，专业人才供应还不能满足产业链供应链现代化发展需要。

（三）产业链供应链数字化转型存在风险

产业链供应链的数字化转型带动了产业数字化的发展，也推动了数字经济与实体经济的融合，但产业链供应链的数字化转型也存在风险。一方面，数据资源优势也带来了数据安全问题；另一方面数字经济的蓬勃发展提高了产业发展的竞争优势，使得相关数字核心技术面临更加激烈的国际竞争。

首先，数据安全问题成为制约自由贸易试验区产业数字化发展的重要因素。随着大数据、物联网等数字化技术和数字化平台的广泛应用，打通了不同企业、行业之间的数据流通，数据资源广泛共享，产业链供应链上的数据体量大、种类多、传播速度快，且涉及主体多、范围广，存在数据泄露、数据滥用风险，数据安全问题难以保证。尤其是在国内国际双循环的发展格局下，随着自由贸易试验区产业链供应链的对外开放水平进一步提高，人员、数据等要素流动更加频繁，但是，国家之间数字技术的发展水平不同，法律及监管体系不同，进一步增加了数据安全管理的难度。例如，美国等数字技术强国对境外数据行使"长臂管辖权"，使得其他主权国家丧失对数据的保护。我国在数据安全方面的法律还不完善，数据权属不清，数据跨境流动有可能对国家安全产生威胁。

其次，数字核心技术创新能力较弱，产业链供应链存在短板。虽然我国自由贸易试验区数字经济发展迅速，并且在不断赋能产业链转型升级和创新能力的提高，但是与发达国家相比还有一定的差距。在高端芯片、核心算法与框架、云计算系统等技术上仍存在"卡脖子"问题，核心技术受制于人的局面还没有改变，产业链供应链存在断链风险。例如，自2019年5月起，美国为对华为芯片实施一系列"断供"措施，限制华为获取5G、AI等技术发展所需的相关技术和产品，使得华为供应链被切断，多项业务发展陷入困境。由于产业链供应链的对外依赖度较高，不能把握发展的主动权，阻碍了部分高端产业、新兴产业的发展，也为产业链供应链上数字技术的创新发展带来了风险。

（四）产业链供应链中龙头企业缺失或带动作用不明显

自由贸易试验区作为改革开放的新高地，因其独特的区域优势与开放的政策制度，吸引了众多企业入驻。例如，截至2022年12月，陕西自由贸易试验区内新设企业超9.6万家；① 截至2023年6月，广东自由贸易试验区内新设企业已超26万家。② 数量众多的中小企业为自由贸易试验区的发展增添了新的动力。但是，自由贸易试验区内存在企业协同能力不强、产业链供应链没有发挥集群效应等问题，企业间关于原料、资金等竞争也制约着企业和自由贸易试验区的发展。

造成这些问题的原因，一方面，在于自由贸易试验区内中小企业众多

---

① 西安新闻网：《形成725项创新案例新设市场主体152万家　中国（陕西）自由贸易试验区发布六年成绩单》，http://www.xian cn.com/content/2023-03/31/content_6707526.htm，访问日期：2024年3月16日。
② 搜狐网：《广东自贸试验区新设企业超26万家，其中港澳资企业24万家》，http://news.sohu.com/a/682991044_161795，访问日期：2024年3月16日。

且产业链较短，缺少能够整合产业链上下游资源的龙头企业，无法建立自由贸易试验区内企业之间的密切合作以形成产业协同效应。此外，产业链供应链中也缺乏行业"领头羊"的导向作用，导致出现产业定位不清晰、发展方向异质化严重、产品创新能力弱、市场竞争力不强等问题，从而减缓了产业链供应链的现代化发展进程。另一方面，自由贸易试验区内的龙头企业并没有发挥其带动和串联作用，传统龙头企业对产业链价值并不太关心，没有形成利益联结机制，无法有效发挥其辐射带动作用。由于龙头企业在产业链供应链中具有技术、资源以及人才方面的优势，大多会对知识产权保护等方面存有疑虑，更倾向于独立进行研发和创新以保障自身技术优势和市场地位。

四、自由贸易试验区提升产业链供应链现代化水平的建议

本部分针对自由贸易试验区提升产业链供应链现代化水平过程中存在的问题和自由贸易试验区发展趋势，从制度创新性与保障、人才引进与培养、数字化技术应用以及培育龙头企业等角度给出具体的对策建议。

（一）围绕产业链加强制度集成创新，推动制度创新成果转化

制度创新是自由贸易试验区建设的核心任务，提升产业链供应链现代化必须充分发挥和依靠自由贸易试验区制度创新优势，助力产业链供应链开放、安全、数字化、绿色化发展。因此，解决自由贸易试验区制度创新方面的问题对提升产业链供应链现代化水平具有促进作用。

针对制度创新性不足的问题。其一，利用"链长制"，充分发挥政府的引导作用，通过推出有针对性的鼓励措施和优惠政策，提升大中小企业的内生动力，推动上下游企业切实围绕产业链供应链实际需求，合作开展首创性、特色化、差异化的制度模式创新。其二，优化制度创新成果评价机制，增加对制度创新实效性、系统性的关注，推动制度创新更好地服务于产业链供应链现代化水平提升过程中的堵点、难点问题。

针对制度创新成果缺乏执行保障的问题。一方面要继续深化"放管服"

改革，从制度创新的类型、应用范围等角度制定不同的管理标准，简化产业链供应链创新成果审批程序，加强对创新模式、制度的实施监管，切实推动制度创新成果落地和价值转化。另一方面要强化政府与企业的整体联动，建立成果落地的上下联动机制，围绕产业需要进行制度创新，优化法制环境与政策支持，完善制度创新成果从研发到落地的保障措施。

（二）完善人才引进政策，打造产业链中高端人才培育平台

针对传统产业数字化转型带来的产业链传统人才的失业问题和对中高端技术、管理人才的迫切需求，自由贸易试验区可以从人才引进和人才培养两个角度出发，为提升产业链供应链现代化水平提供全方位的人才支持。

在人才引进方面，其一，创新人才引进政策和机制，根据各自由贸易试验区产业链供应链现代化进程，有针对性地引进专业人才。其二，完善人才留用政策，通过发放住房补贴，提供创业基金等措施吸引人才落户。其三，提高对具有国际背景、跨国管理经验以及了解国际经贸规则和法律制度体系的海外人才的引进力度。企业需要优化环境和人才培养与保障机制，形成更加开放包容的企业文化和制度，提供高水平的发展平台和灵活的人才培养机制，吸引海外人才和出国留学人才回国就业。自由贸易试验区也应当进一步放宽海外人才引进条件，简化海外人才在自由贸易试验区内工作、居住资格以及出入境办理程序，为海外人才的生活提供保障。

在人才培养方面，一方面，围绕产业链供应链上下游现代化发展需求，搭建人才培育平台，有针对性地根据产业链现代化紧缺的岗位，对传统人才提供培训和指导，提高传统人才的能力和综合素质，既能帮助传统人才实现再就业，又能缓解某些紧缺岗位的人才短缺压力。另一方面，鼓励当地高校设置应用型专业，推动人才培养与产业链发展需求紧密对接。实现数字化技术人才、创新人才以及复合性管理人才的定向培养和精准匹配，为自由贸易试验区产业链供应链现代化发展提供后备力量。

（三）加强数字平台监管和技术创新，加速数字技术与产业链供应链融合

针对产业链供应链数字化转型过程中存在的风险，自由贸易试验区可

以从加强监管和技术创新两方面发力,逐步降低产业链供应链数字化转型的风险,加速数字技术与产业链供应链的融合。

在数据监管方面,其一,建立数字平台监管制度与治理体系,完善自由贸易试验区数据收集、流动、管理、使用以及监管方面的法律法规,规范数字平台发展、构建公平竞争环境,保证数据安全。其二,积极参与国际数字经贸规则制定,提升在全球数据市场上的话语权,建立健全数据跨境流动机制,根据不同数据的重要性制定不同的出入境管理标准,在跨境数据流动安全和自由传输之间取得平衡。其三,利用区块链、人工智能等数字化技术,实现对数据的自动化管理、加密处理和溯源验证。通过以上三个方面,强化数据安全管理,为产业数字化转型消除后顾之忧。

在数字技术创新方面,一方面,结合自由贸易试验区的补贴和税收政策,鼓励中小企业积极进行数字技术创新,提高中小企业的数字化水平,缓解产业链供应链数字化发展不平衡的问题,更好地促进产业链供应链的数字化协同。另一方面,发挥自由贸易试验区资源集聚优势,加大攻克核心技术的力度,同时加快数字基础设施建设,提高区域产业发展核心技术的自主可控能力,为数字经济与实体经济的融合提供支撑,提高产业链供应链的韧性和安全水平。

(四)培育具有导向力的"链主"企业,助力自由贸易试验区"稳链""固链""强链"

中小企业数量多、龙头企业缺失是目前自由贸易试验区产业链供应链发展面临的主要问题之一。为解决这一问题,自由贸易试验区应努力推进和落实"链长制",由政府相关部门的主要领导担任"链长",带头成立产业链专项工作班子,发挥政府部门资源配置和统筹调度的优势作用,有针对性地推进重点产业链的"补链""强链""延链"工作。"链长"通过优化企业激励机制、资源配置以及相关保障等措施,引导、培育产业链供应链中具有竞争优势或核心技术的企业成为"链主",并持续加大对产业链供应链"链主"企业在土地、能源、能耗指标等方面的支持力度,为"链主"企业引领行业发展创造有利环境。通过"链主"企业的指引带头作用,激发企业创新动力,补齐产业链供应链短板,打造上下联动发展、专业化、特色化的产业链。

加强知识产权保护也是促进部分"链主"企业发挥带动作用的前提。自由贸易试验区要从法律法规角度出发，完善知识产权保护的法规建设，成立知识产权保护部门，加大对知识产权违法犯罪行为的监管和处罚力度，营造公平、有序的创新环境，消除龙头企业的后顾之忧。此外，自由贸易试验区也要建立与国际接轨的知识产权保护机制，保障知识产权的国际交流与合作。

五、结语

自由贸易试验区提升产业链供应链现代化水平是在"十四五"规划的指导下，充分认识我国自由贸易试验区的战略定位和发展现状，进而为加快构建新发展格局、促进自由贸易试验区高质量发展做出重要举措。本章从开放合作、安全稳定、数字化和绿色化四个方面归纳总结了产业链供应链现代化内涵，在此基础上介绍了自由贸易试验区在提升产业链供应链现代化水平方面所做出的创新实践，探讨了自由贸易试验区产业链供应链现代化过程中在制度创新、人才、数字化以及企业结构方面存在的问题和阻碍，并相应提出了"围绕产业链加强制度集成创新，推动制度创新成果转化""完善人才引进政策，打造产业链中高端人才培育平台""加强数字平台监管和技术创新，加速数字技术与产业链供应链融合""培育具有导向力的'链主'企业，助力自由贸易试验区稳链固链强链"四项针对性的建议和解决思路，助力自由贸易试验区更快提高产业链供应链现代化水平。自由贸易试验区应更加重视提升产业链供应链现代化水平的重要性，持续进行改革创新，打造以更高水平开放合作、极具安全稳定性和韧性、全面数字化和绿色可持续为主要特征的现代产业链供应链，以应对国内国外时刻变化的复杂形势，提高产业链供应链发展水平和竞争力。

参考文献：

[1] 邵军，杨敏. 数字经济与我国产业链供应链现代化：推动机制与路径选择［J］. 南京社会科学，2023，424（2）：26－34.

［2］叶金龙. 对当前我国自贸区面临问题的思考［J］. 国际商务财会，2022（19）：3-6，18.

［3］吴琦，李梦柔. 数字经济助推中部自贸试验区高质量发展［J］. 中国对外贸易，2021（11）：32-34.

［4］杨振华，肖军. 自贸区建设背景下区域产业供应链发展优化路径［J］. 商业经济研究，2021（9）：176-178.

［5］黄泰岩，片飞. 习近平关于产业链供应链现代化理论的逻辑体系［J］. 经济学家，2022（5）：5-13.

［6］中国社会科学院工业经济研究所课题组，张其仔. 提升产业链供应链现代化水平路径研究［J］. 中国工业经济，2021（2）：80-97.

［7］盛朝迅. 着力提升产业链供应链韧性和安全水平［J］. 中国经济评论，2022（11）：36-39.

第十一章 港澳企业赴自由贸易试验区投资主体资格证明程序的改革

陈胜蓝[*]

一、引言

为促进香港、澳门更好融入国家发展大局，推动港澳地区与内地经济发展互动，近年来我国持续优化营商环境，为港澳同胞营造公平、高效和便利的投资环境。改革港澳企业赴内地投资主体资格证明程序就是其中的一项重要举措。这项改革肇始于2018年中国（广东）自由贸易试验区深圳前海蛇口片区的实践探索，其后广东南沙片区，重庆、山东等自由贸易试验区也借鉴深圳的成功经验，推行改革。2021年，国务院印发《国务院关于开展营商环境创新试点工作的意见》（以下简称《意见》），正式启动简化港澳投资者办理商事登记的流程和材料的改革行动。当前，该项改革仍处于初步探索阶段，未来应如何进一步深入实施，最终形成何种制度面貌，仍有赖于理论与实践之探索。本文通过对港澳企业赴内地投资主体资格证明程序历史沿革的钩沉及对54个自由贸易试验区片区改革现状的实证研究，在论证持续推进港澳企业赴内地投资主体资格证明程序改革必要性和可行性的基础上，结合我国优化营商环境、实施商事登记改革的制度背景，对推进港澳企业赴内地投资主体资格证明程序改革提出若干建议。

---

[*] 陈胜蓝，女，法学博士，暨南大学法学院/知识产权学院副教授，中山大学自贸区综合研究院兼职研究员。

二、港澳企业赴内地投资主体资格证明程序的历史沿革与发展

当前,港澳企业到内地投资,其前提是必须证明投资者的主体资格,依照我国相关规定,唯一被内地行政机关认可的证明方式是办理公证及转递认证手续。具体而言,港澳企业必须通过中华人民共和国司法部(以下简称"司法部")委托的港澳律师对其主体资格进行公证,经司法部在港澳设立的中国法律服务有限公司审核并加章转递后,方可在内地办理企业注册登记。这一制度的设立是基于港澳和内地之间法律制度的差异,进而导致办理公证证明所依据的实体法律、程序和效力不同,其核心是为了确保港澳地区发往内地使用的公证文书的真实性和合法性。这一制度来源最早可以追溯至改革开放之初。

(一)我国设立港澳企业赴内地投资主体资格证明程序的缘起

1978年改革开放后,中国内地与香港地区的民事和经贸往来日渐密切。然而,由于内地与香港地区之间的制度差异,内地机构难以全面了解和掌握香港居民或企业的真实情况,为妥善解决香港同胞回内地处理民商事法律事务所需证明问题,1981年,司法部首次委托阮北耀等8位律师为香港居民办理回内地处理法律事务的证明文书。1991年,司法部经商中央有关主管部门同意,建立了委托公证人制度,即由司法部考核后委托部分香港律师作为委托公证人,负责出具有关公证文书,经司法部在香港设立的中国法律服务(香港)有限公司审核并加章转递后送回内地使用。1995年,司法部颁布了《中国委托公证人(香港)管理办法》,对委托公证人的委托业务范围、委托条件及程序、注册条件及法律责任等做出了规定,从而确立了委托公证人制度并使其规范化。香港回归祖国后,经中央批准,委托公证人制度继续实施。[①] 根据《中国委托公证人(香港)管理办法》第五

[①] 参见文中《"一国两制"下内地与香港公证文书相互使用问题——委托公证人制度解析》,《中国公证》2002年第6期,第22页。

条规定:"委托公证人出具的委托公证文书,须经中国法律服务(香港)有限公司审核,对符合出证程序以及文书格式要求的加章转递,对不符合上述要求的不予转递。"① 截至 2023 年,司法部已先后 13 次委托 568 名香港律师担任委托公证人,已累计办证超过 190 万件②。

澳门地区也有类似的制度安排。1986 年司法部公证律师司发布《关于澳门同胞回内地处理民事法律事务办理证明事的通知》,根据该通知,内地驻澳门的三个机构(南光公司、南光集团和澳门中银)可以为本单位职工出具证明;四个社团(工会联合会、中华教育会、中华总商会和街坊联合总会)可以为社团的工作人员和会员出具证明文件,内地采信。1994 年底,新华社澳门分社社办企业澳门中旅成立"中国法律服务部",经司法部授权,受理澳门居民的证明申请,加盖新华社(或中联办)外事部(或办公厅)公章后发往内地。1996 年中国法律服务(澳门)公司正式成立,由中国司法部选派中国公证员常驻澳门,办理澳门居民回内地处理民事经济事务的证明文书,该证明文件即以"公证书"的名义出具。

(二)港澳企业赴内地投资需办理主体资格证明程序的法律依据

由此可见,当前对于港澳企业赴内地投资需履行主体资格公证认证程序的要求,主要源于实践中确认港澳企业投资主体资格真实性的需求,并由司法部主导,其他相关部门配合,从而形成规范化的操作程序。此后,我国相关立法与区域协议安排又进一步将此程序规则化。

2003 年签署的内地与香港《关于建立更紧密经贸关系的安排》(以下简称 CEPA)强化了对港澳投资者主体资格进行公证认证的要求。CEPA 附件五对香港服务提供者享受协议中的优惠待遇做出了明确要求,即在香港服务提供者为法人的情况下,应提交经香港有关机构(人士)核证的文件资料、法定声明,以及香港特别行政区政府发出的证明书,并应经内地认可

---

① 参见《中华人民共和国司法部令》第 69 号。
② 参见《司法部举行第十三批中国委托公证人(香港)颁证仪式》,中华人民共和国司法部(中国政府法制信息网),http://www.moj.gov.cn/pub/sfbgw/gwxw/xwyw/202305/t20230516_478909.html,访问日期:2023 年 8 月 21 日。

的公证人核证。2003年底，司法部和商务部发布《司法部、商务部关于认真落实内地与香港关于建立更紧密经贸关系的安排严格执行委托公证人制度的通知》，进一步要求各地、各部门在审核"服务提供者"申请 CEPA 附件四中的优惠待遇时，要认真核验有关材料，确认其按 CEPA 附件五规定提交的有关"文件资料、法定声明和身份证明"是委托公证人出具的证明文书，并经中国法律服务（香港）有限公司审核后加盖转递章。

类似的，2003年签署的内地与澳门《关于建立更紧密经贸关系的安排》（以下简称 CEPA）及其附件亦进一步明确了"内地认可的公证人"制度。根据 CEPA 服务贸易协议附件三《关于"服务提供者"定义及相关规定》，规定澳门"服务提供者"享受相关优惠待遇应提供的声明、自然人身份证明的复印件，以及经济局认为需要做出核实证明的文件资料，应经澳门特别行政区政府公证部门或内地认可的公证人核证。根据该协议，司法部先后于2006年、2018年委托了两批委托公证人，目前司法部委托并仍履行职务的委托公证人（澳门）共计16名。2018年发布的《司法部关于印发中国委托公证人（澳门）名单及签名式样、印鉴的通知》明确要求："根据有关规定，中国委托公证人（澳门）出具的委托公证文书，需经中国法律服务（澳门）公司核验并加盖核验章后，方可在内地使用。"

除了 CEPA 的规定，我国相关行政法规亦明确了港澳投资者主体资格需进行公证认证的要求。2022年3月1日实施的《中华人民共和国市场主体登记管理条例实施细则》第二十四条规定："香港特别行政区、澳门特别行政区和台湾地区投资者的主体资格文件或者自然人身份证明应当按照专项规定或者协议，依法提供当地公证机构的公证文件。按照国家有关规定，无须提供公证文件的除外。"国家市场监督管理总局制定的《市场主体登记提交材料规范》（2022年版）仅就港澳地区自然人投资者的资格证明程序做了简化规定，即"香港特别行政区、澳门特别行政区自然人投资者的身份证明为当地永久性居民身份证、特别行政区护照或者内地公安部门颁发的港澳居民居住证、内地出入境管理部门颁发的往来内地通行证；提交港澳居民居住证或者往来内地通行证的，无需公证"。因此，当前在国家立法层面，港澳非自然人赴内地投资，依然需要履行主体资格证明的公证认证程序。

(三）港澳企业赴内地投资办理主体资格证明程序的改革趋势

2017年以来，我国营商环境改革进入全面推进阶段，激励地方因地制宜实施创新举措，形成一批可复制可推广的改革经验，是该阶段营商环境改革的典型特征。在此期间，深圳、广州、东莞、重庆等地开展了简化港澳投资主体资格证明程序的探索，成效显著。2021年国务院正式印发《国务院关于开展营商环境创新试点工作的意见》，明确在北京、上海、重庆、杭州、广州、深圳六个城市开展营商环境创新试点，同时公布了首批营商环境创新试点改革事项清单，清单共包括十个方面101项改革举措，其中第53项即为"允许采用简化版公证文书（仅保留公司注册证明书、公司商业登记证以及授权代表人签字字样和公司印章样式的董事会或股东会决议等核心信息的文书）办理港澳地区非自然人投资的市场主体注册登记，简化港澳投资者办理商事登记的流程和材料"。此后，一些地区陆续将该项改革提上了营商环境优化的日程表。可以预见，简化港澳企业赴内地投资主体资格证明程序，将成为未来中国各个地区的改革事项，而港澳企业赴内地投资主体资格证明程序的改革，除了当前简化公证文书这一事项外，还有大量可为空间。

三、港澳企业赴自由贸易试验区投资主体资格证明程序改革的实施现状

如前所述，自2018年开始，广东前海、广东南沙等自贸片区已对港澳企业赴自由贸易试验区投资主体资格证明程序改革进行了探索，重庆、山东青岛紧随其后，2021年国务院《意见》印发后，一些地区也发文部署改革。实证调查结果显示，各地的改革进度和实施现状差异较大。

（一）自由贸易试验区有关港澳企业投资主体资格证明程序改革的实施现状

在54个自由贸易试验片区中，有24个自贸片区已经落实或部署开展港澳企业投资主体资格证明程序改革，有30个自贸片区未见改革举措（见图

1）。其中，最早实施港澳企业投资主体资格证明程序改革的是深圳前海片区。2018年，深圳前海片区先行先试，在商事登记中创新落实简化版公证文书，并建立深圳市市场监管局与香港法律服务机构的协调机制。具体而言，前海片区所推出的简化版公证文书有以下特点：一是大幅删减与内地商事登记无关的证明材料，将公司基本信息内容进行整理与简化；二是新版公证文书只强调采集公司基本情况的最终信息，即原来公证文书的结论版本，而不关注企业名称、编号、地址、股东和董事等内容的变更过程。三是新版公证文书重点突出，仅保留有确认授权代表人签字字样和公司印章样式的公司董事/股东决议，其他相关信息资料由中国法律服务（香港）有限公司保存，需要时再提取。

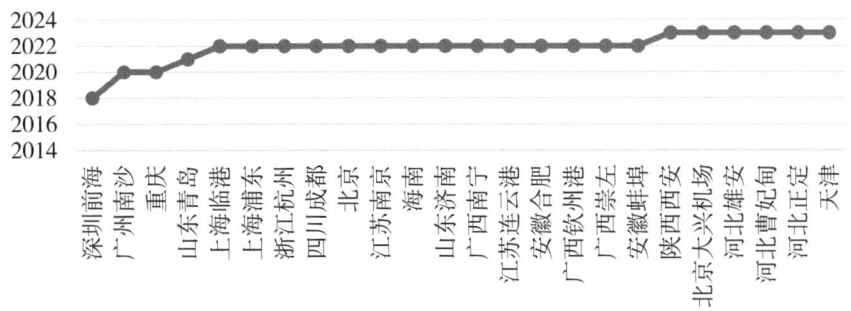

图1　已开展港澳企业投资主体资格证明程序改革的24个自贸片区

这一改革影响深远，不仅从信息标准上对新版公证文书进行了规范，且为后续文书电子表单的形成打下了坚实的基础。同时，其所建立的协调机制能够有效鉴别公证文书的真实性，防范虚假公证文书的出现。当前各自由贸易试验区施行的简化版公证文书基本采用了深圳前海模式，即仅保留公司注册证明书、公司商业登记证、授权代表人签字字样和公司印章样式的董事会或股东会决议等核心信息。如2022年海南省市场监督管理局发布的《关于启用香港地区非自然人投资者主体资格证明简化版公证文书的通告》载明："自2022年10月31日起，在全省范围内，香港地区非自然人投资者来我省办理企业注册登记手续时，包括但不限于首次登记或以往提交给登记机关的公证文书内容有变更的事项……，其主体资格证明采用简化版公证文书，即符合中国委托公证人协会有限公司《公司（唯一）董事/

股东决议证明》（适用格式 3-2-6）及格式要求的公证文书"。江苏南京、河北省的公告亦与此表述基本一致。2021 年，深圳持续深化改革，实现了公证文书全程电子化关键信息查询。新版涉港公证文书可电子化采集文书中各项内容，并可以通过档案编号对公证文书各项内容进行电子化查询和打印，保证各项内容防伪防篡改。受理人员可通过企业上传的商业登记证等相关证明文书，对于关键原始材料 PDF 文件核对有权签字人的签名和印章，防止后期中介虚假登记，提高效率的同时保证质量，实现了对材料进行永久保存①。2022 年 11 月前海片区推出涉澳商事主体简化版公证文书，从而实现港澳投资主体商事登记简化程序全覆盖。

继深圳前海之后，2020 年 7 月，重庆针对到渝投资的香港非自然人投资者启用简版公证文书；2022 年 2 月，简版公证文书的使用对象拓展至同类型的澳门投资者，从而在内地率先实现港澳非自然人投资者商事登记流程和材料的简化。2021 年，山东自由贸易试验区印发《中国（山东）自由贸易试验区青岛片区商事主体登记即认制实施意见（试行）》的通知，通知要求简化港澳企业公证认证文书，登记机关仅重点审查核心信息，港澳投资设立企业仅需提供公司注册证书、商业登记证书、公司董事会书面决议等关键性证明文件的公证文书。

在上述自由贸易试验区改革实践的基础上，2021 年，国务院印发《国务院关于开展营商环境创新试点工作的意见》（以下简称《意见》），推进简化港澳投资者商事登记的流程和材料，允许采用简化版公证文书办理港澳地区非自然人投资的市场主体注册登记。此后，上海、江苏、广西、河北等省份相继出台地方性政策性文件，推动落实港澳企业投资主体资格证明程序改革。如上海市市场监督管理局发布的《上海市市场监督管理局营商环境创新试点实施方案》提出"简化港澳投资者商事登记的流程和材料"。广西出台《广西壮族自治区人民政府办公厅关于印发 2022 年广西优化营商环境行动方案的通知》，规定简化港澳投资者商事登记公证文书。同时加强

---

① 参见《深圳加速推动港澳企业公证文书简化版，大湾区商事登记一体化进程再升级》，深圳新闻网，https://baijiahao.baidu.com/s? id =1761141387773983376&wfr = spider&for = pc，访问日期：2023 年 3 月 23 日。

工作对接，由香港委托公证人协会正式启动简化版公证文书递送，并设置一定的过渡期，过渡期内，简化版和原版混用；过渡期结束后，凡是香港来桂投资的主体资格证明文书统一使用简化版。安徽合肥市出台的《合肥市优化营商环境行动方案（2022版）》亦规定允许采用简化版公证文书办理港澳地区非自然人投资的市场主体注册登记，推动长三角地区港澳投资企业公证认证互认机制建立。

2023年，广东自由贸易试验区持续推动改革。4月1日，大湾区商事登记中国委托公证（香港）信息化平台试运营，率先在粤港澳大湾区内地九市登记注册中使用。该平台包含一库四系统，除了查核系统部署在司法部信息中心，办证系统、审核系统、管理系统和公证信息库均部署在香港数据中心。两地之间的数据互联互通，均通过跨境专线进行，以确保安全和效率。其基本操作流程为：香港投资者首先向委托公证人申办董事会决议简化版公证文书，公证人登录该平台在线办理公证文书。随后，投资者通过内地市场监管部门全程电子化登记系统填报信息并上传申请材料，公证人接收到信息材料后，通过平台上的委托公证文书查核系统在线核查相关公证文书的真伪。目前，广东已有超过2.22万家港资企业使用"纸质"简化版公证文书办理相关登记业务，涉港商事登记类公证文书"用证量"约占全国的一半。该平台上线后，港资企业的商事登记公证文书实现了跨境信息化流转[①]。

（二）当前自由贸易试验区港澳企业投资主体资格证明程序改革面临的主要问题

在国家大力优化投资营商环境的背景下，综观当前自由贸易试验区港澳企业投资主体资格证明程序的改革进程，仍面临以下问题。

第一，积极开展港澳企业投资主体资格证明程序改革的自由贸易试验区数量有限，港澳企业到自由贸易试验区办理商事登记仍存在程序烦琐、成本畸高以及效率偏低等核心问题。以香港企业到自由贸易试验区投资办

---

① 参见《大湾区商事登记中国委托公证（香港）信息化平台上线》，《南方日报》2023年4月25日。

理主体资格证明程序为例。首先，在材料方面，办理中国委托公证人公证和加章转递手续的香港公司需要提供以下材料：①公司在香港公司登记注册处存档的公司名称证明；②公司在香港公司登记注册处办理的商业登记注册证明；③公司在香港公司登记注册处存档的周年申报表；④公司章程；⑤各股东、董事、受益人的身份证明文件；⑥香港公司有权签字人授权或证明文件；⑦香港公司开户行出具的银行资信证明。其次，在时间和费用方面，一般办理公证需7～14个工作日，费用在1万元人民币左右。企业拿到主体资格公证文书后方可到内地办理设立登记。由此下来，香港企业全程办理设立登记所需的时间可能要15～20个工作日不等，不但费时，而且还增加了投资成本和难度，这在一定程度上打击了港澳企业赴内地投资的信心。

第二，落地实施简化版公证文书的自由贸易试验区数量有限，改革进度偏慢。在24个开展港澳企业投资主体资格证明程序改革的自贸片区中，仅有13个片区（见图2）已实际启用简化版公证文书，其余9个片区还处于"纸上谈兵"阶段，未付诸实践。以上海为例，课题组以电话调研方式咨询简化版公证文书的使用问题，经过从上海市到上海市浦东新区市场监督管理局的层层传递，最终得到的回复是需提交律师事务所（即公证人）给予当事人的全套资料。一些自由贸易试验区的发文显示，落实时间表为2022年，但事实上存在拖延现象。总体而言，改革进度依然缓慢，且未能给予投资人明确的指引，信息透明度不高。

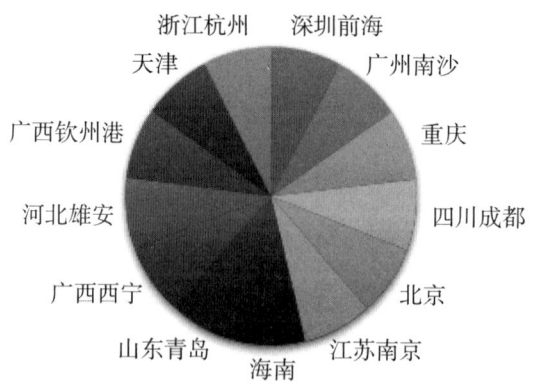

图2　已实际施行简化版公证文书的13个自贸片区

第三，改革举措局限于公证文书简化，改革仍存较大拓展空间。当前自由贸易试验区的改革集中于复制深圳前海的成功经验，即实行简化版公证文书改革。除了粤港澳大湾区九市进一步推行无纸化改革外，其他自由贸易试验区没有新的创新举措。事实上，港澳企业投资主体资格证明程序改革仍大有可为——尤其在是否必须采用公证转递程序的问题上，仍有探索空间。事实上，2019年广州南沙自贸片区曾计划通过金融机构对港澳企业投资主体身份进行验证，以此替代公证认证，但该计划因多种原因而未实际推进。2022年，深圳前海法院制定《关于简化港澳诉讼法人主体资格司法确认的办法》，明确在涉港澳诉讼中，当事人可直接以港澳政府官网查询的资料作为依据提交法院进行立案，无须再进行跨境的"公证转递"。尽管诉讼主体资格与商事主体资格并不相同，但归根到底，问题的本质是一样的，即为了证明港澳企业主体的真实性。可见，港澳企业投资主体资格证明程序的改革，不能也不必止步于简化公证文书，而应进一步探索制度改革空间，持续推进改革步伐。

四、持续推进自由贸易试验区港澳企业投资主体资格证明程序改革的必要性

（一）持续优化港澳企业赴自由贸易试验区投资营商环境

打造市场化法治化国际化营商环境是我国优化企业市场环境的基本目标，其中企业开办便利度是衡量一个地区营商环境的首要指标，目前我国大部分地区已实现企业开办时间不超过4天，注册"零费用"。相比内地投资主体，由于存在主体资格公证认证程序，且公证资料繁多，行政审查效率也随之下降，正如一位工作人员所言，"公证材料动辄几十页甚至上百页，企业登记审核人员需对公证材料进行甄别，抓取有效信息判断其合规性，通常要花费三四个小时"，[①] 港澳投资企业实际开办时间远超4天，并

---

① 参见《雄安新区实现港澳投资者商事登记简化》，中国新闻网，https://baijiahao.baidu.com/s?id=1762524182310930531&wfr=spider&for=pc，访问日期：2023年4月7日。

需承担公证认证费这一隐形的企业开办费用,事实上形成了港澳与内地投资主体在企业开办领域的"不平等待遇"。改革上述公证认证程序,可以明显降低港澳企业赴内地投资的经营成本,提升投资便利度。如一些地区启用简化版公证文书之后,"公证材料大多不超过10页,0.5小时内就可以完成一份材料的审核,极大地提高了审核效率"①。

考察我国优化营商环境的进程,可以发现,我国从未停止过对优化营商环境的探索。2019年,世界银行发布了《2020年营商环境报告》,对全球190个经济体的营商环境进行评估和排名,中国位列第31位,比2012年提升了60位。即便如此,我国政府仍持续致力于营商环境的优化。从2018年优化营商环境的1.0版本至今,许多地区已升级至优化营商环境的5.0版本,而北京和上海等地已进入6.0版本时代,可谓"优无止境"!以北京为例,营商环境6.0版改革的总体目标是以更大力度推动重点领域改革实现从"量变"到"质变",大幅提升企业获得感,助力各类经营主体更好更快发展。方案以公平竞争、市场准入、产权保护、信用监管等体制机制改革为重点,包括31个方面、237项改革任务。②

改善外商投资环境是我国优化营商环境的一项重要内容。改革开放以来,港澳同胞投资的企业已成为中国国民经济的重要组成部分。据不完全统计,全国外商投资企业中由华侨华人和港澳同胞投资创办的企业约占70%;我国实际利用外资额中,华侨华人和港澳台同胞投资额占60%③。港澳同胞投资创办的企业不仅创造了大量的就业岗位,而且带来了先进的技术、设备和管理经验,同时以其成功实践起到先导和示范作用,推动了更多的外商来华投资。因此,不断优化港澳企业投资营商环境,是我国进一步深化改革、发展更高层次开放型经济的重要保障。港澳企业赴自由贸易试验区投资主体资格证明程序改革,是优化港澳企业投资营商环境的一项

---

① 参见《雄安新区实现港澳投资者商事登记简化》,中国新闻网,https://baijiahao.baidu.com/s?id=1762524182310930531&wfr=spider&for=pc,访问日期:2023年4月7日。
② 参见《北京营商环境6.0版改革推出237项任务 优化五大环境》,中国新闻网,https://baijiahao.baidu.com/s?id=1762975814889549889&wfr=spider&for=pc,访问日期:2023年4月12日。
③ 赵亮:《华侨华人在境内投资创业权益保护问题研究》,国务院侨务办公室官网,https://www.gqb.gov.cn/news/2009/0112/1/11998.shtml,访问日期:2023年8月21日。

重要内容。这项改革起步于2018年,正式形成于2021年,目前来看,仍处于1.0版本阶段(个别地区进入2.0版本阶段)。一些自由贸易试验区虽已按照国务院要求,陆续开展简化公证文书改革,然而这仅仅是改革跨出的第一步,优化港澳企业赴自由贸易试验区投资营商环境,只有"进行时",没有"完成时"。港澳企业赴自由贸易试验区投资主体资格证明程序改革空间巨大,仍应持续推进。

(二)推动港澳和自由贸易试验区投资贸易规则衔接和机制对接

推动港澳和自由贸易试验区投资贸易规则衔接和机制对接,是发展更高层次开放型经济,形成全面扩大开放新格局的内在要求。自由贸易试验区不是简单的对外开放的政策洼地,而是集政府职能转变、投资便利化、贸易自由化、金融放开、法治化等领域的制度创新于一体的压力测试区;是中国全面对标国际通行规则、打造国际化、法治化和市场化营商环境的压力测试区[1],与港澳地区投资贸易规则的对接,是实现上述功能的必然选择。改革港澳企业赴自由贸易试验区投资主体资格公证认证程序,其目的就在于打破不合时宜的制度障碍,再造港澳企业内地投资注册流程,从源头推动自由贸易试验区与港澳投资贸易规则衔接和机制对接,促进各类经济要素高效便捷流动。

港澳企业赴内地投资必须办理主体资格公证认证,是在港澳与内地制度信息交流闭塞、经济发展水平差异较大的历史环境下,为防范相关风险所做出的制度安排。当前港澳与内地各类制度信息交流频繁,司法领域合作不断加强,内地与港澳地区呈现出从市场经济发育差异性到趋同性的转变,再固守过去对赴内地投资港澳企业实施全面实质性审查的行政理念,已无法满足贸易投资领域追求高效便捷的现实需求,当下应及时转变理念,以开放合作和互信共享的思路进行制度重构,打破行政壁垒,从源头构建投资贸易领域的规则衔接和机制对接。在此背景下,作为全国改革先行区

---

[1] 李善民:《中国自由贸易试验区发展蓝皮书(2020—2021)》,中山大学出版社,2021,第39页。

的自由贸易试验区，应承担起率先改革的历史使命，进而形成一批在全国范围内可复制、可推广的改革经验，最终推动港澳和整个内地投资贸易规则的衔接和机制对接。

（三）增强港澳同胞国民身份认同感

改革港澳企业赴自由贸易试验区投资主体资格公证认证程序，对于增强港澳同胞国民身份认同感，进一步激发港澳同胞的爱国热情和投资信心具有重要意义。

从历史起源看，涉港澳公证认证参照的是涉外公证认证的国际惯例。涉外公证认证来自国际交往的需要，其目的是证明国外当事人相关文书或行为的真实性及合法性，其本质源于对国外当事人相关行为或信息因"不了解"而产生之"不信任"。改革开放之初，内地与港澳地区的人员和商业往来逐渐密切，而港澳和内地分属不同法域，政府间信息交流闭塞。为解决港澳居民回内地处理民商事务所需公证证明的问题，1981年司法部建立了委托公证人制度，即由司法部委托部分香港、澳门律师作为委托公证人，负责出具有关公证文书，经司法部在港澳设立的中国法律服务有限公司审核并加章转递后，送回内地使用。

涉港澳公证认证制度在过去几十年港澳与内地民商事交往中发挥了重要作用，但随着香港和澳门回归，内地与香港、澳门《关于建立更紧密经贸关系的安排》等一系列文件的签署和实施，港澳和内地在人员、经济、社会、文化等方面的交流合作已取得历史性突破，催生公证认证制度的"信息孤岛"环境已发生重大变迁，技术革新使各类信息获取的便利度和及时性大幅提升。而随着建设粤港澳大湾区这一重大国家战略的实施，和近年来在香港地区发生的一系列试图破坏国家主权统一的事件，更突显了港澳与内地进一步融合发展，维护国家主权统一和民族团结稳定的重要性。

在此意义上，以港澳和内地联系最密切、需求最迫切的投资领域为突破口，改革建立在"不了解"和"不信任"基础上的涉港澳公证认证程序，就如同拆除港澳同胞作为中国公民的"身份隔阂墙"，将极大弱化因公证认证这一烦琐的投资程序而使港澳同胞产生的身份差别意识，进而增强作为中国公民的身份认同感，激发港澳同胞的爱国热情和投资信心。从比照外国投资者的公证认证程序逐步过渡到比照内地投资者的简化公证程序——甚至是免于公证，这一逐步推进的改革进程，就是港澳同胞与内地居民融合的过程，其意义绝不仅仅止于经济层面，而是更深层次的身份认同和心理认同的构建。

五、进一步推进自由贸易试验区港澳企业投资主体资格证明程序改革的建议

如上所述，持续推动自由贸易试验区港澳企业投资主体资格证明程序改革是优化自由贸易试验区国际化市场化法治化便利化营商环境、发挥高标准经贸规则改革压力测试区功能的要求，针对当前改革现状，兹提出如下建议。

（一）加速推进自由贸易试验区简化公证文书进程

首先，应推动开展简化公证文书改革的 11 个自贸片区尽快落地相关措施。具体可效仿河北省、海南省、天津等地的做法，出台统一的香港和澳门地区非自然人投资者主体资格证明书模板（见图3）。

其次，对于未开展港澳企业投资主体资格证明程序改革的 30 个自贸片区，一方面，鼓励自由贸易试验区先行先试开展改革，主动商请中国委托公证人协会有限公司、中国法律服务（香港/澳门）公司支持采用简化版公证文书；另一方面，在条件允许的地区如浙江、江苏等地，可以从自由贸易试验区所在的城市或省份入手，在省市层面统一开展改革，一步到位。

冉次，应大力加强宣传。当前，对于简化公证文书改革的宣传力度还远远不够，港澳地区投资者未能从官方途径便捷有效地获取最新信息。调研发现，已落地实施简化公证文书改革的自由贸易试验区，在关于"外商投资企业设立登记"办事指南的政务服务官网上，在需提交"股东、发起人的主体资格文件或自然人身份证明"项目下，并未告知申请人可提供简化公证文书的信息，相关指南的表述仍是"香港特别行政区、澳门特别行

證　明　書
《公司董事決議證明》

茲證明：

根據於 2019 年 01 月 07 日在香港特別行政區公司註冊處查冊所得之記錄及檢視 ■■■■■■■■■■■■■（■■■■■■■■■■■■■■■■■■■■■■■■■■■■■）的商業登記證、公司董事登記冊及成員登記冊如下：—

公司名稱	（中文）■■■■■■■■■■■■■■■■		
	（英文）■■■■■■■■■■■■■■■■		
公司類別	私人公司		
成立日期	■■■■■■■■■■■■■	公司編號	■■■■
註冊辦事處地址	■■■■■■■■■■■■■■■■■■■■■■■■		
董事			
姓名	證件種類	證件號碼	
■■■	中華人民共和國護照	■■■■■■	
■■■	香港身份證	■■■■	
股東			
姓名	地址	持有量	
■■■	■■■	40 股	
■■■(■)	■■■■■■■■■■■■■■■■■■■■■■■■■■■■	60 股	
商業登記證			
生效日期	屆滿日期	登記證號碼	
2018 年 10 月 15 日	2019 年 10 月 14 日	■■■■■■■■■■	

图 3　香港特别行政区非自然人投资者主体资格证明公证文书模板

政区和台湾地区投资者的主体资格文件或者身份证明应当按照专项规定或者协议，依法提供当地公证机构的公证文件"①。营商环境的改革目的，在于增强企业获得感，提升投资便利度，如果企业不能及时享受改革成果，改革的效果就会大打折扣。因此，建议自由贸易试验区加大改革宣传力度，提升服务水平。至少应当在政务服务官网上，将改革举措公之于众，使港澳投资者第一时间获知最新政策措施。

最后，推动公证文书无纸化改革。在大湾区商事登记中国委托公证（香港）信息化平台顺利运转的基础上，将其覆盖范围拓展至其他自由贸易试验区。

（二）在广东自由贸易试验区试行取消港澳企业投资主体资格证明程序

当前阻碍港澳与内地融合发展的关键因素已转化为港澳企业对贸易投资便利化之需求和三地制度协同性不足之间的矛盾。从长远来看，逐渐减少对涉港澳文书的公证认证要求，构建港澳与内地的互信互认机制，是实现三地经济一体化的必然要求。从企业登记领域率先打开缺口，具有实践之可行性。深圳前海和广州南沙是内地与港澳深度合作示范区，是制度改革的前沿阵地，是自由贸易试验区港澳企业投资主体资格证明程序改革的先行者，简化公证文书改革已施行多年，具备进一步改革的坚实基础。在这两大自贸片区试行取消香港企业投资主体资格证明程序，具有必要性和可行性。

1. 取消港澳企业投资主体资格公证认证程序之可行性

设立公证认证程序的目的，在于证明港澳企业主体资格的真实性和合法性，因此，以何种方式提供"证明"仅是手段而非目的。换言之，公证只是证明手段之一，其本身并非目的，这也正是公证制度设立的初衷。所谓公证是指公证机关或公证人根据当事人的申请并依照法律规定，对法律

---

① 如广州南沙政务服务官网上的表述即如此。参见《南沙区外商投资有限责任公司设立登记办事指南》，广东政务服务网，https://www.gdzwfw.gov.cn/portal/v2/guide/11440115MB2D08710R4440125017020，访问日期：2023年7月5日。

行为、有法律意义的事实或文书的真实性、合法性进行证明的活动，是国家预防纠纷、维护法制、巩固法律秩序的一种司法行政手段。公证一般采纳自愿原则，公证机关办理公证业务必须根据当事人的自愿申请，尊重当事人的意愿。当然，在自愿公证原则之外，还有必须公证事项。必须公证是指按照我国法律或法规的规定，一些法律行为或事实和文书必须经过公证程序才能成立（或变更），才能具有法律效力，作为认定事实的证据。我国一些实体法规定了一些重要的关涉国家和公民重大利益的法律行为必须办理公证，重要的事实或文书只有经过公证才发生法律效力[1]，例如涉外文书。《中华人民共和国公证法》第三十八条明确规定："法律、行政法规规定未经公证的事项不具有法律效力的，依照其规定。"[2] 实践中，要求涉外文书必须经过公证的根本目的在于保障涉外文书的真实性和合法性，涉外公证认证的目的是使一国出具的公证文书能为另一国的有关当局所承认，不致因怀疑公证书上的签名或印章的真实性而影响该文书的法律效力。同理，对港澳地区文书的公证认证要求也源于此。如《司法部、商务部关于认真落实内地与香港关于建立更紧密经贸关系的安排严格执行委托公证人制度的通知》所言，采取公证认证的目的是"为了防止出现伪造和欺诈行为"。由于香港地区因承的是英美法系的公证制度，其特点在于侧重"形式证明"，公证人不对公证事项具体内容的真实性负责。而实践中香港地区的委托公证人对与香港企业主体资格相关的文书也确实仅做形式审查，因此司法部才通过《中国委托公证人（香港）管理办法》，对委托公证人的委托条件、委托程序、业务范围、法律责任等做出规定，并要求须经中国法律服务（香港）有限公司审核，对符合出证程序以及文书格式要求的加章转递。

然而，随着时间和技术的发展，内地与香港地区的"信息孤岛"现象

---

[1] 梁淑英：《中国涉外公证制度》，《政法论坛》1997年第6期。
[2] 法律或行政法规明文规定的情形如《中华人民共和国收养法》第二十条规定："外国人在中华人民共和国收养子女，应当提供收养人的年龄、婚姻、职业、财产、健康、有无受过刑事处罚等情况的证明材料，该证明材料经其所在国公证机构或公证人公证，并经中华人民共和国驻该国使领馆认证。收养人应当与送养人订立书面协议亲自向民政部门登记，并到指定的公证处办理收养公证。"又如《中国公民往来台湾地区管理办法》第八条规定，接受、处理财产，须提交经过公证的对该项财产有合法权利的有关证明。处理婚姻事务，须提交经过公证的有关婚姻状况的证明。

已大为改善。2005年,香港建立起向公众公开的企业注册信息查询中心,即香港公司注册资讯系统网上查册中心①,该中心提供24小时服务,公众可以用中文或英文在网上查册注册公司的最新资料,以及公司注册处处长注册及保存的文件的资料记录,相关资料内容包括该公司名称、营业地址、董事信息和股本结构等②。因此,香港地区投资者的信息已不再像以往一样不可获知,公证文书所要实现的目的——证明港澳企业投资主体资格的真实性和合法性,可以由公证外的多种渠道获取。或由内地商事登记部门自主查询,或由内地商事登记部门与香港公司注册处合作查询,或由申请人提供官方资料信息供商事登记部门核对,等等。因此,取消香港企业投资主体资格公证认证程序,具有实践之可行性。

2. 取消港澳企业投资主体资格公证认证程序之必要性

逐步减少对涉港澳地区文书的公证认证要求是内地和港澳地区实现协同发展的必然趋势。涉港澳地区文书必须进行公证认证的做法是历史的产物,是源于过去几十年港澳与内地经济、社会和文化制度之差异而产生的需求。随着近年来内地向港澳地区的开放程度不断提高,内地与港澳地区的交往越发频密,对港澳地区的了解也随之加深,粤港澳三地的互通互信程度已今非昔比,阻碍三地进一步协同发展的关键因素转化为港澳企业对投资便利度之需求和三地制度协同性不足之间的矛盾。从长远来看,逐渐减少对涉港澳文书的公证认证要求,构建粤港澳三地的互信互认机制,是实现三地经济一体化的必然要求。实践中,改革也正往此方向进行。2019年5月,为拓展澳门企业尤其是澳门中小企业的发展空间,为澳门产业多元化发展创造条件,广东自由贸易试验区横琴新区片区出台《关于鼓励澳门企业在横琴跨境办公的暂行办法实施细则》,该细则规定,澳门、香港企业只需提交其主体资格证明、有权签字人的身份证明进行备案,而无须提供前述材料的公证证明,即可申请在横琴新区跨境办公。这一做法反映了改革趋势和横琴新区敢为人先的创新精神。此外,从司法实践来看,尽管最

---

① 官方网站:https://www.icris.cr.gov.hk/csci/。
② 其中,对于公司董事的通常住址及完整身份识别号码,只能由"指明人士"通过向注册处申请查阅这些受保护数据。"指明人士"包括公职人员或公共机构。

高人民法院、司法部于 1996 年 2 月 18 日发布的《关于涉港公证文书效力问题的通知》明确规定，"在办理涉港案件中，对于发生在香港地区的有法律意义的事件和文书，均应要求当事人提交委托公证人出具并经司法部中国法律服务（香港）有限公司审核加章转递的公证证明；对委托公证人以外的其他机构、人员出具的或未经审核加章转递程序的证明文书，应视为不具有《民事诉讼法》中规定的公证文书的证明效力和执行效力"。然而，法院并未僵化适用该规定。以广东为例，对未办理相关证明手续的在港澳地区形成的证据，对方当事人认可的，广东法院通常直接认定相关证据的证明力，不必要求当事人办理相关的公证手续。① 2022 年，深圳前海法院突破上述规定，明确在涉港澳诉讼中，当事人可直接以港澳政府官网查询的资料作为依据提交法院进行立案，无须再进行跨境的"公证转递"。

其次，我国商事登记确认制改革的实施也暗含着取消港澳投资主体资格公证认证程序的发展趋势。深化商事制度改革实践中确立的商事登记确认制，内发于我国社会主义市场经济实践的现实需要，根植于我国商事登记的本土实践，同时也外源于世界各国优化营商环境的制度竞争，以及全球化导致的各国制度趋同②。随着商事登记确认制改革在商事登记领域的普遍实施开展，各地逐步构建起以"自主申报+信用承诺"的登记体系为核心，以形式审查、信息化查验和标准化登记为手段，以便利化退出机制为补充，以事前、事中、事后信用监管为保障的商事登记确认制工作模式，推动商事登记从"主观许可"向"客观确认"转变。③ 以上海浦东为例，按照《上海市浦东新区市场主体登记确认制若干规定》，在股东登记确认环节不再收取转让协议，除登记法定代表人外，不再收取股东会决议、董事会决议等各类企业自治过程性材料。在此改革背景下，建立在实质性审查理念下的港澳企业主体资格公证认证程序也应予以改革，以与形式审查为

---

① 夏璐：《中国内地涉港澳民商事诉讼证据公证证明制度之初探——以广东省法院的实践创新为基础》，《社科纵横》2016 年第 1 期。
② 邹学庚：《商事登记确认制的实践逻辑、理论逻辑与科学内涵》，《中国市场监管研究》2022 年第 9 期。
③ 参见《自治区市场监管局关于印发中国（广西）自由贸易试验区商事登记确认制改革实施方案的通知》（桂市监规〔2023〕1 号）。

核心的商事登记确认制的理念保持一致。因此，由深圳前海和广州南沙自贸片区作为改革排头兵，破除港澳企业主体资格必须公证认证的前置程序，打通港澳与自由贸易试验区商事登记规则，全面贯彻商事登记确认制改革理念，不但具有现实必要性，且富具前瞻性。

3. 具体实施建议

取消香港企业投资主体资格公证认证程序后，还应配置相应的行政措施以保障香港投资主体资格信息的真实性。具体而言，在制度设计上，一是由内地企业登记部门查验香港企业投资主体身份的真实性，由内地商事登记部门备置香港地区公司注册证明书、商业登记证等官方文件样本，在对相关文件进行形式比对后，通过香港特区政府公司注册处综合资讯系统进一步查验香港企业投资主体身份之真实性。香港企业仅需提供企业注册证书、商业登记证等表明企业注册主体身份之原始证件，交由内地登记部门核实。二是对香港企业提交的申请材料全面实施形式审查。根据2022年3月施行的《中华人民共和国市场主体登记管理条例》，登记机关对申请人提交的申请材料实施形式审查。申请人应当对提交材料的真实性、合法性和有效性负责。这一规定应无例外地适用于港澳企业申请人，易言之，对于内地和港澳企业申请人实施平等待遇，即对港澳企业提交的董事会决议、公司章程等其他申请材料实施形式审查，而不再强制要求其通过公证认证程序向登记部门证明相关材料之真实性和合法性，如果投资人提供的材料存在瑕疵，则通过事中和事后监管手段予以纠正。三是积极争取政策支持。为了顺利推动改革，减少改革阻力，降低改革风险，使改革在法治框架下有序推进，深圳前海和广州南沙地方政府应当积极争取国家有关部委支持改革行动，争取司法部、市场监督管理总局支持取消香港企业主体公证认证程序的改革措施。

（三）加快建成内港澳三地企业登记信息共享和互认机制

如前所述，港澳企业投资主体资格公证认证程序的设立，源于内港澳三地企业登记信息无法互通。因此，无论是简化抑或取消港澳企业的主体公证认证程序，其最终目标应当是构建内港澳三地商事登记信息共享和互认机制，在商事登记领域实现内港澳规则对接，从而大幅提高行政效率，降低违法风险，提升港澳同胞赴内地投资便利度。在具体实施步骤上，可以从粤港澳大湾区入手，先行推动粤港澳三地政府签订共建商事登记信息共享平台协议，大力借助现代信息技术，通过省、市政务信息共享平台与港澳对接，实现企业登记信息共享。在建设信息平台的过程中，应注意以下事项。

1. 明确信息平台的建设主体

首先应明确粤港澳商事登记信息共享平台的建设主体，避免出现信息系统重复建设的现象，从而造成资源浪费。为防止上述现象的出现，可考虑在粤港澳三地抽选有关人员设立相关指导办公室，就系统设计、数据标准、操作细则、配套设施等方面进行协调，统一开发粤港澳大湾区的商事登记协同监管信息化系统。

2. 有效整合数据，打通部门数据壁垒

在初步建成三地商事登记信息共享平台，实现数据信息的跨地域流转之后，不能简单地停留在数据信息的采集和统计阶段，而应综合利用大数据资源，达到对其进行有效整合、分析和应用的层次。尤其在粤港澳三地各行业准入的标准、条件和资质方面，应通过大数据进行有效的对比分析，并在此基础上实现三地标准的对接与互认。其次，对数据的运用要防止部门间"各自为政"的问题，只有各部门的数据能够自动进行关联，才能全面、客观地反映市场主体的信息，真正消除数据信息的"壁垒"。

3. 应用密码和区块链等现代技术加强对信息安全的保护

密码工作直接关系到粤港澳大湾区商事登记互认跨境流转平台的信息安全，并且将发挥不可替代的关键作用，2019年1月，我国正式施行《中华人民共和国密码法》，该法从密码的含义、管理主体和方法，以及密码的使用等方面进行了明确规定，并与网络安全法的有关制度做了衔接。区块链作为一项新兴技术，在整合数据信息方面，能够利用块链式的数据结构来验证与存储；而在信息安全方面，也能利用密码的形式来保证数据传输和访问的隐秘性和安全度，对于保障电子档案的真实性和可追溯性而言，有着独特的优势。

在上述经验成熟后，于1～2年内将该信息共享系统拓展至全国范围，并将港澳地区企业登记系统并入内地企业登记全程电子化系统中，最终实现内港澳三地商事登记体系一体化。

六、结语

改革港澳企业赴自由贸易试验区投资主体资格证明程序是构建自由贸易试验区国际化营商环境、提高港澳投资便利度的重要举措。当前仍处于改革的初步阶段，仅有部分自由贸易试验区围绕简化版公证文书的使用采取相关措施，改革还需在更大范围内持续加速推进。从长远来看，在商事登记确认制改革全面实施的背景下，取消港澳企业赴自由贸易试验区投资主体资格证明程序，并最终构建内港澳三地企业登记信息共享和互认机制将是改革发展的趋势。在此改革进程中，自由贸易试验区应当积极发挥先行先试和开放高地优势，破除深层次体制机制障碍，积极推动港澳企业赴自由贸易试验区投资主体资格证明程序改革，成为内港澳三地经贸规则衔接和体制对接的引领者和先行者。

参考文献：

[1] 罗培新. 世界银行营商环境评估方法·规则·案例［M］. 南京：译林出版社，2020.

[2] 朱义坤，高轩，陈胜蓝，等. 中国主要城市2017—2018年度营商环境报告——基于制度落实角度［M］. 广州：暨南大学出版社，2019.

[3] 梁淑英. 中国涉外公证制度［J］. 政法论坛，1997（6）：91-101.

[4] 文中. "一国两制"下内地与香港公证文书相互使用问题［J］. 中国公证，2002（6）：22-26.

[5] 夏璐. 中国内地涉港澳民商事诉讼证据公证证明制度之初探——以广东省法院的实践创新为基础［J］，社科纵横，2016（1）：67-71.

[6] 邹学庚. 商事登记确认制的实践逻辑、理论逻辑与科学内涵［J］. 中国市场监管研究，2022（9）：10-14.

[7] 王春业. 论我国"特定区域"法治先行［J］. 中国法学，2020（3）：110-128.

[8] 冯果，范鑫. 外商投资法治的时代要求与制度实现［J］. 上海政法学院学报，2019（6）：30-41.

区域编

QUYUBIAN

· 区域编 ·

第十二章　北京"两区"建设成效与政策创新

中山大学自贸区综合研究院课题组[*]

"两区"是指国家服务业扩大开放综合示范区和中国（北京）自由贸易试验区，2015年5月，国务院批复《北京市开展服务业扩大开放综合试点总体方案》，同意在北京市开展为期三年的服务业扩大开放综合试点。2017年6月，国务院批复《深化改革推进北京市服务业扩大开放综合试点工作方案》，同意北京市在试点期内进一步深化开放改革探索。2019年1月，国务院批复《全面推进北京市服务业扩大开放综合试点工作方案》，同意北京市开展新一轮为期三年的试点探索。2020年9月，习近平总书记在2020年中国国际服务贸易交易会上宣布，为更好发挥北京在中国服务业开放中的引领作用，将支持北京打造国家服务业扩大开放综合示范区，加大先行先试力度，探索更多可复制可推广的经验。

2020年9月8日，国务院发布《关于深化北京市新一轮服务业扩大开放综合试点建设国家服务业扩大开放综合示范区工作方案》，北京市服务业扩大开放正式由"试点"升级为"示范区"。国务院先后发布《关于扩大对外开放积极利用外资若干措施的通知》《关于促进外资增长若干措施的通知》《关于积极有效利用外资推动经济高质量发展若干措施的通知》，明确服务业重点放宽银行类金融机构、证券公司、证券投资基金管理公司、期货公司、保险机构、保险中介机构外资准入限制，放开会计审计、建筑设计、评级服务等领域外资准入限制，推进电信、互联网、文化、教育、交通运输等领域有序开放，进一步推动服务业领域扩大开放，创造公平竞争

---

[*] 本章执笔人：彭曦，经济学博士，中山大学粤港澳发展研究院副研究员。

环境。2020年国家批准了深化北京市新一轮服务业扩大开放综合试点、建设国家服务业扩大开放综合示范区和中国（北京）自由贸易试验区，通过一系列开放举措促进服务贸易发展，取得了显著成效。

一、北京"两区"建设的战略目标

国家服务业扩大开放综合示范区和北京自由贸易试验区（以下简称"两区"）有部分功能重叠，建设服务业扩大开放综合示范区主要包括以下功能。

（一）深化科技服务领域改革

通过无偿资助、业务奖励和补助等多种方式支持众创空间、创业基地的发展。深化科技成果使用权、处置权和收益权改革，开展赋予科研人员职务科技成果所有权或长期使用权试点，探索形成市场化赋权、成果评价、收益分配等制度。支持部属科研院所在北京建设重大科技基础设施，打造智慧城市。

（二）推进数字经济和数字贸易发展

加快推动公共数据开放，引导社会机构依法开放自有数据，支持北京市在特定领域开展央地数据合作，推动政务数据与社会化数据平台对接。研究境内外数字贸易统计方法和模式，打造统计数据和企业案例相结合的数字贸易统计体系，研究建立完善数字贸易知识产权相关制度。

（三）加强金融服务领域改革创新

推进金融领域"证照分离"改革全覆盖试点相关政策在京实施。支持社会资本在京设立并主导运营人民币国际投贷基金，支持外资投资机构参与合格境内有限合伙人境外投资试点。深入实施合格境外有限合伙人试点，逐步放开公开市场投资范围限制。包括北交所、注册制改革等措施。

（四）推动互联网信息服务领域扩大开放

从建设承载来看，扩大服务业开放的思路是以重点园区为依托，包括以中关村软件园、未来科学城、怀柔科学城、金融街等平台载体为基础。从制度创新方向来看，要形成与国际接轨的制度创新体系，其中就包括自由贸易试验区所涉及的投资贸易自由化便利化的措施，财税支持政策、提升监管与服务水平和知识产权保护等。在要素供给方面，包括推进资金、数据、人才和土地技术等方面的要素投入。

北京自由贸易试验区的实施范围约为 119.68 平方千米，涵盖科技创新片区、国际商务服务片区、高端产业片区三个片区。科技创新片区包括中关村科学城 21.59 平方千米、北京生命科学园周边可利用产业空间 10.26 平方千米。其中，中关村科学城区域主要涵盖翠湖科技园、永丰基地及周边可利用产业空间，重点发展新一代信息技术、生物与健康、科技服务等产业，打造数字经济试验区、全球创业投资中心，是科学技术体制机制创新改革先行示范区。国际商务服务片区包括首都国际机场周边可利用产业空间 28.5 平方千米、北京 CBD 4.96 平方千米、金盏国际合作服务区 2.96 平方千米，以及城市副中心运河商务区和张家湾设计小镇周边可利用产业空间 10.87 平方千米。国际商务服务片区重点发展数字贸易、文化贸易、商务会展、医疗健康、国际寄递物流、跨境金融等产业，打造临空经济创新引领示范区。高端产业片区包括大兴国际机场西侧可利用产业空间 10.36 平方千米和北京经济技术开发区 27.83 平方千米，重点发展商务服务、国际金融、文化创意、生物技术和大健康等产业，建设科技成果转换承载地、战略性新兴产业集聚区和国际高端功能机构集聚区。

北京自由贸易试验区将对标国际先进规则，加大开放力度，开展规则、规制、管理、标准等制度型开放。北京自由贸易试验区将以制度创新为核心，以可复制可推广为基本要求，全面落实中央关于深入实施创新驱动发展、推动京津冀协同发展战略等要求，助力建设具有全球影响力的科技创新中心，加快打造服务业扩大开放先行区、数字经济试验区，着力构建京津冀协同发展的高水平对外开放平台。

二、北京"两区"建设的主要做法及成效

（一）落实批复试点任务，点面结合释放新质效

点上突破和扩面增效并行推进，一方面，积极推动未完成任务落地实施；另一方面，加强已落地政策的扩面增效和迭代升级，不断提升突破性政策落地质量和效益。

1. 难点政策落地取得新突破

支持人类遗传资源服务站在京开展业务、在京设立国家金融科技风险监控中心、汽车平行进口试点、将符合规定的部分艺术品进口关税税率降为零等一批国家事权政策获批，截至2022年底，国务院批复的三至五年期251项任务中，已落地实施244项。

2. 高含金量政策扩面增效

技术转让所得税优惠政策减免税额增长近2倍，惠及40多家企业，减免税额超5亿元；公司型创投企业所得税优惠政策单笔为企业减免税款943万多元；高新技术企业"报备即批准"政策试点企业190家，较常规流程压缩80%以上；北京股权投资和创业投资份额转让平台累计上线基金份额转让项目36单，上线基金份额96.88亿份；知识产权保险试点覆盖北京市472家企业的4818项专利，保障金额超过53.6亿元；本外币合一银行结算账户体系试点，累计新开账户近3000户；本外币一体化资金池试点企业扩至15家，保持全国领先，累计为企业节约成本1.5亿元。

3. 突破性政策迭代升级

深化外债便利化改革试点，出台六项资本项目便利化改革试点政策，将外债一次性登记试点实施范围由中关村海淀园扩大至北京自由贸易试验区，首创非金融企业多笔外债共用一个外债账户；出台新视听改革创新发展15条举措，在全国率先获批取消中外联合制作电视剧有关资质限制，获准放宽境外影视剧引进指标限制；率先在全国实现机动车、船舶、知识产权担保信息统一查询服务；落地全国首个认股权综合服务试点，进一步拓宽科创企业融资渠道；金融科技创新监管试点全国领先，发布4批23个金

融科技创新应用，3个创新应用率先在全国"出箱"；在全国率先开展保险领域金融科技监管沙箱试点；营利性外商投资职业技能培训机构办学管理办法正式实施；升级境外职业资格认可、职业资格考试、人力资源开发"三个目录"，进一步拓展人才引进的行业和渠道，近百名境外人员获得相关职业资格证书。

(二) 发挥制度创新功能，守正创新开辟新局面

聚焦重点产业、关键要素和特色领域，以全产业链开放、全环节改革和政策"会诊"为抓手，针对痛点、堵点和难点问题，累计出台实施11个专项方案，逐步形成以点破面、链式探索的政策供给体系。制定实施《中国（北京）自由贸易试验区条例》《关于促进国家服务业扩大开放综合示范区建设的决定》，为"两区"制度开放提供基础保障。

1. 全产业链开放收效明显

科技创新方面，首次出台支持外资研发中心设立和发展的相关规定，认定英特尔等29家外资企业为北京市首批外资研发中心；国际科研活动开放合作不断加深，北京蛋白质组研究中心与14家国际机构签署合作谅解备忘录；国际科技成果转移转化更加顺畅，中德产业合作双中心、阿拉伯进出口商业联合会中国运营中心等组织相继揭牌落地。

数字经济方面，北京大数据交易所数据交易规则体系不断完善，设立数据资产登记中心，发布《数据资产登记指引》，落地全国首笔1000万元数据资产评估质押融资贷款；成立全国首个国际数据交易联盟；设立全国首家数字经济地方标准化非法人技术组织；涉企信用信息共享平台"京津冀征信链"、北京数据托管服务平台等全国首创性平台建成投用；数据出境取得突破，推动医疗、金融、民航等五大行业重点企业完成数据出境风险自评估，落地全国首个成功评估出境案例；出台无人配送车管理实施细则等多项细分领域全国首发政策，开放出行服务商业化试点。

生物医药方面，开展生物医药研发用物品进口"白名单"制度试点，设立药品医疗器械创新服务站，支持外资企业转化进口第二类医疗器械在京申请注册，助推药械创研进程；成功获批我国首家通过"生物样本库质量和能力认可"现场评审的第三方样本保藏服务平台；创新性搭建"保

税+特殊物品集中查验"新平台；国内首家国际研究型医院通过竣工验收，研究型病床已达3000张，建立服务北京医药健康企业绿色通道；跨境电商销售医药产品试点企业已达6家，验放清单400多万单，涉及金额4.3亿元。

绿色金融方面，首次提出我国金融机构应对气候变化的国际性倡议——《气候友好银行北京倡议》；密云区、通州区气候投融资试点成功获批；中欧绿色与创新产业协会登记设立；绿色金融产品创新与服务能力不断提升，"STOXX邮银ESG指数"成功推出，全球多币种"碳中和"主题境外绿色债券成功发行；北京首单CCER抵质押贷款、首支百亿规模绿色基础设施投资基金、首单绿色（碳中和）商业房地产抵押贷款支持证券（commercial mortagage backed security，CMBS）等落地。

2. 全环节改革亮点纷呈

知识产权方面，在全国率先为创新药发明专利申请人向外国申请专利开辟保密审查绿色通道备案，审查周期由一个月压缩至一周内；率先建成海外知识产权公共服务信息库；推动WIPO Green城市加速项目在中国的首个试点落户北京；构建行政和司法双保护模式，试点将专利侵权纠纷裁决下放到自由贸易试验区各组团，为企业提供全方位专利维权保障。

国际人才方面，落地全国首个事业单位聘用外籍人员试点；实施外籍人才来华工作许可和居留许可"两证联办2.0模式"，将办理时间压缩至5个工作日内，对于重点引进的外籍顶尖人才实现两证"立等可取"；下放外国高端人才（A类）自主认定权，将66家重点创新主体纳入"白名单"单位；"1+X+17+N"外籍人才服务工作网络进一步推进，已在11个区建成21个外国人来华工作服务站厅。

跨境贸易方面，全市首个国家级进口贸易促进创新示范区获批；国家级服务出口基地达14个，数量居全国首位；开通"企业单证保管箱"，400多家企业使用，存证管理十多类近250万条业务单据信息；打通"空海陆邮"通道，空港口岸提货时间节约50%；建设大兴机场与首都机场"双枢纽"电子货运平台，两场通关物流数据实现全程共享；实施"船边直提、抵港直装"改革，2000多家企业开展该业务，直提率、直装率分别达到23.91%和14.15%；2022年10月，北京关区进出口整体通关时间较当月全国平均进出口整体通关时间分别缩短12.6小时和0.48小时，处于历史最佳水平。

投资便利化方面，在全国率先试点开展施工许可告知承诺审批、消防验收告知承诺审批、联合验收"一口受理"，进一步推进工程建设项目全流程"多测合一"改革，将测绘内容整合为4项综合测绘事项，助力投资项目快速落地；支持自由贸易试验区内符合条件的财务公司取得衍生品业务资质，中油财务有限责任公司等4家财务公司取得远期结售汇业务资质；演出经纪机构从事营业性演出活动审批事项的承诺办理时限统一缩减至10个工作日内；"一站式"办理不动产登记与水电气过户举措在自由贸易试验区先行先试，大幅提升企业办事便利度。

国际收支方面，优质企业贸易外汇收支便利化试点工作扩容增效，11家试点银行为98家试点企业累计办理便利化试点业务近6.1万笔，涉及金额超2000亿美元；中关村外债便利化试点扩容升级，惠及107家高新技术企业；简化合格境外有限合伙人（QFLP）制度外汇管理，北京两家企业已获批4亿美元试点额度。

对接《区域全面经济伙伴关系协定》（RCEP）方面，上线RCEP经贸规则一点通系统，帮助企业便捷享受关税优惠政策红利；在重点园区建设RCEP创新服务中心，打造海关AEO高级认证孵化基地；落实RCEP缔约国快运货物通关6小时内放行便利措施，为123家企业签发RCEP证书2630份，助力企业享受境内外关税优惠超过1300万元人民币。

3. 政策会诊活力初显

离岸贸易方面，出台离岸贸易专项支持政策，搭建"京贸兴"新型国际贸易公共服务平台，接入140个国家海关报关数据、全球99%船舶数据、99%合规性数据；新增8家离岸贸易企业落地；2022年1—11月离岸贸易收汇额131亿美元，同比增长10%，扭转了连续四年下滑态势。

时尚消费方面，北京市4家企业成为北京市平行车进口试点企业，一家企业成为试点平台。落实离境退税政策，促进离境退税商店同比增长40%，数量超过1000家，在全国领先，52个市级重点商圈覆盖率100%。

文化贸易方面，将港澳服务提供者在自由贸易试验区投资设立旅行社的审批权限下放至所在区；高标准创建国家文化与金融合作示范区，打造文化金融"生态圈";引进里森画廊等国际顶级画廊;北京"文创板"平台线上汇聚文化企业 1 万多家,对接融资超过 300 亿元。

美丽健康产业方面,引入日本化妆品检定协会首家驻中国办事处及运营公司;2022 年新增诺博特等注册落户昌平的企业 24 家,带动昌平 1—11 月规上美丽健康企业产值 57 亿元;美妆直播基地已入驻企业及 MCN 机构(多频道网络机构,是一种专门为网络视频创作者提供服务的机构)15 家,开设直播场次 230 多次,交易金额超 3000 万元。

(三)打好招商引资"组合拳",市区联动激发新动能

以项目落地作为检验建设成效的重要标志,市区联动、多措并举,从机制、渠道、平台等多方面入手,擦亮"开放北京"金字招牌。

1. 项目招引声势强劲

第一,招商渠道向多维度拓展。北京市政府首次编制印发投资促进中长期规划,印发实施投资促进数字化转型发展行动计划;开展"投资北京全球合作伙伴"工作,首批 8 家合作伙伴正式授牌;在英国、比利时、以色列等国家地区建立 10 家"两区"全球联络站,推动"两区"推介体系化建设。

第二,精准化保障机制逐步完善。企业服务管家工作管理办法正式印发,进一步明确了服务要求和规范;建立市级服务外资企业工作专班,形成了接诉、办理、督促、反馈的闭环工作体系;针对 105 个招商引资重大项目,建立市领导调度工作机制,组建市、区联合项目组,形成常态化沟通机制。

第三,立体化宣传体系不断优化,上线运行"两区"政策导航平台;持续开展"两区"链接全球、"两区"大讲堂、主题沙龙等境内外宣介活动,累计举办活动近 200 场。组织召开系列新闻发布会,精心打造 1 集深度专题报道和 10 集重点园区纪录片,在凤凰卫视等媒体播出,收视人数达 3.37 亿。

2. 项目质量不断提升

2022 年全年入库项目 5794 个,同比增长 61.7%。瑷瑞(北京)公司新设项目等 104 个 5000 万美元以上外资大项目在京聚集。新一批标志性项目

落地，如"中亚三国"首家在华银行代表处、沙特达兰卡集团亚太区总部、德国特瑞拓工业数控中国区总部、全国最大城商行的理财子公司北银理财等陆续落地；全市首家外资私募证券投资基金管理人完成登记。

3. 开放型经济逆势攀升

1—12月，全市实际利用外资174.1亿美元，同比增长12.7%，高于全国4.7个百分点。企业非金融类对外直接投资69.29亿美元，同比增长5.3%，增速分别高于全国和上海2.5、18.6个百分点。外贸进出口总值实现3.6万亿元人民币，同比增长19.7%，创历史新高，高于全国12个百分点。

（四）建好开放发展"主阵地"，多点支撑打造新样板

将重点园区（组团）作为增强"两区"建设显示度的重要载体，全面实施专项提升行动，并突出特色化、差异化，努力打造一批高水平开放样板间。

1. 园区整体建设基础不断夯实

在体制机制改革方面，海淀区、顺义区积极探索建立"管委会＋运营公司（平台）"模式；昌平区、大兴区、延庆区、经济开发区等制定完善了招商引资平台激励办法。在功能提升方面，"六单"管理模式全面施行，20个园区共梳理政策清单334条、空间资源清单1404.9万平方米、目标企业清单933家、企业诉求清单336条、政策建议清单359条、政策收获清单151条、项目收获清单722个。在招商服务体系建设方面，丰台区建立产业招商地图，实现精准招商；经济开发区、大兴区创新建立海外招商工作站，搭建境外招商平台；中关村朝阳园上线"赋能站"小程序；石景山组建10亿元规模的现代创新产业基金。2022年，20个重点园区入库项目2796个，占全市"两区"项目的48.3%。

2. 差异化探索有了新进展

海淀组团中关村科学城获评知识产权服务领域特色服务出口基地；实施住所标准化等级和"集群注册"，600多个区块链政务服务应用场景落地。昌平组团全力打造"一站一室一厅一平台一中心"的自贸服务体系；飞镖国际创新平台项目一期项目投入运营，已入驻12家生物医药企业。朝阳组团第四使馆区总体建设方案获得国家批复；落地全市首个"B&R·RCEP创新服务中心"。顺义组团成立首都机场临空经济区（天竺综合保税区）管委会，推动波音维修基地、博乐德艺术空间等一批特色产业项目落地。通州组团落地全国首个元宇宙数字艺术产业园；成立全球ESG投融资研究中心。大兴组团落户全市首家"中外合一、多证综办"的出入境一体化综合服务厅；设立数据跨境安全与产业发展协同创新中心。亦庄组团建设"两区"政务服务中心，打造国际化营商环境生态。东城、西城、门头沟围绕数字文创、金融科技、人工智能等产业特色，着力推进"数字隆福寺""数字人民币示范街区""中国京西智谷"建设。房山、平谷、怀柔分别打造服务全国的第三方自动驾驶测试平台、数字农业联合创新中心、全国首个基于区块链应用的影视全栈式一体化线上服务平台。

3. 综合保税区建设升级扩容

天竺综合保税区二期围网完成海关总署备案批复；在全国率先实施卡口智能化监管创新试点；美国ATCC亚太菌种保藏中心、亚洲综合细胞库等生物资源库入驻综合保税区，新增上下游企业、机构等6家，辐射带动科研、制药等企业20多家；英国罗罗公司在中国内地首家合资维修公司在区内落地。2022年1—11月，园区实现进出口总值795.4亿元，保持稳中有升。大兴国际机场综合保税区进入实质化运营，成功引进南洋投资、上海医药、首航航材等一批优质项目，区内已注册企业107家，已完成进出口额约3亿元人民币，实际使用外资1450万美元。中关村综合保税区申报已启动，科兴生物等42家企业有入区意愿。亦庄综合保税区新选址有序推进。

4. 类海外环境产业园区呈现新面貌

中德产业园布局发展新能源智能汽车、智能装备、数字经济和先进制造服务业的"3＋1"产业，吸引奔驰、宝马、北京飞机维修工程有限公司（Ameco）等90家德企入驻，总投资近400亿元，汇集德籍高管及工程师120多人。中日产业园与中国驻日大使馆、日本贸易振兴机构等国际商协会及大型商社建立招商合作机制，已落地外资企业60家，国际合作项目35个；落地北京首个知识产权保险工作示范园区与巡回审判法庭，引入国际知识产权服务机构。

三、北京"两区"建设启示及下一步发展方向

(一) 北京"两区"建设得到的启示

1. 促进投资贸易便利化

主要从降低投资准入门槛、减少负面清单数量、优化营商环境等各个方面的来推动。从目前来看取得了一定的成效,如北京引入了较多的金融机构;例如,北万事达卡、VISA 等公司在京设立合资、独资及子公司,美国贝宝支付(Paypal)在北京获得首张外资第三方支付牌照。在准入前包括外资设立、获取、扩大等;准入后包括外资管理、经营、运营、出售或其他投资处置方式等视同本国企业,是通行的营商环境准则之一。在推动投资审批的透明化和标准化方面,自由贸易试验区在这方面进行了一些探索。

2. 从服务贸易的角度来推动

服务贸易更多的是规则的衔接,各地在对标 RCEP、CPTPP 等方面出台了一些措施,在某一些方面取得了一定的成效。负面清单管理制度实则是一张针对外资的准入限制类和禁止类措施的表格,遵循"非列入即开放"的原则,让外资准入在没有被列入负面清单的行业或模式时,均可享受国民待遇。

3. 从数字经济、数字贸易的角度来推进

从目前已有的经验来看,主要是通过建设数字贸易示范区的形式,目前在数据跨境流通方面仍然存在较大的困难。与传统贸易相比,数字贸易有着相同的贸易主体和贸易原因,但贸易的方式、内容、手段均出现了巨大的变化。在数字经济时代下,国际贸易呈现出高度数字化特征。贸易方式的数字化,信息技术与国际贸易各领域深度融合渗透,电商平台成为国际贸易的重要枢纽,贸易洽谈、支付结算、税收通关等环节线上迁移,国际贸易成本不断下降、效率显著提升。贸易商品的数字化,互联网为国际间数据流通提供了便捷的传输渠道,数据和以数据形式存在的商品和服务可贸易程度大幅提升,各国生活生产的商品和服务成为重要的数字化对象。

（二）北京"两区"未来建设方向

1. 释放政策效能，升级迭代推动集成创新

继续与国家部委沟通，推动国务院批复剩余任务落地实施。抓紧推动国家服务业扩大开放综合示范区2.0版方案的报批实施，在推进服务业重点领域深化改革扩大开放、探索新兴业态规则规范、优化贸易投资制度安排等方面推出新一批创新制度政策。抓好已出台全产业链开放、全环节改革等方案的落地力度，确保政策走得通、落得好，并针对发现的新问题，持续推动全产业链开放、全环节改革等政策任务迭代升级，以政策措施的"快"和"准"促进市场主体的"增"与"活"。

2. 打造开放样板，着力推动园区亮面增效

启动实施重点园区（组团）发展建设三年行动，对园区（组团）进行场景赋能、资源赋能、管理赋能。实施自由贸易试验区提升行动，突出"创新自贸""数智自贸""绿色自贸""便利自贸"等特色，塑造更有辨识度的"北京自贸"品牌。以政策"会诊"为抓手，支持有条件的区域在美丽健康、买手经济、低空经济等领域创新探索。高质量推进综合保税区建设，分类提升综合保税区平台开放功能。完善类海外环境产业园区配套设施，推动国际合作创新示范园区加快发展。实施重点园区（组团）年度评价，探索试行对落后园区警示摘牌淘汰机制。

3. 突出目标导向，确保项目落地量质提升

强化目标管理，完善招商引资目标清单，加大力度引入市场化招商引资中介企业、生态型企业、龙头企业、补链强链企业，培育产业发展内生动力。强化推介招商，组织开展2023北京"两区"建设链接全球推介（招商）系列活动。强化区域协同，推动数字经济、集成电路、先进制造、生物医药等领域创新链、产业链、供应链"三链融合"在京津冀自由贸易试验区协同布局。强化项目服务，推进投资促进工作数字化转型，用好"一库四机制"①，充分发挥重大项目协调调度等机制作用，市区协同加快促进重大项目落地，努力实现项目数量、质量双提升。

---

① "一库"是"两区"招商引资项目库，"四机制"是重大项目协调调度工作机制、服务管家工作机制、政企对接工作机制、督查评价工作机制。

第十三章 上海自由贸易试验区临港新片区高质量发展与创新实践

中山大学自贸区综合研究院课题组[*]

2019年8月，国务院印发《中国（上海）自由贸易试验区临港新片区总体方案》（以下简称《总体方案》），标志着上海临港新片区正式诞生。临港新片区是习近平总书记亲自谋划、亲自部署、亲自推动的重大战略。2019年习近平总书记特别对临港新片区提出了"五个重要"的指示，即"临港新片区要进行更深层次、更宽领域、更大力度的全方位高水平开放，努力成为集聚海内外人才开展国际创新协同的重要基地、统筹发展在岸业务和离岸业务的重要枢纽、企业'走出去'发展壮大的重要跳板、更好利用两个市场两种资源的重要通道、参与国际经济治理的重要'试验田'"，这成为临港新片区创新发展的根本遵循。上海临港新片区始终以制度创新为"生命线"，努力发挥好国家改革开放"试验田"作用，以"五自由一便利"（投资自由、贸易自由、资金自由、运输自由、人员从业自由、信息快捷联通）为核心探索形成制度型开放体系框架。

一、2022年上海自由贸易试验区临港新片区建设总体成效

按照党中央、国务院的决策部署，临港新片区在更深层次、更宽领域、以更大力度推进全方位高水平开放，在建立制度型开放体系、强化高水平

---

[*] 本章执笔人：王珏，经济学博士，中山大学自贸区综合研究院兼职副研究员，江苏大学知识产权学院讲师。感谢中国（上海）自由贸易试验区临港新片区管委会提供材料。

科技自立自强、构建开放型产业体系、推进政府职能转变、加强风险防范等方面取得了重要成果，总体上达到了三年预期目标：国家、市、临港新片区出台各类政策260多个，形成87个制度创新典型案例，其中全国首创案例36个。新注册企业超6.4万家，国家高新技术企业达到800多家，前沿科技产业累计签约项目超300个，涉及总投资超4200亿元，地区生产总值、规上工业总产值、全社会固定资产投资三年平均增速分别为21.3%、40.2%、43%，制度创新红利加速转化为发展新动能，为经济高质量发展提供了强有力的支撑和保障。数据显示，2022年，临港新片区地区生产总值同比增长25%，其中，工业固定资产投资同比增长20%以上；全年完成规上工业总产值3482亿元，同比增长30%；完成制造业投资360亿元，同比增长25.7%，占全市制造业投资比重进一步提升；完成签约前沿产业项目104个，涉及总投资额1389.5亿元，切实发挥出了全市经济发展"发动机""增长极"的作用。①

（一）持续深化制度创新，推动高水平开放走深走实

1. 改革创新深入推进

《总体方案》78项任务基本完成，发布第三批25个制度创新典型案例，累计形成87个典型案例，其中全国首创性案例36个。市委、市政府出台实施《关于支持临港新片区加快建设独立综合性节点滨海城市的若干意见》。顺利完成临港新片区成立三周年系列重点工作，委托国务院发展研究中心和市政府发展研究中心分别完成临港新片区三周年评估，起草《临港新片区建设三年进展情况报告》并由市委、市政府报送党中央、国务院，国务院办公厅以该报告为基础，编印了《政务情况交流》第81期并向全国印发。设立制度创新奖，评选表彰10个具有首创性、引领性、标杆性意义的重大创新项目。完成数据跨境流动公共服务管理系统建设，上线"一体化信息管理服务平台（3.0版）"，构建更加丰富的风险防范应用场景。

---

① 数据来源：上海证券报·中国证券网，https://news.cnstock.com/news.bwkx-202302-5013211.htm，访问日期：2023年6月6日。

2. 营商环境持续优化

稳步推进"放管服"改革，完成第三批 214 项行政事项动态调整，累计承接市、区两级 1215 项事权。试点多事项综合审批，形成 5 个"一件事"① 综合审批改革方案，"一件事"审批系统上线。在全市率先开展"三线一单"② 跟踪评估和更新细化试点，首创的"两评一证"③ 合一制度入选生态环境部典型案例。启动全市首个政府投资全过程工程咨询项目试点工作。探索政府投资项目"先建后核"监管模式，试点综合监管"一件事"和综合验收"以测代验"改革。

3. 法治保障取得突破

出台临港新片区首部综合性地方性法规《临港新片区条例》，于 2022 年 3 月 1 日起正式施行。制定临港新片区法治保障工作规程。牵头起草《浦东新区促进无驾驶人智能网联汽车创新应用规定》，发布《浦东新区加强滴水湖水域保护和滨水公共空间建设管理若干规定》，进一步发挥了法制工作促进产业发展、提升社会治理能力的保障作用。争取国内外知名仲裁机构落地临港新片区。持续开展企业合规工作，形成《关于加快推进临港新片区打造企业合规改革创新引领区的行动方案（2023—2025）》。

4. 风险防范实战化能力全面提升

探索"央地协同"的监管样板。依托一体化信息管理服务平台，推进与国家行业主管部门建立便捷联通的数据共享通道，完成银保监（现为国家金融监督管理总局）、外汇管理局、海关等 12 个单位、共 22 个业务系统的数据对接。上线"一体化信息管理服务平台（3.0 版）"，深化 11 个特色场景建设，及时对风险进行识别研判，实现全流程风险防范与实时动态预

---

① 以"高效办成一件事"为引领，将职能部门办理的"单个事项"集成为企业和群众视角的"一件事"，进行业务流程再造，强化各个部门之间的业务协同，依托"一网通办"和线下办事大厅的综合窗口，为企业和群众提供"一站式"服务。

② 指生态保护红线、环境质量底线、资源利用上线和生态环境准入清单，是推进生态环境保护精细化管理、强化国土空间环境管控、推进绿色发展、高质量发展的重要实践。

③ 为营造一流营商环境，充分发挥临港新片区集中行使事权系统集成改革效力，推行跨领域、跨行业、跨专业行政审批事项的整合，临港新片区管委会制定了《临港新片区建设项目环境影响评价文件、生产建设项目水土保持方案综合审批实施方案（试行）》，在全国范围内首创环评、水保、排污许可"两评一证"合一，为行政审批改革贡献"临港经验"。

警,提升平台实战化水平。

(二) 着力推动科技创新,激发创新发展更大活力

1. 平台建设扎实推进

临港国家实验室完成项目立项,成功举办第五届顶尖科学家论坛,颁发首届世界顶尖科学家协会大奖,顶尖科学家论坛永久会场正式启用,首批三个"基石"科学家领衔的科学矩阵实验室启动,顶尖科学家公园完成莫比乌斯环支撑柱施工。海底观测网、重型燃气轮机项目等一批重大科学基础设施加快建设。中科院上海有机所临港基地开工建设、中石油材料研究院落地,认定第二批6家科技创新型平台。

2. 科创生态逐步完善

建立健全企业梯度培育载体和覆盖临港级、省市级、国家级三层次的企业成长体系,为未来产业发展夯实创新动能,高新技术企业达到1324家,认定"专精特新"企业100家。推动无驾驶人智能网联汽车创新应用,已完成实施方案及细则的制订。加快推进氢能产业发展,召开氢能大会,发布产业规划和扶持政策,支持临港新片区加快打造氢能产业发展高地。推动绿色再制造产业发展,商务部出台《商务部关于允许部分再制造产品按照新品实施进口管理有关工作的函》,允许浦东新区及临港新片区浦东区域部分企业四类工程机械用发动机再制造产品按照新品实施管理。

(三) 大力发展先进制造业,提升前沿产业竞争力影响力

1. 投资促进成效突出

加强招商引资和投资落地工作,产业招商签约项目104个,涉及投资额1389.47亿元,积塔二期、华勤汽车电子制造基地和临港研发总部等一批重点项目签约落地。制造业投资完成360.42亿元,同比增长25.7%。片区设立三周年前后,集中编制发布智能新能源汽车、集成电路、人工智能、新兴金融业等九个行动方案,为前沿科技产业和新兴业态发展注入强大动力。

2. 重点产业强劲增长

坚持防疫和生产两手抓、两手硬。新冠疫情期间,积极保障上汽等重点企业保运转、稳生产。疫情好转后,在全市率先实现规上企业全面复工

复产，前沿产业全面实现高速增长，新能源汽车、高端装备制造产值分别为2299.29亿元和882.31亿元，同比增长35.1%和25.4%。特斯拉上海超级工厂累计产能突破100万辆。

3. 特色园区扩围升级

启动建设滴水湖AI创新港，聚焦人工智能基础能力、重点发展、应用领域和高端人工智能终端加快集聚一批企业。"动力之源""国际氢能谷"创建成为上海市第三批特色园区，进一步促进产业资源高效聚集。依托"东方芯港"园区，集成电路行业基本构建了EDA工具、芯片设计、芯片制造、封装测试以及装备材料等全产业链生态体系，形成与张江高科技园区"双核驱动"的新发展格局。

（四）积极培育新兴业态，积蓄高质量发展新动能

1. 洋山功能得到强化

制定出台支持洋山特殊综合保税区新业态创新发展和高能级航运服务产业发展政策。在国内首次探索"一司两地"监管模式，完成国内首单外资班轮船公司沿海捎带业务，累计共4家轮船公司67艘船舶获批开展此业务。完成首单保税船舶租赁业务，实现国际航行船舶保税液化天然气（liquefied natural gas，LNG）加注业务常态化运作，保税船供公共服务平台和国际集装箱运价交易平台上线运行，东北亚空箱调运中心正式启用。境内建造船舶出口退税和区内物流、仓储服务免征增值税政策落地。通用电气航空发动机、东方航空宽体飞机保税维修等一批项目落地。

2. 新兴金融有序发展

推动发布《临港新片区开展跨境贸易投资高水平开放外汇管理改革试点实施细则》，涵盖四项经常项目便利化措施和九项资本项目改革措施。建设跨境资产管理示范区，2022年引入资管机构超50家，并开展资金余额管理模式等创新业务。打造科技保险创新引领区，中国银行保险监督管理委员会与上海市政府联合发布《中国（上海）自由贸易试验区临港新片区科技保险创新引领区工作方案》。中国集成电路共保体在临港新片区成立创新实验室。建设多层次资本市场的"一站式"服务基地。举办首届滴水湖新兴金融大会，打造金融高水平开放全新交流平台和上海国际金融中心建设

新名片。上海石油天然气交易中心、铂族贵金属新型国际贸易及科技创新中心等重点项目落地，大华银行（中国）成为落地临港新片区的首家外资银行。金融总部湾一期4个商住地块主体结构施工基本完成；西岛金融中心项目主楼出正负零。

（五）深入贯彻人民城市理念，打造智慧低碳韧性现代化新城

1. 规划土地保障有力

2022年全年完成出让供应及公告土地面积约3.15平方千米，公告出让金245亿元。编制滴水湖核心片区等四个片区单元规划，实现主城区单元规划全覆盖。编制《南汇新城高品质城市建设导则》，完成新城公共建筑方案和新城绿环概念规划国际方案征集。加强乡村地区规划统筹，制订《新片区实施全域土地综合整治工作方案》。

2. 智慧城市加快建设

大力推进城市数字化转型，与同济大学合作编制智慧城市顶层规划和智慧交通专项规划，完成上海天文馆、建设者小镇和中运量T1示范线数字应用场景建设。持续强化"一网统管"功能，初步完成城市生命线工程领域和自然灾害领域防汛防台板块建设，接入各类管网1456千米，各类物联感知设备3143个。发生1200多起预警告警事件，实现"信息共享、统一指挥、协同处置"。

3. 低碳理念全面实施

印发低碳发展行动方案，全面推广执行超低能耗建筑标准，试点创建顶科社区三星级绿色生态城区。主城区公共交通全部实现清洁能源化，清洁能源占一次能源消费比例达到50%。3个220千伏变电站开工，先进智造片区集中供热工程等四个综合能源站实现供能。同汇路加氢站建成投运。完成芦潮港农场环境综合整治项目，彻底解决区域环境和居住条件差历史遗留问题。

4. 韧性项目稳步开展

新增22.7万平方米应急避难场所，可容纳避难人数2.7万人。启用飞渡路应急物资仓库，组建涵盖危化品事故、道路抢险和运输、液化气管道爆炸事故等九类20支应急救援队伍。建立危化品分级分类监管机制，对涉

危企业实施不同频次的监管执法。

(六) 启动推进"人才筑巢工程",营造创新创业良好环境

1. 人才服务优化升级

全面承接居转户受理初审权。新推荐纳入居转户"7转3"单位267家、预申报人才引进重点机构100家,推荐引进非上海生源应届高校毕业生重点单位48家,认定在沪"双一流"高校应届本科毕业生直接落户政策企业105家。加快形成"人才筑巢"工程总体方案,制定形成《人才公寓管理办法》《人才租房补贴实施办法》《前沿产业优秀人才安家补贴实施办法》《优秀人才购房补贴实施办法》等人才安居系列配套政策,逐步构建"人才筑巢工程"1+X政策体系。建设临港新片区劳动人事综合服务中心,构建劳动纠纷调处与就业促进服务融合联动模式。挂牌成立临港新片区移民事务服务中心,成为全市首家区域性移民事务服务"一站式"综合服务平台。

2. 公共配套加强供给

大力推进安居工程,新增住宅建筑面积400万平方米,新增供应住房13838套。着力提升教育发展水平,设立临港教育奖,新竣工五所学校,新开办华东师范大学附属浦东临港小学及幼儿园等四所学校,新开工建设六所学校。积极提升医疗服务能级,制定发布促进医疗卫生服务高质量发展政策意见和实施细则。着力完善商文体旅布局,新增商业面积约13万平方米,港城广场文化综合体图书馆和剧院等项目实现试运营。持续完善市政配套设施,新增道路开工40千米,完工30千米,中运量T2线建成投运,临港水厂正式通水。

二、2022年上海自由贸易试验区临港新片区制度创新新进展及存在的不足

(一) 2022年制度创新新进展

1. 贸易便利化方面

上海飞机制造有限公司"一司两地"一体化监管模式。针对上飞公司

两个生产基地分别位于洋山特殊综合保税区内外的特殊情况,上海海关与临港新片区管委会及企业充分沟通,秉持顺势监管理念,在海关总署的指导支持下,创造性地提出了"一司两地"一体化监管方案,并于2022年1月4日获海关总署批复同意,同年3月洋山特殊综合保税区(二期)封关运行后正式施行,为通过监管创新解决临港新片区重点产业发展遇到的个性化问题提供了一个实践范例。该监管模式通过信息系统一体化、监管主体和模式一体化等方式,实现对上飞公司"一司两地"的一体化监管,在风险可控的前提下,给予企业多项便捷措施。根据方案要求,海关对上飞公司浦东基地与大场基地的海关监管货物实施一体化监管,并通过临港新片区一体化信息管理服务平台接收上飞公司根据管理要求发送的相关信息。方案实施后,海关指导企业充分运用好相关政策,两个生产基地一体化运营高效便捷。

AST保税维修项目。该项目通过在洋山特殊综合保税区内设立公司的方式,通过海外收购渠道获取二手计算机,完成维修升级后,作为品牌方授权的二手计算机持有方,将完成维修升级的计算机成品整体出口,在保税维修模式的监管下实现产值落地、利润落地、税收落地。该举措的创新性在于:一是将维修升级过程中产生的一切废料和副产品全部打包,整体退运,实现海关监管要求的"原进原出";二是在业务正式开展后,海关将主要依据货物管理的账册信息和固体废物等料件的管理开展抽查,主要针对企业的业务和管理能力进行相关检查和约束。

2. 要素自由流动方面

金融支持临港新片区贸易投资高水平开放。为落实中国人民银行、中国银行保险监督管理委员会(现为国家金融监督管理总局)、中国证券监督管理委员会、国家外汇管理局和市政府《关于进一步加快推进上海国际金融中心建设和金融支持长三角一体化发展的意见》,中国人民银行上海总部成立支持临港新片区领导小组办公室,联合相关部门制定印发《全面推进中国(上海)自由贸易试验区临港新片区金融开放与创新发展的若干措施》,积极推进落实临港新片区金融开放,形成了一批接地气、首创独有的跨境金融服务案例。具体包括:一是在全国率先取消外商直接投资人民币资本金专用账户;二是支持境内贸易融资资产跨境转让;三是推进跨境贸易投资高水平开放外汇管理改革试点；四是大力提升跨境结算与投融资便利化水平；五是开展本外币合一的跨境资金池试点；六是全力提升离岸经贸金融服务能级。

打造临港新片区移民事务服务中心服务集约制。该项目整合"单一窗口"（停居留和工作许可）、创新创业、教育医疗、文化旅游、住房保障、语言服务、法律服务等相关领域涉外服务资源，集聚涉外社工、帮办队伍和国际志愿者队伍等工作力量，从人才入境、居住、工作、生活等多方面进行服务供给，为临港新片区涉外企业及外籍人才在办证办事等方面提供综合配套服务。同时，该中心创新设置"移民事务服务中心—社会融合服务站、移民融入服务站—移民融入服务点"三级组织体系，加快构建移民融入服务体系，提升城市软实力和硬实力。

开展国际航行船舶保税液化天然气（LNG）"船到船"加注业务。为贯彻落实《中共中央 国务院关于支持浦东新区高水平改革开放打造社会主义现代化建设引领区的意见》要求，2022年1月，经上海市政府同意，上海市商务委员会同上海市发展和改革委员会、上海海关、临港新片区管委会等11个部门和单位出台《中国（上海）自由贸易试验区临港新片区国际航行船舶保税液化天然气加注试点管理办法》，对开展国际航行船舶保税液化天然气加注试点的概念、职责、流程、要求和业务监管等进行了规定，为临港新片区试点保税液化天然气加注服务提供了政策支持。

探索国际数据港制度及实践创新。具体做法包括：一是推动和完善数据立法。推动《中国（上海）自由贸易试验区临港新片区条例》增设有关国际数据港条款，其中第三十二条提出，"推进国际数据港建设，构建国际互联网数据专用通道、新型互联网交换中心等新型基础设施，打造全球数据汇聚流转枢纽平台"。二是试点探索数据跨境流动。探索建立数据跨境流动正面清单、分类分级和存证传输管理制度，搭建数据跨境流动公共服务管理系统，实现数据跨境流动全流程防篡改、可追溯、易监管。三是强化国家战略联动。推动国际数据港与数据交易所两大国家战略协同，探索数据交易"国际板"建设，试点推动海外数据在沪交易，打造"上海交易、全球交付"新模式。四是完善功能性设施布局。提升国际海光缆容量，协调推进新建的直达东亚和东南亚的海光缆系统在上海落地。建设国际互联网专用通道,面向外向型园区及企业,建设和开通从园区直达国际通信业务出入口局的数据专用通道,提升国际互联网访问质量。试点建设新型互联网交换中心,实现"一点接入、多点互通"的高效流量交换。建设全球数据枢纽平台,扩容亚太互联网交换中心,建设大规模高等级云数据中心,承接国际、国内数据的存储、计算和处理。

3. 金融制度创新方面

创新金融监管制度支持临港新片区金融先行先试。为贯彻落实习近平总书记对临港新片区做出的"五个重要"重要指示精神,国家金融监督管理总局上海监管局和上海证监局创新金融监管制度,多措并举,全方位多层次系统推进临港新片区金融发展先行先试。一是建立金融监管服务临港新片区专项工作机制。二是印发支持临港新片区创新先行先试专项文件并落地生效。三是推动临港新片区先行先试纳入国家部委和上海市重要文件。四是支持金融机构在临港新片区创新机构类型加大集聚力度。五是推进在临港新片区设立金融创新重要项目和重要平台。

跨境离岸人民币权益融资。上海临港经济发展(集团)有限公司(以下简称"临港集团")与交通银行股份有限公司于 2022 年 6 月成功合作,落地上海首单跨境离岸人民币权益融资产品。具体地说,在产品架构设计方面,本次跨境离岸人民币权益融资产品借鉴国内成熟标准化权益融资产品架构并应用到境外市场,同步发挥本外币合一跨境资金池联通境内外的优势作用。在产品规则运用方面,本次跨境离岸人民币权益融资产品对标全球通行的金融监管规则,形成了匹配国际法律体系的全新交易条款。在推动临港新片区产品创新方面,本次跨境离岸人民币权益融资产品实现首个自主设计打造产品登陆境外市场,推动新片区自主金融创新产品受到国际资本市场认可,为后续优质企业产品应用的复制推广奠定了基础,也为国际金融机构在临港新片区的落地发展提供了更多创新应用场景。

碳中和保障性租赁住房债券。临港集团于 2022 年 8 月在中国银行间市场交易商协会成功发行的绿色中期票据(碳中和债/保障性租赁住房),是全国首单带有"保障性租赁住房 + 碳中和"双标签的绿色债券,为临港新片区实体经济的低碳发展注入"金"久不衰的资本动力。临港集团从保障性租赁住房的建筑设计环节抓起,预先启动超低能耗建筑测评等工作,并成功获得中国建筑节能协会超低能耗建筑设计标识认证证书，确保项目供暖、供冷及建筑能耗综合值均达到绿色认证标准。

4. "放管服"改革方面

工程建设项目承诺制改革。承诺制改革的主要内容有七个方面：一是建立了承诺制改革试点项目准入机制，实行企业自主承诺并公示，强化企业投资主体地位。二是编制监管标准，推行企业承诺前一次告知全部监管要求。三是强化全过程监管，推行企业过程性自主报备，试点房屋建筑项目的综合监管。四是开展结果复核，形成承诺制管理的工作闭环。五是完善信用评价机制，促进承诺制良性循环。六是设立承诺制试点项目专员服务，对企业参与试点承诺制实行全过程辅导，并引入全过程咨询机构参与支持企业承诺制试点。七是架构承诺制管理的业务平台，全面接入"一网通办"临港新片区频道，实现全程线上无纸化办理，并依托"一企一档"信用数据查询来优化全过程监管能力。

"国家级人防改革试验区"临港新片区人防工程建设管理综合改革。主要做法包括：一是实现重点地区人防工程统筹开发、集中配建。对重点开发、成片开发区域等重点地区改变一项目一配建的建设模式，以市人防专业规划和工程布局规划为依据，通过编制地块人防工程专项规划和同一开发主体统筹配建方案，实行整体开发、集中配建，确保区域总体满足人防工程配建要求。二是实现人员掩蔽工程防护单元面积的标准提升。综合考虑人员掩蔽的防护性、平战转换的便利性、防护要素的拓展性，将人员掩蔽工程防护单元面积予以扩容。三是实现"一站式"民防专项竣工验收。按照"一件事"的精神，立足企业办事的视角，市民防办对民防工程竣工验收相关事项的申报条件、办事流程进行梳理，将民防工程质量监督（竣工）档案接收和民防专项竣工验收以"一件事"形式办理。

5. 法治体系建设方面

出台《中国（上海）自由贸易试验区临港新片区条例》。临港新片区在投资管理体制改革、贸易监管模式、金融开放创新、人才政策创新等方面形成了一批改革创新成果，《中国（上海）自由贸易试验区临港新片区条例》（以下简称《条例》）将一批已落地的开放型政策制度以法规形式予以固化，给予市场主体更加明确稳定的预期，确保各项改革于法有据。一些正在推进、尚未落地，但国家原则上支持的改革创新条款，写入《条例》中，给予市场主体改革创新的强烈信号，为未来改革创新留有空间。

"一站式"国际商事纠纷解决机制。针对市场主体法律需求大、近距离法律服务供给相对不足等情况，临港新片区管委会牵头、联合上海临港新片区经济发展有限公司组建了临港新片区法律服务中心。在整合资源的基础上，挂牌成立了临港新片区"一站式"争议解决中心，并推出了网上"云平台"。此后，境内外仲裁和调解机构、高校研究机构、行业协会以及各类法律服务机构纷纷入驻该中心，发展步伐不断加快。"一站式"平台的成功对接，为进一步实现经验共享、资源共享、设施共享，以及形成"1+1＞2"聚合效应打下了良好的基础，有利于更好地服务临港新片区内的中外市场主体，促进多元化纠纷解决体系的建设，为引领试验区建设提供坚实的司法服务保障。

（二）存在的不足

1. 对外开放程度有待进一步提升

上海自由贸易试验区临港新片区在贸易、投资、资金、人员等要素的便捷流动上探索了众多经验，但在服务业关键领域的对外开放，离岸、数字等国际贸易新业态及其监管模式，文化、金融开放创新等领域仍存较大提升空间，这些领域的制度型开放仍需进一步走深走实。例如，在数字跨境流动方面，临港新片区已在全国率先进行数字跨境流动的探索，进行国际数据港建设，但是电信行业管理制度使得国际主要电信运营商在落地业务节点、客户的数据交换等方面受到了限制。

2. 制度创新的集成性尚显不足

制度创新碎片化是自由贸易试验区发展过程中存在的显著问题，制度刚性和改革成本等因素是造成自由贸易试验区制度创新碎片化的主要原因。例如，金融领域的制度创新的集成性不足表现为，在金融科技、绿色金融、科技金融、跨境金融等方面的金融服务体系尚未形成，金融开放和金融安全的平衡点还未找到。知识产权保护制度创新的集成性不足表现为围绕知识产权的司法保护、行政保护、协同保护的知识产权保护体系尚未形成。

3. 具有国际竞争力的营商环境有待深化

对标国际高标准经贸规则，上海临港新片区具有国际竞争力的、开放、包容、公平、公正的营商环境仍有待深化。例如，在市场准入准营方面，准入门槛较高、准入不准营的现象仍然存在；工程建设项目审批效率有待进一步提升，重大项目审批机制有待进一步完善；政务服务水平有待进一步提高。

三、上海自由贸易试验区进一步改革的方向

（一）对标高标准经贸规则，实施更高水平的开放

按照党中央、国务院的决策部署，临港新片区要以更深层次、更宽领域、更大力度推进全方位高水平开放，在已经取得发展成效的基础之上，临港新片区下一阶段要继续对标 CPTTP、USMCA 等高标准经贸规则，找到差距，从而探索实施更高水平的开放。例如，在货物贸易领域，进行分阶段、分批次"零关税"试验，不断扩大进口规模，优化进口商品结构。在服务贸易领域，争取服务业核心领域开放实质性落地；探索放宽自由贸易试验区入境和签证制度，以及对劳动力的资质要求，实现优质人才在区内聚集。

（二）以产业链为核心，分步骤、分节点逐步实现制度集成创新

制度的集成创新不是一蹴而就的，一定是循序渐进的，借鉴国际自由贸易试验区（港）的发展经验，它们的建设发展都经历了由单一功能区向综合功能区转变的过程，因此临港新片区制度的集成创新需要逐步实现。而逐步实现的具体方法是围绕产业链。创新网络是为了系统创新而形成的制度安排，想要进行集成式制度创新，构建创新网络是有效途径之一。集成网络由网络节点和网络关系链条构成，网络节点是进行制度创新的主体或空间载体，网络关系链条连接各个主体，进行制度创新成果的扩散、推广，制度创新网络的网络关系链条即为产业链。因此，临港新片区要以产

业链为核心，通过考察上下游产业链发展需要，分阶段实现制度的集成创新。

（三）以"响应式"创新，深化营商环境建设

自由贸易试验区通过制度创新优化营商环境的目的是服务社会主体需要，为了使临港新片区的制度创新探索能满足人民群众和市场主体的需要，需要以"响应式"创新来深化营商环境建设，即人民群众和市场主体通过递交人大会议提案的方式，将利益诉求进行制度化的表达，然后地方政府发挥机会识别、目标设定、资源整合和行动倡议的作用，对这些诉求进行吸纳和推动。

第十四章　广东自由贸易试验区高质量发展：成效、问题与策略

中山大学自贸区综合研究院课题组[*]

一、2022年广东自由贸易试验区建设成效

2023年4月10日至13日，中共中央总书记、国家主席、中央军委主席习近平在广东考察时强调，广东是改革开放的排头兵、先行地、实验区，在中国式现代化建设的大局中地位重要、作用突出。要锚定强国建设、民族复兴目标，围绕高质量发展这个首要任务和构建新发展格局这个战略任务，在全面深化改革、扩大高水平对外开放、提升科技自立自强能力、建设现代化产业体系、促进城乡区域协调发展等方面继续走在全国前列，在推进中国式现代化建设中走在前列。

广东自由贸易试验区拥有横琴、前海、南沙三个片区，是广东高质量发展的重要引擎和动力。2015年批复的《中国（广东）自由贸易试验区总体方案》明确提出要依托港澳、服务内地、面向世界，将自由贸易试验区建设成为粤港澳深度合作示范区、21世纪海上丝绸之路重要枢纽和全国新一轮改革开放先行地。2023年是广东自由贸易试验区成立第八年，自挂牌以来，广东自由贸易试验区固定资产投资累计超过1万亿元，年均超过1300亿元，税收由2015年的574亿元增长到2022年的950亿元，带动横琴、前海、南沙三大平台国内生产总值由2015年的2244亿元增长到2022年的4663亿元，增长额超过1倍，经济总量迈上新台阶。广东自由贸易试

---

[*] 本章执笔人：刘颖妮，中山大学自贸区综合研究院研究助理。感谢中国（广东）自由贸易试验区横琴、前海、南沙片区管委会提供材料。

验区累计新设企业超过26万家,实际利用外资近500亿美元,91家世界500强企业在广东自由贸易试验区投资了465个项目,集聚了总部企业272家,高水平投资平台作用显著。八年来,广东自由贸易试验区已累计形成696项制度创新成果,在全省复制推广216项改革创新经验,发布301个制度创新案例,并在全省设立13个广东自由贸易试验区联动发展区,首批62项广东自由贸易试验区改革创新举措在联动发展区落地实施,开展产业和项目合作超30项,示范带动作用更加突出。自成立以来累计设立了2.4万家港澳资企业,实际利用港澳资473.77亿元,以全省万分之六的面积吸引了全省港澳资总额的三成以上,与港澳合作更加紧密。[①]

(一) 横琴自贸片区建设成效

2021年9月5日,中共中央、国务院印发《横琴粤澳深度合作区建设总体方案》(以下简称《横琴方案》)。从最早的横琴新区、自贸片区到如今的合作区,横琴的战略地位再上新高度,可实施范围也扩大为横琴岛"一线"和"二线"之间的海关监管区域,总面积约106平方千米。围绕促进澳门经济适度多元发展这条主线,横琴深入践行粤澳共商共建共管共享理念,坚定不移推动琴澳一体化发展,持续不断促进琴澳民生深度融合,全方位推动规则衔接、机制对接和资源要素互联互通,合作区建设取得新的积极进展。

1. 围绕"四大产业"持续发力,促进澳门经济多元发展

经核算,2022年合作区地区生产总值完成461.79亿元;1—12月全口径税收收入(财政口径)完成353.89亿元,同比增长13.2%。澳资澳企数量得到明显增长,澳企总量达5323家,较2021年底增长11.80%;规模以上澳资企业合计实现营业收入141.21亿元,同比增长21.4%;科学研究和技术服务业领域,澳资商事主体比例达到10.84%。"脱虚向实"成效初显,合作区商事主体实体登记占比由13.77%提升至32.02%,万达商管、华彬集团等一批知名企业落户并开展实质性运营,易方达、广发等五家国内领

---

① 参见《广东自贸试验区交出八周年"成绩单"》,广州日报,http://epaper.gzdaily.cn/news/html/2023/06/08/content_875_827687.htm,访问日期:2023年6月16日。

先的资产管理公司上岛办公，全年新增就业登记人数9379人。具体情况如下：

第一，谋划布局科技研发和高端制造产业。出台促进集成电路产业发展措施，粤澳集成电路设计产业园投入运营，采用"行业智库＋产业基金＋专业园区"的"三轮驱动"发展模式，引进芯潮流、极海半导体等40多家重点集成电路企业，2022年集成电路规上企业营收达到26.91亿元，同比增长20.8%。芯耀辉、一微半导体等六家集成电路企业与澳门大学集成电路国家重点实验室共建联合实验室。中国—葡语系国家技术交流中心正式落户琴澳。区内国家级和省级科技创新平台增至31家，同比增长55%，国家级高新技术企业326家；有效发明专利2432件，同比增长18.23%。

第二，做大做强中医药等澳门品牌工业。出台支持生物医药大健康产业高质量发展政策，加快中医药研发制造，着力打响"澳门注册＋横琴生产"品牌。引进太平资本优化粤澳合作中医药科技产业园管理，联邦制药、丽珠、广药等一批龙头生物医药企业进驻园区，产业园注册企业已达233家，其中澳资企业61家。依托澳门"离岛医院"，携手澳门共建"医疗＋旅游"大健康产业。围绕澳门品牌工业领域中小企业发展需求，研究制定支持澳门品牌工业和相关企业发展的政策举措，积极探索实施"工业上楼"模式，吸引和支持澳门品牌中小企业入驻。

第三，稳步发展现代金融业。金融业增加值达到164.11亿元，同比增长8.1%。加强金融服务实体经济，区内银行机构存贷款余额分别达1874亿元、1840亿元，同比增长约17%、30%；地方金融组织提供融资服务达519亿元。合作区金融政策体系初步搭建，出台促进金融产业发展综合性政策，实施上市挂牌扶持、企业赴澳发债及促进中小微企业融资等四类专项政策。在中基协续登记的私募基金管理人达566家，管理规模超6100亿元，积极发挥"以投带引"资本招商作用，为合作区引入人工智能、集成电路等领域优质项目。

第四，协同拓展文旅会展商贸产业。对接澳门编制文旅、会展、商贸产业三年行动计划。深化琴澳珠文旅产业合作，发布首批"琴澳联合旅游产品"，推出澳门人游横琴推广套餐，联合珠海研究开展跨境周边海岛游产品设计。开通"文旅横琴"官方公众号,全面加强琴澳"一程多站"旅游品牌宣传。创新"一会展两地"模式,成功举办首届中国(澳门)国际高品质消费博览会暨横琴世界湾区论坛。积极探索商贸发展新路径,成立推动澳门国际机场发展琴澳集成电路与电子元器件交易业务专班,促进琴澳陆空物流一体化。横琴综合物流中心土地挂牌出让,助力澳门商贸物流产业扩容增质。推出"横琴欢乐购"消费券活动,持续推动文旅消费市场稳步复苏。

2. 围绕"居民所需",推进琴澳互联互通

第一,健全民生配套"硬基础"。"澳门新街坊"项目完成全部主体结构封顶。子期幼儿园及小学投入使用,新增公办学位2460个,子期中学、金融岛片区小学、国际居住区幼儿园项目启动前期工作。加快建设广州医科大学附属第一医院横琴医院,着力打造服务琴澳、辐射大湾区的国家区域医疗中心。横琴赛艇中心建成使用。市民服务中心、市民文化艺术中心主体结构封顶。合作区婚姻登记处正式揭牌,已成功为8对琴澳新人办理结婚登记。澳门轻轨延伸横琴线项目海底隧道顺利贯通,澳门大学横琴校区连接横琴口岸通道桥项目加快推进。广珠澳高铁鹤洲-横琴段进入可行性研究阶段。

第二,推进公共服务"软联通"。成立"澳门新街坊"专责小组,全力推进澳门基本公共服务、优质生活服务及社会福利率先延伸至新街坊项目。横琴伯牙小学、子期小学等四所公办学校与澳门培正中学缔结"姊妹学校"。实施监护人在横琴工作和居住的澳门籍学生享受等同横琴户籍的招生政策。琴澳青少年体育事业蓬勃发展,成立业余体校,招募354名琴澳学生,组建6支运动队。琴澳医疗卫生培训基地全年培训澳门医疗人员超150人次。全国首个"粤澳社保一窗通"投入使用。借鉴澳门药房运作模式,落地广东省经营乙类非处方药综合改革试点,6家连锁便利店取得试点资格。澳门街坊总会横琴服务中心、"南粤家政"示范站累计服务超30万人次。澳门中华总商会广东办事处揭牌成立。全国首创澳门车辆停车无感支付。澳门单牌车投保内地商业险保费最高降幅30%。跨境免费通勤专线巴士线路增至12条、每日往返班次41次,全年客运量超10万人次。

第三,构筑就业创业"新空间"。澳门居民在合作区执业更为便利,建筑、旅游、医疗等领域的境外专业人士获跨境执业资格增至1057名。粤澳职业技能"一试多证"专项合作正式落地，36名粤澳旅游服务从业人员经考核获两地认可职业技能证书。加大力度支持澳门青年在合作区创新创业，全年发放场地租金等补贴超1000万元，澳门青年创业谷等五个创业基地累计孵化澳门项目610个。搭建线上"横琴·澳门居民招聘专区"，为澳门居民提供就业岗位超600个。联合澳门推出专项实习计划，执委会工作机构及广发基金、普华永道、英雄体育等知名企业提供189个实习岗位，吸引890名澳门青年踊跃报名。

3. 围绕"琴澳一体"先行先试，构建高水平开放新格局

澳门与横琴处在两种不同制度体系下，要实现一体化发展，必然要破解法律法规、政策制度上存在的障碍。

第一，"1+1+1+N"政策体系加快建立。印发合作区建设实施方案，绘就合作区第一阶段发展目标行动指南。总体发展规划修编成果正式上报中央湾区办。配合广东省人大常委会加快合作区立法工作，全力推动合作区发展促进条例出台。企业及个人所得税"15%"优惠政策和澳门居民个人所得税优惠政策印发实施，合作区澳门居民个人税负下降达七成，初步实现横琴澳门居民税负环境与澳门趋同。鼓励类产业目录、首批授权事项清单、放宽市场准入特别措施、金融支持合作区建设等政策正加快推动出台。

第二，"分线管理"软硬件配套逐步成熟。"一线"横琴口岸二期创新实施客货车"联合一站式"查验模式，车辆验放时间缩短至约1分钟。"二线"五个通道共七个海关监管作业场所有序开展信息化工程建设，创新广珠城轨延长线横琴岛内站点"关铁合作、一机两检"监管模式。推动海关监管办法加快出台，深入研究论证分线管理税收政策、检验检疫监管创新、加工增值30%计核方式等配套政策，确保封关后高效有序运作。在澳外籍人士赴合作区便捷签证措施落地实施，外籍人员出入合作区更加便利。

第三，跨境金融合作持续深化。联合澳门金融管理局建立跨境金融工作组，常态化推进琴澳金融融合发展工作。印发实施外商投资股权投资类企业试点办法（QFLP），合作区现有QFLP和QDLP试点企业共35家，其中澳资企业16家。跨境理财通跨境收支超2500万元，其中对澳门往来收支占九成。跨境人民币结算金额近 3000 亿元，试点以来累计办理业务超万亿元。粤澳跨境数据验证平台以金融信息跨境验证作为首阶段试行范畴落地实施，实现琴澳居民个人数据跨境验证。本外币合一银行结算账户体系试点落地。创新推出"工银琴澳通"。完成首笔粤港澳大湾区贸易融资资产跨境转让人民币结算业务、首笔对澳门法人银行保理资产跨境转让业务、首笔"芯片制作交易模式"下新型国际贸易结算业务。

第四，营商环境不断优化。实施降成本十条措施，出台"稳经济 30 条"和帮扶市场主体纾困措施，帮助企业有效降低经营成本。出台市场主体住所登记管理办法。全面落实国家减税降费政策，全年累计落实组合式税费支持政策合计 29.05 亿元。打造"政能量"企业服务品牌，助力企业政策申报、融资对接，服务多家中小企业获得银行贷款近亿元。率先在全省实行并复制推广全流程税费业务"非接触式"办理。"数字+规则"涉税业务自动化审批等三项便利化创新举措，获评广东自由贸易试验区年度最佳制度创新案例。行政审批效能进一步提升，投资者最快 3 小时便可领取营业执照，全国率先实现"跨境通办、一地两注"机制，内地和澳门投资者足不出境可完成商事登记。推动省级行政职权"应放尽放"，首批 159 项省级行政职权调整由合作区实施。印发实施法治建设行动方案（2022—2024年），新增律师事务所 9 家、社会律师 85 名。

（二）前海自贸片区建设成效

2021 年 9 月 6 日，中共中央、国务院印发《全面深化前海深港现代服务业合作区改革开放方案》。前海从自贸片区升级成合作区，面积增至 120.56 平方千米，进一步扩大粤港合作的广度和深度。前海合作区正逐步形成以投资便利化、贸易便利化、金融开放创新、事中事后监管、法治建设、人才管理、体制机制和党的建设等八大板块为核心的制度创新"前海模式"，充分发挥"制度创新策源地"和"改革开放'试验田'"作用。

1. 以制度创新为核心，发挥示范带动的积极作用

第一，完善制度创新工作体系。出台促进前海制度创新工作若干措施、前海蛇口自贸片区管委会制度创新工作规程，加快形成创新工作合力。已累计推出 765 项制度创新成果，其中全国复制推广 76 项、全省复制推广 82

项、全市复制推广203项。2022年6月，深圳市发展和改革委员会会议审议决定授予前海管理局"深圳综合改革试点突出贡献奖"。2022年7月，中山大学发布的"2021—2022年度中国自由贸易试验区制度创新指数"显示，前海位居第一方阵，持续领跑。

第二，打造国际一流的企业运营环境。前海制定投资者保护条例，完善竞争政策框架，建立健全竞争政策实施机制。以"竞争中性"原则加快国资国企改革，推进以信用体系为基础的市场化改革创新。以市场化方式发起成立国际性经济、科技、标准、人才等组织，创新国际性产业和标准组织管理制度。打造国际一流的政务服务环境，深化政府的"放管服"改革，建设"数字政府"，开展政务服务流程再造，推进服务数字化、规范化、移动化、智能化。完善前海法定机构的治理模式，探索经济区与行政区适度分离的管理体制。前海建设国际法律服务中心和国际商事争议解决中心，探索不同法系、跨境法律规则衔接。完善前海合作区内适用香港法律和选用香港作仲裁地解决民商事案件的机制，建立前海合作区与港澳区际民商事司法协助和交流新机制。

第三，积极推动综合授权改革落地。用好综合授权改革"关键一招"，深化实施首批清单，推动深港金融市场互联、跨境商事法律规则衔接等重大改革。将"外籍人才认定""境外专业人才执业""国际仲裁合作新机制""口岸国际中转便捷通关""知识产权保护""国际船舶登记入级管理""医院评审认证体系"7项经验作为深圳综合改革试点经验，由国家发展和改革委员会发文向全国推广。积极推动"小切口"牵引"大改革"。梳理上报第二批建议授权清单，积极推动部委支持健全大宗商品交易机制、推进工程制造领域高质量发展改革、前海深港国际法务区建设等改革事项。

2. 以开放促改革，为全面深化改革积累新经验

第一，改革创新试验平台功能进一步完善。推进现代服务业创新发展，制定港澳导游及领队执业备案暂行规定，符合条件的港澳旅游业从业人员在报名和岗前培训后，可申请执业备案。打造国际一流营商环境，构建社会信用与纳税信用融合共治模式，针对不同信用等级的纳税人实施差异化动态税收管理和服务，超过3000户优质信用企业受益，节约办税时间75%以上。创新合作区治理模式，首创功能区跨区域协同统计模式，按照"常

规统计一统多用，特色统计服务深港"的思路，搭建"统一核算、在地统计、协同管理、创新发展、信息共享"的统计体系，为前海经济计划决策提供有效支撑。

第二，对外开放门户枢纽地位进一步强化。提升金融开放水平，打造基于区块链的境外人士收入数字化核验产品公共平台，依托纳税数据，为境外人士提供线上收入核验服务，实现对境外人士合法收入的线上自动验证。打造商事争议解决中心，前海法院会同市小微企业发展促进会，建立民营小微企业案件多元化纠纷解决分中心，共受理前海法院委派调解案件180件。主动对接RCEP，选取前海企业越海全球供应链股份有限公司作为首家经核准出口商企业，货物通关流转效率大幅提升。在人民币跨境使用、外汇管理便利化等领域先行先试，开展本外币合一银行账户试点。2022年9月2日，前海管理局携手香港财经库务局在深港两地同步发布《关于支持前海深港风投创投联动发展的十八条措施》，全方位支持风投创投机构，打造创新资本跨境流动便利、科创产业带动能力突出的"深港国际风投创投集聚区"，服务深港科技创新合作，助力粤港澳大湾区国际科技创新中心建设。2023年2月17日，中国人民银行、中国银行保险监督管理委员会、中国证券监督管理委员会、国家外汇管理局、广东省人民政府联合印发《关于金融支持前海深港现代服务业合作区全面深化改革开放的意见》，围绕民生金融、金融市场互联互通、现代金融产业发展、促进跨境贸易和投融资便利化、加强金融监管合作等方面推出30条措施，旨在提升深港金融合作水平、服务实体经济高质量发展，以及坚持防范系统性金融风险为全国金融业扩大开放起到示范引领作用。2023年4月10日，前海管理局修订印发《深圳前海深港现代服务业合作区支持金融业高质量发展专项资金管理办法》，鼓励持牌金融机构集聚和特色金融业务创新发展、支持深港金融合作创新发展、支持前海深港国际金融城及前海深港国际风投创投集聚区建设、营造良好金融生态。

第三，积极推动国家"一带一路"倡议落地实施。前海通过"一带一路"贸易组合枢纽港构建以前海为枢纽的"海上丝绸之路"国际港口链，打造国内国际双循环战略重要链接点。该枢纽港建设以前海枢纽港、深港组合港、湾区港口群和国际港口链"四港建设"为战略抓手，形成粤港澳大湾区港口组合、深港两地海港空港组合、"一带一路"港口组合等多种组合，巩固提升香港国际贸易中心和航运中心地位，增强深圳国际贸易和航运综合服务功能，提升粤港澳大湾区贸易和航运服务国际化水平。前海以"一带一路"贸易组合枢纽港建设为契机，持续加强与境内外合作伙伴、友好园区的务实合作，通过"做平台、做能级、做功能、做价值、做影响"，全力推动重大项目落地，着力提升前海对外开放门户功能、世界贸易枢纽功能等"十大功能"，不断构建国际合作和竞争新优势，为广大外贸进出口、供应链管理、航运服务等企业和机构提供更好服务，为巩固香港国际航运中心和国际贸易中心地位、推动"一带一路"倡议、建设高质量发展做出更大贡献。

3. 以协同创新的理念，为推进制度型开放探索新路径

第一，全方位建设科技创新平台。前海支持"科创中国"大湾区联合体落地，联合港澳高校、企业建立产学研一体化合作平台，构建大湾区协同联动、合作互信的创新网络，连续出台《深圳市前海深港现代服务业合作区管理局支持科技创新实施办法（试行）》和《深圳市前海深港现代服务业合作区管理局关于支持中国特色新型智库发展的暂行办法》。前海支持龙头企业、港澳高校和港澳研发中心在前海建设新型研发机构，并予每家新型研发机构以每年最高1000万元的扶持，以此打造港澳与内地科技协同研发与成果产业转化的创新平台，促进深港创新链对接联通。来自深圳市相关部门的数据显示，2019年以来，深圳已累计资助深港澳科技计划项目超过2亿元，其中9730万元已跨境投入科研活动。此外，六所香港高校累计在深圳设立了88个与产业高度契合的实验室或研发中心，孵化了265家科技企业。

第二，推动建立重大政策协调机制。推动设立粤港澳大湾区重大合作平台建设协调工作机制第一次会议，就前海总规、财税政策、金融和法治建设平台等大力争取支持，获得部委积极反馈。推动建立粤港澳大湾区重大合作平台沟通交流工作机制，积极上报有关政策诉求。

第三，积极争取政策覆盖。国务院批复的22条政策（税收政策除外）已实现全覆盖，中央支持自由贸易试验区的12项政策中"外籍及港澳台高层次人才认定"项经报国家移民局批复同意覆盖，其他11项政策已由省自

贸办在广东自由贸易试验区深化改革 3.0 方案中纳入。推动建设自由贸易试验区深圳联动发展区，56 项制度创新成果及政策向新扩区域复制推广。扩区以来，前海管理局相继出台金融、商贸物流、专业服务、科技创新、智库建设等产业政策，均面向合作区全域实施。

（三）南沙自贸片区建设成效

2022 年 6 月，国务院印发《广州南沙深化面向世界的粤港澳全面合作总体方案》，实施范围也扩展到南沙区全域，总面积约 803 平方千米，明确要打造成为立足湾区、协同港澳、面向世界的重大战略性平台。

1. 发挥创新"试验田"作用，制度集成创新能级持续提高

第一，加强创新顶层设计。修订《广州南沙开发区（自由贸易试验区南沙片区）制度创新促进办法》，从体制机制上指导和激励南沙创新工作，营造良好的制度创新生态环境。根据《2021—2022 年度中国自由贸易试验区制度创新指数报告》，南沙制度创新总体得分为 89.14 分（全国 54 个自贸片区平均得分为 76.70 分），在全国自贸片区排名第二，较 2021 年上升一位。创新指数分项情况评估结果显示，南沙贸易便利化指数连续两年排名全国第一，投资自由化指数赶超上海浦东、深圳前海位列榜首，金融改革创新、政府职能转变、法治化环境三项指数均在全国前三，充分展现南沙创新驱动的强劲发展态势。截至 2023 年 6 月，累计形成 884 项改革创新成果，43 项在全国复制推广，119 项在全省复制推广，236 项在全市复制推广。"跨境电商监管新模式""企业专属网页政务服务模式""智能化地方金融风险监测防控平台"三项创新经验入选商务部最佳实践案例。"全球溯源中心创新数字治理新模式""广州市南沙区网格化支援服务队伍品牌项目"入选 2022 年度全国社会治理创新案例。"广州超算打造跨境科技资源共享平台""全球溯源中心"入选国务院全面深化服务贸易创新发展试点最佳实践案例。

第二，构建以推进治理能力现代化为导向的政府服务管理体系。持续深化商事登记确认制改革，推动商事登记去许可化，获 2019 年国务院督查激励，相关经验做法被《中华人民共和国市场主体登记管理条例》吸收上升为国家顶层设计。打造全国首个"无证明自贸区"，创新推出数据查询、部门核验、告知承诺三种方式实施改革，最大限度取消、调整本层级设定的证明事项，逐步实现业务办理"零证明"。创新构建"信即办"审批服务体系，实现"即来即办、当场办结、立等可取"。全面升级"交地即开工（5.0版）"，推动工程建设项目审批再提速。全国率先自主研发"微警认证"，成为全国首个亿量级政务数据应用平台。深化"证照分离"改革全覆盖，采取直接取消审批、审批改为备案等四种方式分类推进改革。搭建首个区级"信易+"应用场景基础性支撑及应用平台，实现信用评价、企业信用等级动态调整、风险识别分析和预警信息自动推送等"一站式"服务。

2. 对标高标准国际经贸规则，推动规则型制度型开放

第一，构建与国际通行规则相衔接的投资贸易便利化自由化制度框架。南沙全面对标高标准国际贸易规则，发布全国首个对标RCEP、CPTPP"双协定"的制度型开放集成创新举措，获评"2021—2022年度中国自由贸易试验区制度创新十佳案例"，聚焦贸易自由便利、投资自由便利、要素流动便利、金融服务、竞争政策和绿色发展六大领域，提出17条兼顾国家关切和南沙特色的先行先试措施。全面升级智慧海关，推动"单一窗口"标准版应用功能，实现辖区内"单一窗口"报关单、舱单申报、运输工具申报覆盖率三个100%的目标。打造首个全球溯源体系区域运营中心，荣获中国管理科学奖，发布首批全球商品溯源标准，获批国家市场总局第七批社会管理和公共服务综合标准化试点，与青岛、海南洋浦签订战略合作协议，逐步形成各地复制推广的态势。全球优品分拨中心打造数字化服务贸易平台，入选服贸会全国优秀服务贸易案例，目前入驻美赞臣等一批知名企业，产业链集聚效应显现。全国首创"离岸易"服务平台，加快打造"买全球、卖全球"跨境贸易通道，全面提升南沙国际贸易能级。

第二，有序推进以互联互通为核心的金融市场。落地全国首家混合所有制交易所——广州期货交易所，持牌法人金融机构占全市的1/4，国际金融论坛（International Finace Forum，IFF）永久会址封顶，集聚金融、类金融机构超6600家。融资租赁企业占全国1/5，累计完成196架飞机和81艘船舶租赁业务。获批全国首批跨境贸易投资高水平开放试点，自由贸易（FT）账户跨境结算量超4800亿，跨境理财通、QDLP、融资租赁公司外债便利化、本外币合一银行结算账户体系等试点相继落地。获批全国首批气候投融资试点,广州期货交易所首个品种工业硅期货成功上市,广州数据交易所挂牌运营,成功举办国际金融论坛(IFF)2022全球年会等重大会议活动。

3. 共建高水平对外门户,深化面向世界的粤港澳全面合作

第一,建立以国际化为特色的多元法律服务体系。连续四年在"法治广州"考评中位列全市第一。构建粤港澳"N+4+2"司法规则衔接机制,率先开展民商事案件证据开示、涉港商事案件属实申述、类似案例辩论程序等N项诉讼规则对接探索,创新四种港澳人士司法参与渠道,打造两个粤港澳司法合作交流平台,全力提升自由贸易试验区审判国际公信力。打造穗港澳青年创业创新法律服务新机制,为港澳青年创新创业提供全流程、全方位"一站式"线上线下跨境法律服务。深化涉外(涉港澳台)民商事案件"双调解"机制,发挥特邀调解组织和特邀调解员专业优势,构建"一站式"多元解纷机制,国际商事纠纷体制逐步建成。全国首创"四个共享"仲裁机构合作机制,打造大湾区—长三角常态化仲裁合作新模式。南沙、前海、横琴三地法院共签知识产权保护司法协作机制框架协议,合力打造大湾区知识产权司法保护一体化平台。

第二,加快建设以规则衔接为重点的粤港澳全面合作示范区。南沙粤港合作咨询委员会有效运作,专项工作小组拓展至14个,集聚27个香港工商协会,举办三场面向港澳专题推介会。发布国内首部关于港澳专业人才在内地申报职称的规范性文件,搭建粤港澳大湾区职称和职业资格业务"一站式"服务平台。建设大湾区律师执业孵化站,七名粤港澳大湾区执业律师在南沙执业,全国首个由粤港澳大湾区律师澳门执业律师代理的内地案件诞生于南沙。国内首创对粤港两地个人的跨境身份核验服务,建设大湾区跨境数据互信互认平台。港澳居民个人所得税优惠政策落地,发布奖补力度在全国领先的"港澳青创新十条"政策,在创享湾等11个青创基地入驻300多个团队,与港澳合作不断走深走实。

二、广东自由贸易试验区发展过程中显现的问题

经过八年的发展,广东自由贸易试验区取得了巨大的成绩,但也面临

着在新发展阶段高质量发展过程中显现出来的不足之处。

(一)改革创新深度不够

自贸片区先行先试诉求多,而国家部委事权下放少,且权力下放的系统性仍然不足。上级部门强调"管得住,才能放得开",下级部门在没有充分授权和权限的情况下,改革创新的内在驱动力较弱,基层部门试错成本较高,多部门多层级的集成性创新案例较少,碎片化的问题仍然较为突出。导致这种局面的一个主要原因是,中央赋予的方案在基层执行过程中被分割成块然后交给不同的职能部门去完成。这是现阶段大多数政策执行的固有模式,这种模式使基层部门的各职能部门分工紧密相连,好处就是责任可以明确到"人",便于监督,执行效率高,但是不可避免地产生制度创新"碎片化"。横琴、前海、南沙三地在管理体制、运行机制等方面进行了不同程度的改革创新,但是仍然未能跳出窠臼,制度集成创新的数量质量均与预期有差距。三个区域的方案都是中央、国务院先后批复的,但是这三个方案更多的是顶层设计,在基层实践过程中要高水平地落地就需要各部委的权限下放,而部委权限下放会有诸多考虑,加之不同地方与部委的沟通渠道也会存在差异,如此一来部委权力下放的时间、内容、条件都会有差异。现阶段对横琴、前海、南沙而言,海关、金融等多个中央部委都比较迅速地出台了明确的支持政策和办法,但是仍然有很多权限需要下放,因此仍有很多流程需要优化。

(二)重大制度创新成果落地力度不够

由于行业规定、许可审批、配套措施等限制,以及新开放领域的法律法规修改滞后等问题,制度创新成果落地依然面临"玻璃门"和"弹簧门"问题。横琴前海南沙临近港澳,但是粤港澳之间规则、思维、程序存在巨大差异。虽然签署了各类合作协议,但内地部门更注重实体,而港澳则更注重程序,重要问题都需要经过立法会,同时还会面临司法挑战的风险。内地往往不愿意在与港澳合作的过程中涉及法律协调的问题,以免出现"吃力不讨好"的后果。由此也导致粤港澳大湾区规则衔接的许多事项被长时间搁置或没有形成长期有效的解决机制。内地公务员与港澳人员之间交流合作也存在壁垒，三地基层交流互动相对较少，人才政策的整体实效仍然不足，港澳居民在内地生活、就业仍有诸多不便。

（三）将贯彻落实总体方案转化为制度创新成果还不够充分

现横琴、前海、南沙都拥有了差异化的方案，国家赋予的战略定位也进一步提升，但因粤港澳三地制度、法律不同，对港澳规则衔接、机制对接的探索与推动方面仍需加快解放思想、找准路径，提出更多务实举措。以横琴为例，《横琴方案》确定了横琴粤澳深度合作区的发展目标以及四大战略定位，并点题发展"四新产业"——科技研发和高端制造产业、中医药等澳门品牌工业、文旅会展商贸产业、现代金融产业。《横琴方案》指出，合作区实施范围为横琴岛"一线"和"二线"之间的海关监管区域，这个范围的设计为各种税收特殊政策提供了实施空间，在物品跨境运输上，除法律法规明确规定不予免税的物品外，其他物品可免税经"一线"进入横琴；对经"二线"进入内地的物品，按现行税收政策规定实行增值税和消费税退税；在人员进出上，"二线"对人员进出不做限制。《横琴方案》虽然对海关税收做出了明确的规范，但海关的检验检疫、数据跨境流通等政策，却依然遵照国家统一的规则执行，严重阻碍了体制机制衔接、要素便捷流动。前海和南沙亦有类似情况，尤其是在推动人流、物流、资金流、信息流便利高效往来、跨境金融互通、对标国际高标准经贸规则等方面，在全国得以复制推广的制度创新成果还比较少。

三、广东自由贸易试验区高质量发展的策略建议

在广东自由贸易试验区成立八周年的新闻发布会上，广东省商务厅厅长张劲松指出，广东将推进跨境贸易投资高水平开放外汇管理改革、本外币一体化资金池、本外币合一银行账户体系等试点，打造期货产业集聚区，发展飞机船舶融资租赁、大豆离岸现货交易等特色业务；开展全产业链集成创新，建立以先进制造业为支撑、战略性新兴产业为引领的开放型、创新型现代产业体系，服务粤港澳大湾区产业升级发展。将积极争取开展对接国际高标准经贸规则试点，对标CPTPP等国际高标准规则体系，开展高

水平开放的压力测试,争取形成一批示范性引领性的制度型开放经验。具体而言,针对性的策略有以下三点。

(一)积极争取中央、国家部委对广东自由贸易试验区综合授权,最大限度赋予改革自主权

借鉴海南自由贸易港的先进经验,可以考虑争取更加集中统一的授权方式。持续优化制度创新的体制机制,完善改革创新职能体系,充分发挥自由贸易试验区先行先试的优势和积极性,厘清改革创新工作界面,形成改革创新工作合力,推出更多标志性改革创新成果。进一步健全改革创新的规章制度,落实好制度创新工作若干措施、促进制度创新工作规程要求,优化创新成果评定程序,加快推出新一批各层级改革创新经验。还有,广东自由贸易试验区要集聚各方力量,加快建设国际高端智库集聚区,吸引高端智库进驻,举办智库特色活动,形成一批高质量研究成果,以高水平研究为制度创新赋能,为地区发展献计献策。

(二)持续完善落实《横琴方案》《前海方案》《南沙方案》的制度体系

深化方案落实体系,压茬推进各项任务落实。积极争取横琴前海南沙总规有关政策点落地见效,开展方案落实情况评估,定期对"任务清单"进展情况进行督查通报,统筹实施政策可复制推广的覆盖范围,加快形成一批务实管用的政策举措。进一步理顺基层管理机构内部的运行机制与激励机制,横琴、前海、南沙要进一步优化内部沟通协调机制,进一步调动基层公务员(人员)的积极性,高效率地完成既定任务,高质量地贯彻落实上级部门的政策。为适应高质量发展的要求,要赋予法定机构更多的职能与责任,考虑适当增加人事、财政等权限,以便适应扩区等新要求。加强与国家发展和改革委员会、商务部等部委的沟通与请示,争取将更多改革事项吸纳进授权清单。

(三)对标高标准经贸规则推动制度型开放

加快开展与中国香港澳门签订的双多边协定研究,率先推动适用条款

在横琴、前海、南沙先行先试，结合《区域全面经济伙伴关系协定》（RCEP）落地实施，对标《全面与进步跨太平洋伙伴关系协定》（CPTPP）、《数字经济伙伴关系协定》（DEPA）等最新规定，争取将有关广东自由贸易试验区的政策纳入CEPA新附件中，为探索建设内地与港澳单一自由贸易区提供有力支撑。借鉴国际先进自由港经验深入推进改革创新，争取出台横琴前海南沙跨境服务贸易特别准入措施（负面清单）。负面清单原则上对港澳资企业进入广东自由贸易试验区不设限制，在服务贸易便利化、国际海港制度公约、劳工权利保障、数据要素流动等方面加强与港澳、国际制度衔接。争取设立粤港澳单一自由贸易区，推动粤港澳生产性服务业全面合作，实行投资便利化、强化粤港澳国际贸易功能集成，推动港澳高端服务业在广东自由贸易试验区集聚。

·区域编·

第十五章 安徽自由贸易试验区芜湖自贸片区高质量发展与创新实践

中山大学自贸区综合研究院课题组[*]

一、引言

建立中国（安徽）自由贸易试验区芜湖自贸片区是安徽省在全球新一轮科技革命和产业变革背景下以点带面，以制度创新、科技创新、产业创新驱动区域高质量发展的重要战略举措。芜湖自贸片区位于芜湖市东北部，总规划面积35平方千米，包括芜湖综合保税区和国家一类开放口岸芜湖港。芜湖自贸片区涵盖了芜湖经济技术开发区和鸠江区部分区域，是跨境电子商务综合试验区、智慧城市基础设施与智能网联汽车协同发展试点城市、进口贸易创新促进示范区等国家级试点平台。

自挂牌成立以来，芜湖自贸片区以打造开放型产业集聚区、战略性新兴产业先导区和江海联运国际物流枢纽区为核心战略定位，以推进构建先进完善的行政服务管理体制为牵引，以建设市场化法治化国际化的营商环境为抓手，以一体化联动的港口园区为载体，以新能源与智能网联汽车等为主导产业，以协作共享的科技金融创新平台为产业赋能引擎，近年来通过一系列高质量发展实践与制度创新举措，在建设贸易投资便利、监管便捷高效、产业优势显著、辐射作用突出的改革开放试验区方面取得了显著成效。

芜湖自贸片区始终坚持以制度创新赋能带动社会经济综合发展。在创

---

[*] 本章执笔人：黄抒田，中山大学自贸区综合研究院副研究员，英国埃克斯特大学地理学博士，应用经济学博士后。感谢中国（安徽）自由贸易试验区芜湖片区管理委员会提供材料。

新实践方面，自2020年9月24日挂牌以来，芜湖自贸片区充分发挥先行先试优势，以不到芜湖全市千分之一的面积，贡献了全市61.1%的进出口额、21.5%的实际利用外资、6.3%的新增市场主体、27.5%的经济总量。截至2022年底，芜湖自贸片区累计探索86项制度创新成果，24项入选全省制度成果和创新案例，实施改革试点专项任务98项，成为安徽省重要的制度创新策源地。在产业发展方面，芜湖自贸片区规划建设了港口物流区、综合保税区、银湖国际社区、中心商务区、滨湖研创区、高端制造区六大功能区。努力打造比肩全国最高水平的内陆港口型自由贸易试验区和链接全球资源市场的临港经济区。芜湖自贸片区聚焦智能网联汽车、智慧家电、机器人、航空、国际贸易等主导产业，其中智能网联汽车特色产业园成为首批安徽省特色产业园，智慧家电产业成为华东甚至全国重要的家电生产基地，机器人产业在"中国机器人城市综合实力排名TOP10"榜单中居于第八位，航空产业获批国家首批通用航空产业综合示范区。此外，芜湖自贸片区还积极布局保税维修、保税研发、新型易货贸易等开放型产业，全面提升了芜湖地区的综合竞争力。

芜湖自贸片区作为我国最晚一批成立的自贸片区，在全球新冠疫情与国际贸易摩擦等因素的影响下，通过积极探索高质量发展和创新实践，有效构建创新赋能发展的成功模式，为其他地区提供了有益经验和启示。本文将全面、系统地探讨安徽自由贸易试验区芜湖自贸片区高质量发展与创新实践的问题和现状，探讨芜湖自贸片区的发展模式、政策措施、创新机制以及取得的成效，并总结其中的经验得失，为芜湖自贸片区在新时期新阶段的创新发展提供相应的对策建议。

二、安徽自由贸易试验区芜湖自贸片区高质量发展的创新实践成效

（一）优化营商环境、服务市场主体

党的十八大以来，以习近平同志为核心的党中央高度重视优化营商环境工作。习近平总书记就营商环境建设做出多次指示和批示，提出"营造

稳定公平透明、可预期的营商环境""营造有利于创新创业创造的良好发展环境""积极营造宽松有序的投资环境""营造一个有利的国际贸易环境",发表了"营商环境是企业生存发展的土壤"等一系列重要论述,为我国各地自由贸易试验区优化营商环境提供了根本遵循和行动指南。芜湖自贸片区近年来在制度创新领域聚焦营商环境建设,通过创新公共服务、金融服务、物流服务等一系列措施,有效降低了市场主体的制度性成本。

例如,在公共服务创新方面,芜湖自贸片区以打破部门壁垒、加快审批速度、提高效率为工作导向,实施了"一颗印章管审批"的行政许可权改革试点方案和安徽省内首个"无差别受理"综合窗口,并通过创新"标准化+非标准化"服务模式,建立了高效统一的工作机制。这一举措有助于提供一流的办事创业和营商环境,并入选安徽自由贸易试验区的十大标志性建设成果。截至2022年9月,芜湖自贸片区实有法人企业达到4956户,注册资本总计达629.7亿元。通过深化"证照分离"和实施市场主体登记"确认制",企业开办的审批时间压缩至0.5个工作日,最快仅需10分钟。企业登记从行政许可变为行政确认,减少了对市场主体自治的干预,体现了政府管理模式的转变。

芜湖自贸片区还基于"智慧+信用"管理新模式,成功打造了公共信用信息综合服务平台。该平台集结了226个部门的24.13亿条信用数据,并通过技术手段在多元场景中有效降低了市场主体间的互信成本,极大地方便了企业和个人在片区内外的各类商务活动和生活。在实际应用中,芜湖自贸片区通过市融资信用服务平台,充分利用政务大数据为企业免费生成了"信誉报告",有效地帮助企业以较低成本获取贷款。此举大大促进了企业的发展和融资需求的满足。同时,芜湖自贸片区还基于该平台为十大新兴产业量身定制了相应的监管规则和标准,以避免多头监管对企业正常经营的干扰,提供了更加稳定和可靠的经营环境。除此之外,芜湖自贸片区还发布了医保信用管理办法,使异地人员在办理异地就医备案时可以通过信用承诺书代替烦琐的登记材料,实现了异地就医备案手续的便捷办理。这项措施为异地就医人员提供了更加便利和高效的服务,提升了就医体验,也使医疗资源得到更合理的利用。值得一提的是,该公共信用信息平台所打造的个人信用分系统"乐惠分"已经成功应用于"皖事通"等平台,并已嵌入全市14个领域的81个服务事项。通过个人信用分，市民可以享受到更多的便民优惠，提高了生活品质和获得感。

在物流服务创新方面，芜湖自贸片区率先在长江流域推出了"一站式"航运政务服务，打造了国内首个长江流域"全航运要素、全生命周期""一站式"政务服务大厅。该大厅集成了长江（芜湖）航运要素大市场、长江海事局、皖江船检局、港航（地方海事）管理服务中心、长江船舶交易中心等单位，整合了108项航运政务服务事项，实现了原本需要不同部门"串联"审批的业务流程改为"并联"审批，实行"一窗办理，只跑一次"的服务模式。这一举措极大地简化了办事流程，提高了办事效率。通过提供统一的服务平台，芜湖自贸片区吸引了航运人才、信息和资金的集聚，打造了品牌优势，促进了航运产业的做大做强。截至2023年4月11日，航运大厅共接收企业和群众的咨询6811次，受理申请5778件，已办结业务5019件。这一改革获得了100%的企业与群众的满意度。通过"一站式"航运政务服务大厅的建设，芜湖自贸片区极大地提升了物流服务的效率和便利性。企业和个人可以通过大厅"一站式"解决航运相关的政务手续，避免了烦琐的手续和耗时，提高了办事效率和用户体验。这对于促进芜湖自贸片区的航运产业发展、吸引更多投资和人才具有积极的推动作用。

在金融服务创新方面，芜湖自贸片区率先推出了"全额风险代偿"供应链金融新模式。相较于传统的担保模式，全额风险代偿模式突破了由核心企业担保的传统供应链金融产品模式，采取核心企业在银行缴存授信总额度10%的保证金，并建立了风险补偿资金池。该资金池用于全额代偿该方案下的风险，并要求核心企业在规定时间内将池内资金补足至初始水平。这一创新模式既解决了下游经销商由于不愿采取货押模式而难以获得融资的问题，方便了产业链上的企业获得信贷支持，同时也为银行风险管理提供了保障。由于风险代偿资金池的建立，银行能够在代偿后及时补足资金，保证了风险管理的可持续性和稳定性。芜湖自贸片区通过引入全额风险代偿模式，不仅促进了产业链上的企业获得融资，还提供了银行风险管理的保障，实现了供应链金融产品担保模式的新突破，为实体经济的发展提供了有力支持。这一创新模式在推动金融服务创新和促进产业链发展方面具有积极的意义，为其他地区提供了可借鉴的经验和启示。

（二）促进两业融合、赋能产业发展

习近平总书记在《国家中长期经济社会发展战略若干重大问题》一文中指出，高质量发展的关键在于优化产业链、供应链和扩大内需。换言之，中国经济增长已从"要素驱动＋投资拉动"转向"创新驱动＋消费拉动"，而实现这一转型的重要抓手之一即推动现代服务业与先进制造业的两业融合。国家发展和改革委员会等15个部门联合印发的《关于推动先进制造业和现代服务业深度融合发展的实施意见》指出，要"加强合作、以点带面，深化业务关联、链条延伸、技术渗透，探索新业态、新模式、新路径，推动先进制造业和现代服务业相融相长、耦合共生。形成一批带动效应突出的深度融合发展企业、平台和示范区"。

芜湖作为入选安徽省"十四五"第二批省级先进制造业和现代服务业融合试点，积极探索并推进了深度融合发展的有效机制，基于港区一体联动战略，围绕国际物流、智能网联汽车等重点产业，通过一系列具有产业赋能式创新成果，有效促进了现代服务业与先进制造业的深度融合，初步形成了经济转型及产业升级区域性样本。在实践中，芜湖自贸片区通过政策支撑、优化发展环境和提升产业链价值链的方式，推动省级两业融合试点的建设，打造产业管理服务平台和综合性服务平台，推动服务业集聚区与工业园区的联动发展，在重点领域和关键环节进行先行先试，取得了明显的成效。这将为国内各地区畅通经济循环、联系生产消费、扩大交易范围、推动分工深化、建设现代产业体系提供有益的经验与示范。

具体而言，为打造两业融合发展的样板，芜湖自贸片区着力搭建智能网联和新能源汽车产业的生产和服务全链条体系，通过数字化平台的建设和数据信息的挖掘，推进各个环节的数字化全流程再造，提供关键部件运行数据、车辆运行状态和改造升级信息，以及状态预警、远程运维和智慧出行等高附加值服务。同时，芜湖自贸片区还鼓励奇瑞新能源汽车股份有限公司开展汽车租赁和共享出行业务，并支持中联重科安徽工业车辆公司研发新能源叉车产品和发展融资租赁业务。在智能网联和新能源汽车发展需求方面，芜湖自贸片区深化设计、制造和集聚要素的能力，推动产业本地循环发展，打造了智能网联汽车小镇，搭建智能网联汽车基础设施体系和开放式数据平台云控中心,提供路测、数据和场景等平台支持。为推动产业链企业融合互动,芜湖自贸片区支持安徽华东光电技术研究所有限公司、中航华东光电有限公司、安徽天兵电子科技股份有限公司等企业发展封测、检验检测等业务,推动产业整体水平提升。

在产业融合方面,芜湖自贸片区推出了"智能+共享+绿色"共享工厂新模式。在当前互联网、人工智能和大数据推动的制造业新一轮变革的背景下,中小企业面临资金不足、规模小、人才缺乏等问题,如何利用科技创新成为它们转型升级的"关键变量"。芜湖自贸片区针对如何利用科技创新促进中小企业转型升级这一问题,通过创新实践引入了"共享工厂"模式。该模式以提升附加值和增值服务体系的方式为企业提供了一套可供复制和参考的解决方案,推动实现转型升级和高质量发展的"最大增量"。芜湖自贸片区的主要做法之一是:在政府的支持下,与企业合作共同打造产业新生态。片区积极探索工业互联网与智能制造相结合的模式,出台了《芜湖市关于深化"互联网+先进制造业"发展工业互联网实施方案》,并成立了芜湖5G+工业互联网产业发展联盟,为工业互联网项目提供研发政策支持。

其次,芜湖自贸片区在市场逻辑下助力中小企业的发展。芜湖市发现内陆省份劳动密集型产业集聚区内存在许多中小企业面临产业升级、安全环保和人力资源短缺等问题,亟须借助工业机器人提升产品质量和降低生产成本。然而,对于大多数中小企业来说,引进机器人生产线的投资门槛高,后期运营也面临一定困难。因此,芜湖市与埃夫特智能装备股份有限公司合作,在江西南康家具产业园区内建立了喷涂机器人共享工厂,集中进行喷涂作业,解决了家具企业提升产品质量和降低生产成本的问题,同时也解决了当地家具产业的用工荒问题,同时降低了职业病风险。该共享工厂在运行半年后已为50多家中小企业提供集中喷涂代加工服务,帮助企业降低约30%成本。

另外,芜湖自贸片区通过创新技术实现了共享工厂的发展。通过帮助埃夫特智能装备股份有限公司与阿里云计算机有限公司合作,共同打造了行业内首个云边端一体化智能机器人云平台。该平台整合了机器人技术、视觉技术、人工智能技术和云计算技术,以阿里云工业大脑作为技术底座,通过集成视觉、轨迹规划、人工智能、自动控制和工艺模型及数据等技术，降低了工程师编程和算法应用的门槛，提高了机器人的自主性和智能化水平，进一步满足小批量混线生产的柔性要求。共享工厂投入使用后，单件产品的消耗品成本节省了217%，单工件人工费用节省了230%，产品合格率由95%提升至98%。

通过共享工厂模式的推广应用，芜湖自贸片区的工作取得了显著成效。共享工厂不仅改变了传统的资源配置方式，推动了技术和产品创新，解决了工业机器人商业化应用的难题，还提供了绿色发展的解决方案，通过环保设施的投入解决了高污染和高能耗问题。此外，共享工厂实现了制造业的服务化转型，将机器人企业从供应商转变为合作伙伴，以增值服务和附加值提升为基础，为企业开辟了新的发展路径。芜湖自贸片区计划将共享工厂模式快速复制到五金等其他行业，通过工业互联网的数据采集和分析，拓展更多应用场景，实现智能、共享和绿色的完美结合。为创新资源配置方式、培育共享制造新模式和新业态提供有益的示范，并推动芜湖自贸片区在制造业转型升级和高质量发展方面发挥更大的作用。

（三）深化区域合作，延拓对外贸易

习近平总书记2020年在安徽主持召开扎实推进长三角一体化发展座谈会上提出："要深刻认识长三角区域在国家经济社会发展中的地位和作用，结合长三角一体化发展面临的新形势新要求，坚持目标导向、问题导向相统一，紧扣一体化和高质量两个关键词抓好重点工作，真抓实干、埋头苦干，推动长三角一体化发展不断取得成效。"芜湖是长三角一体化区域中心城市，芜湖自贸片区近年来紧扣"一体化"和"高质量"这两个关键词，通过平台建设与机制创新，在加速融入长三角一体化，联动构建"宁合芜"金三角等方面取得了显著成效，尤其是创新飞地与创新平台协同共建模式、"芜湖—洋山"长江支线运输航线共舱管理新模式两项创新成果为长三角区域一体化高质量发展提供了有效示范。

创新飞地与创新平台协同共建模式基于芜湖市与上海松江区之间的战略合作协议，通过协同推进创新飞地与研发创新平台建设，积极推进"飞出地"与"辖区地"在政策、人才、技术等方面的跨区域深层次合作。创

新飞地与创新平台协同共建模式的推进为芜湖市和上海松江区带来了卓越的合作成果。通过双方的战略合作协议，运营公司得以成立，打造出安徽省内首个购地自建的"创新飞地"，并重点推动创新飞地与研发创新平台的共同建设。这种跨区域合作模式在政策、人才和技术等方面取得了显著成效。由于创新飞地的建设是通过购地自建的方式实现的，这为企业提供了一个具备独特政策和制度优势的创新发展环境。同时，创新飞地与上海松江区的研发创新平台形成了紧密的协同关系，实现资源共享和优势互补。这种协同共建模式为创新飞地和创新平台带来了多方面的效益。首先，企业在创新飞地中享受到政策和资源的优惠，从而提高了竞争力和创新能力。其次，通过与上海松江区的合作，创新飞地与创新平台实现了资源的互补和整合，形成了一个良好的创新创业生态系统。此外，跨区域合作还促进了人才的流动和交流，加强了双方在人才培养和科技创新方面的合作。

在"联动接卸"江海联运新模式方面，为了充分发挥芜湖港作为上海港和宁波港的补充港口，以及联通长三角和长江经济带的区位优势，芜湖自贸片区积极与上海自由贸易试验区临港新片区对接合作，在上海海关、合肥海关和芜湖海关等部门的大力支持下，双方协调探索将芜湖港作为洋山港的货物接卸地，并实施"联动接卸"海关监管模式，以实现沪皖港口的一体化监管。首先，该模式加强了沪皖两地的联系和配合。在上海海关和合肥海关的牵头指引下，洋山海关、芜湖海关，洋山港和芜湖港等各参与方建立了联系沟通平台，紧密合作，将芜湖港作为洋山港的延伸，实现了"联动接卸、视同一港"的整体监管，使洋山港和芜湖港的通关运作实现了一体化。其次，该模式明确了业务流程并制定了操作规范。以全国通关一体化改革为基础，结合洋山港和芜湖港的基础设施条件，根据智能化、信息化和便利化的原则，明确了进出口业务流程，并制定了操作规范。在这种模式下，进口货物在洋山港放行后，通过专用驳船转运至芜湖港，可以直接提离；出口货物从芜湖港经专用驳船转运至洋山港后，触发报关单放行，即可从洋山港直接装船离境。进出口货物在芜湖港和洋山港之间的运输过程中，实现了"一次申报、一次查验、一次放行"。此外，该模式打通了物流节点，畅通了物流渠道。在"联动接卸"模式实施之前，企业通过公路运输在芜湖和洋山港之间运输进出口货物，费用高且效率低，而在这种模式实施后，企业可以通过芜湖港的水路运输进出口货物，实现定时、省心和省钱的目标。该模式还叠加了"船边直提"和"抵港直装"等创新举措。根据国务院常务会议的要求，芜湖海关在"联动接卸"监管制度的基础上，进一步推行"抵港直装"和"船边直提"试点，提高通关效率，为芜湖外贸企业提供更多的通关物流选择。在实践中该模式提高了物流运转效率，降低了企业物流成本。根据实测数据，通过"联动接卸"模式，FOB上海出口货物的成本相对于公路运输降低了近一半，全程运输时间缩短至48小时。通过与上海港的合作，芜湖港成为上海国际航运中心的重要组成部分，发展了长江经济带的多式联运体系。该模式还优化了港口资源配置，助力区域产业发展。芜湖港和上海洋山港的联动有助于抓住"一带一路"倡议和长三角区域一体化发展战略的机遇，提升了芜湖港口的开放功能，推动了区域产业转型升级和国际物流业的快速发展。

三、安徽自由贸易试验区芜湖自贸片区高质量发展的难点与问题

自创办以来，安徽自由贸易试验区芜湖自贸片区在制度创新、开放引领、优化营商环境等方面持续发力，取得了阶段性成果，展现了良好的高质量发展势头。但需要指出的是，相较于国内其他领先的自由贸易试验区如上海自由贸易试验区、广东自由贸易试验区，芜湖自贸片区仍存在一些难点和问题，主要包括经济体量偏小、改革创新力度不够、对外吸引力不够强等。为了加快创新发展步伐，芜湖自贸片区还必须加大创新发展力度，采取更有力的措施，全面推进芜湖自贸片区在"十四五"期间的高质量发展。

（一）经济体量和产业规模较小

芜湖自贸片区的经济体量相对较小，偏重传统产业，新兴产业规模不大，企业利润空间小，片区内产业发展的主平台作用发挥还不显著。虽然片区在一些重点领域取得了突破和发展，但整体经济规模仍较为有限，这些劣势给吸引大型企业、引进外资和推动区域一体化发展带来了一定的挑

战。在当前国内外自由贸易试验区竞争激烈的环境下，芜湖自贸片区需要进一步提升国际影响力和竞争力，加强品牌建设和推广，增加对外交流与合作，吸引更多国内外知名企业和投资者到片区投资兴业。同时，芜湖自贸片区也需要加强基础设施建设，提高服务水平和质量，为企业提供更便利、高效的投资环境。因此，芜湖自贸片区需要进一步加大产业发展力度，提升核心竞争力，吸引更多的投资和项目落地，从而扩大片区的经济规模。

（二）芜湖自贸片区在一些领域改革创新力度相对较弱

尽管在贸易便利化、投资便利化、政府职能转变方面有所努力与突破，但芜湖自贸片区在法治建设创新、金融开放创新等方面力度仍显不足。尤其面临创新资源较少，人才集聚能力较弱，省级以上研发平台、科技企业孵化器和高新技术企业数量相对较少，尤其是缺乏全方位的人才培养交流机制。片区管委会注重"引进来"，通过公开招聘引进了部分高端人才，但是对"走出去"重视不够。工作人员来源为全市各机关骨干抽调及员额制、合同制招聘，队伍比较新，相关业务水平仍有待提高。芜湖自贸片区需要加强政策创新，推动更加深入的体制机制改革，激发创新活力和创业精神。同时，芜湖自贸片区还应积极引进高端人才和创新团队，加强科技创新合作，培育新兴产业和高新技术企业，推动技术创新和产业升级。

（三）体制机制尚有优化空间

首先，芜湖自贸片区作为非载体式的功能性区域，对外开放能级仍需进一步提升。芜湖自贸片区揭牌以来，与国内先发地区的自由贸易试验区开展了很多合作交流，共同探索合作模式，但在双向互动、深度合作等方面做得还不够。其次，芜湖自贸片区在地理管辖区域上与经济开发区、鸠江区等载体经济功能区存在重叠，横向联系有待加强，纵向协调有待完善，统筹协同的体制机制尚未建立。芜湖市在芜湖自贸片区开展相对集中行政许可权改革试点，但经济管理、社会事务等事项审批和监管职能仍分属鸠江区政府及经济开发区管委会。另外，在一些发展创新事项上，目前的架构机制可能引发争先进位意识不强，标杆树得不高，满足于纵向比较，而横向比较不足，抓落实不到位，缺少发现问题和解决问题的主动意识等问题。

为解决这些难点和问题，芜湖自贸片区需要在多个方面下大力气。首先，加大对重点产业的支持力度，促进优势产业的发展和壮大。其次，加强政策创新，推动更加深入的改革措施，为企业和创新团队提供更好的发展环境和政策支持。此外，加强与其他自由贸易试验区和国内外合作伙伴的合作，共享资源、经验和机遇，提升片区的影响力和竞争力。同时，加大宣传推广力度，提升片区的知名度和形象，吸引更多的企业、投资者关注和选择芜湖自贸片区。虽然芜湖自贸片区在创新发展中面临一些难点和问题，但只要深入研究并采取有效的措施加以解决，芜湖自贸片区的创新发展势头将会持续向好。

四、推进安徽自由贸易试验区芜湖自贸片区高质量发展的建议与对策

芜湖自贸片区在高质量发展和创新实践方面取得了一定成绩，但仍存在提高和改进的空间。本文对芜湖自贸片区在新时代新阶段的创新高质量发展提出以下建议与对策。

（一）借鉴前海管理局法定机构模式，探索创新市场化管理运营模式

深圳市前海管理局经过十年的探索和发展，成为全国首个以法定机构模式主导区域开发治理的政府机构。自2010年以来，前海管理局逐步建立了涵盖决策、执行、监督和咨询的治理结构，构建完善以法定机构承载部分区域政府治理职能的体制机制创新格局。前海管理局的探索和实践推动了前海深港合作区和前海蛇口自贸片区的跨越式、超常规发展。通过前海模式的实施，前海成为在经济特区创造新经验、引领全国新一轮改革开放的重要窗口，同时也成为粤港澳大湾区合作的重要平台，受到了习近平总书记的充分认可。前海管理局以法定机构为主导，形成了科学高效的决策和执行体系，有效提升了治理能力和水平。通过建立合理的权责清单和职权划分，前海管理局实现了权力的科学规范和有效监督，确保了治理的公正性和透明度。同时，前海管理局注重引入专业化团队和顶尖人才，建立

了广泛的咨询和合作网络。借助外部智力和资源,前海管理局能够更好地进行政策研究和决策咨询,提供科学的政策建议,为前海深港合作区的发展提供有力支持。前海模式的成功经验不仅在深圳市内得到广泛应用,也为其他地区提供了借鉴和参考。

芜湖自贸片区可以在管理体制机制上借鉴深圳前海管理局的成功经验与现行做法。首先,可以探索采用"法定机构＋市场主体"模式推进市场化开发。在片区内推行"管委会＋运营公司＋招商公司＋担保公司"的管理运营模式。通过法定机构的指导和监管,结合市场主体,有效推动片区的市场化开发,提高社会效益和经济效益。其次,芜湖自贸片区可考虑建立"双轨运行"机制,探索全员双向聘任。对于管委会工作人员,可以实行编制内任职与岗位聘任相分离、档案工资与实际薪酬相分离的"双轨运行"管理。这种管理模式打破了编制内外身份的界限,是"无差别人力资源管理",能更好地激发工作人员的积极性和创造力。最后,芜湖自贸片区可以探索实施关键业绩指标考核制度,探索绩效工资改革。通过设定明确的关键业绩指标,并与工资挂钩,可以激励工作人员的积极性,提高工作质量和效率。这样的考核制度将有助于推动自由贸易试验区芜湖自贸片区的发展,促进经济的持续增长。

总体而言,以法定机构承载部分区域政府治理职能的模式,可以为芜湖自贸片区的高质量发展提供重要支撑,能够在法定机构、依法治理的框架下,探索政府职能市场化实现的路径,最大限度地发挥市场在资源配置中的作用,推动区域经济的爆发式增长和跨越式发展。

(二)深度嵌入长三角一体化战略,推进区域协同合作发展

长三角地区作为中国经济最具活力和潜力的区域之一,其经济规模和发展水平不断提升,吸引了大量资本、技术和人才的聚集。芜湖自贸片区作为长三角地区的重要节点之一,具备得天独厚的区位优势。加大对长三角一体化战略的嵌入程度,加强与上海、江苏、浙江等地自由贸易试验区的协同创新,将为芜湖自贸片区带来巨大的发展机遇和挑战。首先,深度嵌入长三角一体化战略将为芜湖自贸片区提供更广阔的市场和更多的发展机会。长三角地区经济体量庞大,消费能力强,市场需求旺盛,芜湖自贸

片区通过与长三角地区合作，扩大产业规模，提升产业竞争力。与此同时，长三角地区也能通过与芜湖自贸片区合作，实现资源的优化配置和互利共赢，推动区域经济发展。其次，深度嵌入长三角一体化战略将为芜湖自贸片区带来更多的高新技术和创新资源。长三角地区集聚了众多高新技术企业、科研机构和创新平台，拥有丰富的创新资源和创新要素，芜湖自贸片区通过与长三角地区合作，可以实现技术、人才和资本的跨界融合，促进科技创新和产业升级。通过共享创新成果和合作研发，芜湖自贸片区可以加快自身的创新步伐，提升核心竞争力。此外，深度嵌入长三角一体化战略将加强区域间的产业合作与融合。上海、苏州、杭州、南京等地区拥有诸多优势产业，各个城市与自贸片区间的合作与共享将实现资源的优化配置和协同发展。芜湖自贸片区作为长三角一体化战略的一员，通过深入参与区域合作，可以实现资源互补、优势互补，共同推动长三角地区的整体发展。最后，芜湖自贸片区深度嵌入长三角一体化战略还将促进交通和基础设施的互联互通。长三角地区正积极推进交通一体化和基础设施互联互通，打通地区间的交通瓶颈，提高交通运输效率。芜湖自贸片区作为重要节点，将受益于长三角地区交通一体化的红利，实现更加便捷高效的物流和人员流动。

综上所述，芜湖自贸片区深度嵌入长三角一体化战略具有重要的意义和巨大的潜力。通过加强区域协同合作，实现资源共享、市场拓展、创新驱动和互联互通，芜湖自贸片区将迎来更加广阔的发展空间和可持续发展的前景。这一战略将为芜湖自贸片区带来长期的经济增长和社会进步，同时也为长三角地区的整体发展做出积极贡献。

（三）锚定战略性新兴产业，用好用足高能级开放平台

2023年安徽省出台的《关于支持芜湖市加快建设省域副中心城市的若干意见》明确支持芜湖在推动产业高质量发展，并培育国内具有重要影响力和核心竞争力的新兴产业集群、提升制造业发展水平、促进数字经济与制造业深度融合。芜湖自贸片区应抓住机遇，在坚持以制度创新为引领的同时，进一步聚焦产业与企业发展所需，探索更多首创性、集成化和差别化改革，以加快构建更加开放便捷的政策制度体系。在易货贸易、商事制

度和现代物流等领域，不断推出创新举措，为企业提供更便利的营商环境。

在围绕主导产业培育方面，芜湖自贸片区应加强自由贸易试验区与综合保税区、经济开发区、国家物流枢纽等重点平台的协同联动。通过深化合作，共同推动产业发展。同时，片区要持续提供优质的项目服务，为企业提供全方位支持，促进要素资源的快速集聚和高效转化。重点打造更有竞争力的产业集群，提升整体产业的竞争力和综合实力。为了实现这一目标，芜湖自贸片区应更加注重产业链的完善和延伸。通过加强产业链各环节之间的协同合作，推动上下游企业的互利共赢。加强与供应商、加工企业、销售渠道等产业链关键环节的对接，促进产业链的顺畅运转和优化升级。同时，注重引进具有核心竞争力和技术优势的龙头企业，带动整个产业链的提升和发展。

在便企服务方面，芜湖自贸片区应强化优质公共服务的持续供给，为企业营造良好的发展环境。加快要素资源的集聚和高效转化，着力打造更具竞争力的产业集群。在易货贸易方面，芜湖自贸片区应继续推动创新贸易模式，鼓励跨境电商、跨境服务贸易等新业态的发展，为企业提供更便利的进出口环境和服务。通过推动贸易便利化措施的落地，降低贸易壁垒，提高贸易效率，进一步激发市场活力和创新活力。在商事制度方面，芜湖自贸片区应进一步深化商事登记改革，简化登记手续，缩短办理时间，降低企业开办成本，通过推行"一站式"注册、全程电子化办理等创新举措，为企业提供更加便捷高效的营商环境。在人才引进方面，芜湖自贸片区应积极加强引进人才政策和创新资源培育，为产业发展提供强有力的支持。通过建设人才培养基地、科研机构和创新孵化中心等平台，吸引高层次人才和创新团队，培育具有竞争力的创新型企业。同时，加强产学研用合作，促进科技成果的转化和应用，推动产业创新和升级。在现代物流方面，芜湖自贸片区应将加强物流基础设施建设，提升物流配送能力和效率，推动物流信息化、智能化发展，提供全链条的物流服务，为企业提供快捷、安全、可靠的物流支持。同时，加强与长三角地区物流枢纽的对接，打造高效的物流网络，实现快速、便捷的货物流通系统。

第十六章　天津自由贸易试验区制度创新与改革发展报告

中山大学自贸区综合研究院课题组[*]

一、天津自由贸易试验区的改革回顾与总体情况

经过八年的制度创新实践，天津自由贸易试验区大胆闯、大胆试、自主改，通过首创与实践相联结、前沿与特色相结合、服从与服务相统一，以开放倒逼改革，成为体制机制创新的"试验田"、产业集聚的"增长极"、扩大开放的"新高地"。天津自由贸易试验区融资租赁、商业保理、航空制造维修、汽车贸易等产业业态全国领先，三个片区和两个联动创新区的产业定位分明，产业优势强劲。

在2022年7月22日中山大学自贸区综合研究院发布的《2021—2022年度中国自贸试验区制度创新指数》中，天津自由贸易试验区以82.88分排名第六，高于全国的平均得分76.70，在第一、二批自由贸易试验区中排名第五。在省级排名中，天津紧跟广东、上海，位列第三，与北京、重庆、四川指数得分均超过80，同属第一梯队。截至2022年底，天津自由贸易试验区已累计实施581项制度创新措施，向全国复制推广38项试点经验和实践案例，其中自行复制推广改革试点经验五批次共118项，创新实践案例七个，自由贸易试验区高水平对外开放平台作用发挥更加明显。实有各类市场主体8.2万户，超过自由贸易试验区成立前的3倍；引进各类外商投资企业近4000家，注册资本近万亿元，累计实际使用外资金额144.25亿美元，

---

[*] 本章执笔人：徐世长，经济学博士，中山大学马克思主义学院助理教授，中山大学自贸区综合研究院特聘副研究员。

年均实际利用外资额占全市的40%左右;税收收入由2015年的354亿元增长至2022年的512亿元,年均增速超5%;天津自由贸易试验区用占全市1%的土地吸引了占全市5%以上的市场主体,贡献了占全市14%左右的税收收入和30%左右的进出口总额,为全市创新驱动、转型升级和经济高质量发展贡献了"自贸力量"。中山大学制度创新指数评估结果显示:天津自由贸易试验区连续三年位居全国前列,形成了一批天津首创、天津特色的制度创新成果。①

二、天津自由贸易试验区制度创新领域与代表性案例

本部分根据国务院对天津自由贸易试验区批复的总体方案以及中山大学自贸区综合研究院制度创新指数评估维度,围绕"政府职能转变、投资便利化、贸易便利化、金融服务与开放创新、法治化营商环境"五大维度对天津自由贸易试验区的代表性案例进行系统梳理。

(一)政府职能转变

政府职能转变主要聚焦围绕市场主体获得感、政府行政审批、技术推动市场监管模式以及区域社会治理机制创新等维度开展。

1. 聚焦涉企事项便利化改革

第一,出台《滨海新区高频证照联办"一件事"工作方案》《天津港保税区"证照联办"改革实施方案》《天津高新区政务服务办强化政务服务与项目招商协同联动机制实施方案》《天津高新区行政审批代办服务实施办法》,围绕企业办件频率高、"一窗受理、并行办理"条件较为成熟的审批事项,进行企业证照办理流程再造,目前已将道路货物运输经营许可(危险货物除外)、出版物零售单位设立/变更许可等10个事项纳入首批"证照联办"范围,并在2023年在全市复制推广。

第二,针对优化网络货运等平台类产业审批流程,中心商务片区按照

---

① 2022年,对创新成果总结提炼、优中选优,形成11项可在全国推广的经验上报商务部、41项改革试点经验在全市及京冀区域复制推广。

"一企一证"改革整体思路,结合"一套材料"办审批相关举措精神,梳理网络货运准入的"全周期"行政环节,联动市、区各级责任单位,优化和调整办理程序,将原有跨层级的"串联"办理程序,通过市级事项入驻、区级监管单位权限委托办理以及公益代理专业服务等一系列举措,初步形成了网络货运行业准入的"一证"统筹、"全程"服务的改革思路。

第三,高新区近期率先在全市推出"医疗机构医师护士一件事"办理举措,实施医疗机构医师护士"一件事一次办",全面提升企业和群众办事的便利度和获得感。探索互联网医院"一企一证"政务服务新模式。探索直营连锁企业"一证多址"改革试点。建立京津冀自由贸易试验区跨区域政务服务通办联动机制,共同推出179项"同事同标"事项。

2. 聚焦商事审批及监管制度创新

第一,天津自由贸易试验区行政审批局充分运用新技术手段,聚焦群众办事高频事项,重构审批流程、压缩办理时限,推进"互联网+政务服务"建设,依托滨海新区政务服务帮办平台,推出"智能审批"服务。采取分级动态管理模式,建立东疆网络交易企业名录库,实施"一库一表三级动态管理"。采用"关地协同"新模式,在不突破相关部门法律法规关于事项下放的限制下,实现出入境特殊物品卫生检疫审批服务向天津经济开发区延伸,使企业不出区、少跑路即可办理相关业务。

第二,高新区政务服务办公室率先迈入改革深水区,全面推动"一窗通办"改革向纵深发展,聚焦政务服务难点痛点,跳出审批事项"专人专办"的惯性思维,打破业务领域"各司其职"的条框限制,将业务领域进一步融合,审批覆盖面涉及工程建设类120多个审批服务事项,实现"前台无差别收件,后台无差别审批",推动政务服务工作提速、提质、提效。有针对性地梳理要件材料清单,在全市率先出台了《高新区商业牌匾审批简化办理实施办法(试行)》。推出城市排水许可证核发告知承诺制"智能审批+智能监管"。推行"自行公示+形式审查+信用监管"的市场主体确认登记模式。

3. 互联网+政务服务改革

第一,开通"企业登记智能导办"增值服务,打造东疆特色的线上咨询服务模式,成为全市首批开通个性化企业登记智能客服的区域。东疆综合保税区积极探索更加契合改革创新和企业发展需求的新型监管模式,上线东疆综合保税区市场监管领域分级分类辅助监管平台,进一步提升监管效能,降低企业配合监管的成本。

第二,"智能化危废间改造"是保税区探索推行包容审慎监管首个案例,弥补了相关项目办理审批以及暂存过程中环保、安全管理要求上的空白,在天津市范围内具备一定推广复制价值。建成天津市首个完成线上线下政务服务数据统一归集,政务服务评价数据实时传递至天津市及国家"好差评"系统的区级平台。

(二)投资便利化

投资便利化主要聚焦助力产业创新,跨境政务模式创新,高端要素跨境流动自由以及税务领域的办事便利化等。

1. 聚焦跨境投资便利化改革

第一,中心商务片区围绕"天津自由贸易试验区跨境投融资综合服务中心"建设工作,专门研究制定了《天津自由贸易试验区跨境投融资综合服务中心的建设方案》。在天津港(东疆)片区设立天津自由贸易试验区海外工程投资服务中心,致力于搭建海外工程投资绿色通道,为企业提供高水平的海外工程投资服务,推动中国的产品和标准"走出去"。

第二,建立《天津市境外职业资格认可目录》,并适时进行动态调整,支持更多境外专业人才来天津自由贸易试验区创新创业。

第三,滨海高新区近期率先在全市推出"医疗机构医师护士一件事"办理举措,实施医疗机构医师护士"一件事一次办",全面提升企业和群众办事的便利度和获得感。探索互联网医院"一企一证"政务服务新模式。探索直营连锁企业"一证多址"改革试点。

2. 聚焦产业创新及支撑平台建设

第一,东疆片区在全国范围内率先开展成品油零售经营电子商务业务试点工作,依托东疆"共享经济平台企业综合服务系统",以新的商业模式和数字化技术为网络货运企业、加油站、物流企业、司机提供统一的加油补给和管理服务方案,满足网络货运企业合规经营需要,促进网络货运产业的健康可持续发展,同时促进能源产业的转型升级,有效促进区域经济发展；实施"东疆之星"计划，助力高成长、创新型企业高质量发展，以"创新型企业、创新创业人才引育"为目标，转变招商引资思路，以"风投政府、场景革命"为理念，依托东疆成熟产业生态和服务体系，构建良好营商环境，孵化培育一批扎根东疆、与天津共同发展的明星企业。

第二，探索施行普惠政策"免申即享"办理模式，于2022年7月出台《天津高新区普惠政策兑现事项"免申即享"工作方案（试行）》。建立重点产业指标体系，落实"好差评"评价机制，制定柔性执法清单，逐步形成高效便捷的数字化营商环境体系。推动商业秘密保护与知识产权保护融合发展，培育企业创新的新增长级，有效支撑天津滨海高新区重大创新和产业高端发展。高新区高标准建设"科创中国"知识产权服务中心，搭建"一站式"综合服务管理平台，增强知识产权管理服务能力，吸引优质服务机构落户。智能网联汽车测试道路获批，东疆片区成为天津市首个开展智能集装箱卡车道路测试和示范运营的区域。

（三）贸易便利化

贸易便利化主要聚焦天津自由贸易试验区开展对内对外贸易的体制机制创新、口岸管理能力提升（通关时间、成本等）、国际贸易新业态培育，以及贸易风险的新型监管机制创新等。

1. 聚焦支撑贸易新业态发展

第一，创新推出"离岸贸易＋跨境电商"业务，打造联合现场办公的离岸贸易"天津模式"，业务结算金额超9300万美元。率先试点商业保理服务跨境电商企业新模式，集聚保理企业近500家，总资产超过2500亿元。设立全市首家自由贸易试验区外跨境电商O2O体验中心。

第二，保税业态不断拓展，持续深化保税维修创新模式，保税展示交易实现汽车零部件、经典车、冻品、文化艺术品和矿产品等多品类。创新支持保税研发业务落地，推动保税展示交易扩围增量，助力天津口岸由"通道经济"向"产业经济"转型。完成我市首单文化艺术品保税展示拍卖业务。跨境电商提速增效，创新"线下展示＋线上交易＋门店自提"电商零售新模式，推动跨境电商出口模式叠加FT账户功能，实现全国首创的跨境电商通关、结算、融资新通路。

第三,服务业扩大开放综合试点实施以来,116项试点任务全面铺开,落地实施率达86%以上。保税维修创新示范区加快建设,探索形成航空"保税维修+融资租赁"新模式,全国首个盾构机保税维修试点项目落地。支持海鸥表业以"进境修理物品"在机场片区开展保税维修。北方国际航运和物流中心核心区功能日益丰富。汽车平行进口实现新突破,推动国六环保公开政策落地。

2. 聚焦国际贸易监管与协同发展制度创新

第一,牵头组织北京海关、石家庄海关,成立推动"京津冀自由贸易试验区海关监管协同创新"领导小组,提出"国际航行船舶保税物料跨关区供应新模式"等联合创新意向。支持天津智慧港口建设,在全国率先实施"船边直提"和"抵港直装"改革并规模化应用。谋划建设"国际贸易通关数据服务中新示范平台",推动京津国际贸易"单一窗口"通关物流协同服务平台项目建设。

第二,积极推进跨境贸易便利化提质增效,围绕简化单证办理等方面积极探索创新,提升中国(天津)国际贸易"单一窗口",实现22大类819项服务功能。围绕打造华北国际航行船舶保税油气供应基地的功能定位,加快保税燃料油"单一窗口"建设,拓展"一船多供""先供后报""保税船舶物料跨关区直供"等政策应用范围,打通"津产"船用燃料油保税供船通道。

第三,设立天津首个保税研发专用账册,已拓展应用于航空项目研发领域。打造"津货分仓"模式,完成天津首单"保税专列+中欧班列"。自中欧班列"天津号"恢复常态化运行以来,截至2022年底,累计发运58列,发送货物5732标箱,货值约1.6亿美元。

3. 聚焦国际贸易规则体系对接与创新

第一,发挥中新生态城联动创新区作用,在新加坡设立"中新天津生态城自贸联动新加坡推广中心",加快推动新加坡星生能源集团、睿敏安商务服务有限公司等合作项目落地,初步构建从离岸推广中心到在岸新加坡中心的孵化引育机制。开展RCEP规则应用推广机制创新,中国国际贸易促进委员会天津市分会与自由贸易试验区创新发展局联合开展RCEP专题政策服务创新,印发《中国(天津)自由贸易试验区高质量落实〈区域全面经济伙伴关系协定〉（RCEP）行动方案》，建立 RCEP 跨部门协作推进机制。

第二，推广企业自主声明、口岸货物先放后验、压缩预裁定时间等创新措施的适用范围，协助企业梳理跨境交易、成品价格设定等贸易安排，助力外贸企业降本提效。与"一带一路"沿线国家境外园区跨国联动，与中非泰达的埃及苏伊士合作区围绕二手车出口、海外仓建设等项目展开合作。

（四）金融服务与开放创新

金融服务与开放创新主要聚焦金融市场建设、金融产品创新能力、金融开放与规则对接以及系统性金融风险防控能力提升等领域。天津自由贸易试验区金融制度创新持续走在全国前列，中山大学自贸区综合研究院发布的"2021—2022 年度全国自由贸易试验区金融创新指数"显示：天津自由贸易试验区以 79.82 的综合得分位居全国第六，体现出较强的金融业综合发展实力。

1. 积极开展金融产品创新，支持实体经济发展

第一，完成天津市首单知识产权资产证券化项目，推出"知识产权二次许可"新型融资租赁模式，协助高新技术企业落地千万元融资，实现"知产"变"资产"。推动"数字仓库+可信仓单+质押融资+大宗商品市场+场外风险管理"五位一体供应链金融创新推广上量，"可信仓单"质押融资授信总额超 30 亿元，投放规模超 17 亿元。

第二，创新开展知识产权融资租赁业务，推出"双质押登记"模式助力碳配额质押融资落地。开展绿色金融及碳金融创新，发布《天津市企业 ESG 评价报告》。开展新型自愿碳减排交易品种开发，推动品种审批，形成 I-REC 品种场外交易。《东疆租赁产业主题园区建设方案》发布，完成全国首单城市地铁定制化租赁、飞机租赁"远程视频稽查作业"等创新，获批绿色租赁服务流程试行区。落地全国首笔数字人民币保理业务、首笔跨行再保理业务。

第三，滨海新区中心商务片区成立"天津供应链金融产业（人才）联盟""天津商业保理创新发展基地融资服务联盟"，首批签约 10 家银行授信 1060 亿元。截至 2022 年底，区内共有保理企业近 500 家，总资产超过 2500

亿元，发放贷款总额超近2200亿元。打造OTC"专精特新板"企业融资新模式，创新开展知识产权融资租赁业务。推出N+N全形态保理资产ABS储架新业务模式。完成国内农业领域首笔可持续发展挂钩绿色银团贷款。

第四，建立飞机船舶离岸经营性租赁业务"企业白名单"机制，2022年累计完成离岸租赁业务137单，其中有3架飞机、134艘船舶。高标准建设天津租赁资产交易中心，推动累计交易规模20亿元。区内租赁资产规模超1.4万亿元，约占全国的15%，其中跨境租赁资产1100亿美元，约占全国的80%。

2. 持续探索外汇管理与跨境投融资便利化改革

第一，设立天津自由贸易试验区跨境投融资综合服务中心，推广"FT分公司模式""全功能型跨境人民币资金池"等创新政策，成功落地全国首笔FT项下跨境缴税业务，继续扩大优质企业贸易外汇收支便利化试点。累计1175家企业开立FT主账户1194个，天津FT账户结算量6900亿元。截至2023年3月末，区内市场主体累计新开立本外币账户14万个；办理跨境收支3494.6亿美元，跨境人民币结算6770.8亿元。

第二，先后出台三版配套实施细则，累计出台40项创新政策，推出跨境人民币国际保理业务新模式，畅通国内国际双循环打造跨境投融资全流程服务中心。天津市获批开展跨境融资便利化试点，高新技术企业和"专精特新"企业可在500万美元额度内自主借用外债。

第三，京津冀首单政府性融资担保汇率避险业务，防范企业在进出口业务中遭遇远期汇率波动的风险，免收保证金，减少企业资金占压。探索小微企业汇率避险服务新模式，汇率避险担保"东疆模式"实行专业运营、额度管理，风险可控，不仅是助力外贸企业降低汇率避险成本的"稳定器"，也是助力外贸企业进一步争取全方位融资支持的"试金石"。

（五）法治化环境

法治化环境方面重点聚焦立法、司法、执法方面的制度供给（多层次法律效力文件的实施等），特别是针对企业以及消费者权益保护，涉外商事法律纠纷解决以及"走出去"法律服务平台建设等领域。

1. 持续出台支撑产业发展的法律文件

天津自由贸易试验区完成了自由贸易试验区条例修订工作，将生物医药、离岸贸易、保税燃油、平台经济等前沿产业促进以及设立自由贸易试验区法定机构等改革成果写入条例，进一步完善自由贸易试验区"基本法"。参与起草《基因和细胞治疗产业促进条例（征求意见稿）》，为细胞治疗先行先试提供法制保障。出台《关于促进中国（天津）自由贸易试验区法律服务业发展的若干意见》。印发《中国（天津）自由贸易试验区鼓励创新宽容失误实施细则（试行）》，加大对各部门支持和参与自贸工作的正向激励和容错保护。制定印发《支持中国（天津）自由贸易试验区创新实践基地创新升级发展的实施意见》，推动自贸制度政策和体制机制红利向街镇园区释放。制定的《中国（天津）自由贸易试验区关于促进商业保理行业高质量发展的若干措施》，为全国首个专门针对商业保理行业的系统性支持方案。出台《关于加快推进公共法律服务体系建设的若干措施》，推进自由贸易试验区各片区、联动创新区公共法律服务规范化建设，服务自由贸易试验区建设。开展数据跨境流动研究，编制《关于促进中国（天津）自由贸易试验区数据跨境安全有序流动的指导意见（试行）》，初步筛选丹娜生物、云遥宇航等企业作为数据跨境流动试点的潜在场景。

2. 持续完善涉自由贸易试验区相关的执法、审查及服务平台建设

第一，建设"空港领航·法治E家"公共法律服务平台，提升区域企业依法规范经营管理工作水平。搭建行政执法监督平台实现"互联网+"执法监督，通过移动执法终端、执法记录仪，将执法信息实时传输至执法监督平台，实现执法全程记录、在线监督。建立平行进口车审判新模式，通过司法裁判鼓励诚信交易、规范经营，打击随意违约、一车多卖、恶意加价等不诚信行为。

第二，推动建立自由贸易试验区"一站式"多元解纷机制，推动构建与国际投资贸易通行规则相适应的高效便利的多元纠纷解决机制。创新知识产权审判机制加强知识产权保护力度，持续提升知识产权审判工作国际化水平。建立执行"第五查"创新机制及无形资产处置模型，进一步探索以碳排放权为代表的绿色无形资产的处置路径。建立金融创新司法听证机制及金创模型推介，通过听证会模式，对金创模型的法律关系、责任范围、交易风险等展开剖析和论证，并达成共识。

第三，推动设立自由贸易试验区国际商事审判庭，依法集中审理应当由天津市滨海新区人民法院管辖的第一审涉外民商事案件，自觉以全局谋划一域、以一域服务全局，积极探索建立"一站式"国际商事纠纷解决机制，推动纠纷公正、高效、便利解决。全国首例无形资产融资租赁案依法宣判，推动自由贸易试验区知识产权运营体系建设。

三、天津自由贸易试验区存在的不足与提升展望

天津自由贸易试验区有特色、有基础、有条件开展高质量制度创新，基于对天津自由贸易试验区已有创新案例与实践经验的梳理总结，本部分从存在的不足与对未来的提升展望两方面进行论述。

（一）存在的不足

第一，天津自由贸易试验区在改革创新的深度性、联动性、推广性等方面需要进一步提升，制度创新服务实体经济发展的规模效应有待加强。从对109项创新案例的整体评估结果看，工作流程或工作方法层面的优化居多，全国性、首创性创新经验与地方产业发展、其他自由贸易试验区协同发展的"集聚效应"有待提升，特色产业还需要围绕全产业链周期向国家相关部委争取更多的地方改革权限和差异化政策供给，以便形成天津自由贸易试验区可持续发展的潜在动能。

第二，天津自由贸易试验区在建设"一带一路"门户枢纽过程中所面临的最直观的问题在于天津自身产业和海外国家及园区产业匹配度的问题，另外，与国内自由贸易试验区之间的长效协同合作及产业深度融合仍有待提升。对外贸易涉及产品结构升级，跨境投融资服务中心建设需要提升更高的服务能级。

第三，京津冀协同创新是重大战略机遇，也是难啃的"骨头"，要持续推进京津冀自由贸易试验区联盟机制完善，可以分析借鉴长三角城市群产业网络以及城市网络建设经验，从更高的目标体系以及区域协同创新的机制体系设计层面，探索天津自由贸易试验区更具比较优势的协同创新方案。

第四，资本金融领域的制度创新与政策供给依然是短板，天津自由贸易试验区在特色金融方面走在前列，但是围绕基础性的金融账户体系，特别是具有产业适应性的账户管理与便利化政策设计不足。对外并购是自由贸易试验区的题中之意，天津要围绕资本"走出去"多做文章、做大文章，结合离岸贸易、租赁贸易等业态，做好金融服务的嵌入与创新工作，提升金融支撑天津自由贸易试验区发展的产业空间和政策空间。

第五，改革获得感不足、高标准投资贸易规则体系的压力测试不够依然是天津自由贸易试验区制度创新的难点堵点。针对自由贸易试验区的居民和企业的调研显示：改革的实际获得感有待加强。主要涉及如下方面：制度创新政策的宣传不够，普及效率不高；部分政策门槛依然较高，政策之间受到部门权限影响，没有形成一体化的政策覆盖机制等。

（二）提升展望

1. 瞄准国际贸易产业体系做大做强

持续完善以国际贸易"单一窗口"为载体的贸易综合性服务平台建设，对标国际一流贸易便利化水平，聚焦"保税、平行汽车、离岸租赁、海工装备、战兴产业"等贸易新业态模式落地（规划建设若干新业态产业集群，布局要素与政策服务生态区），提升保税区直播电商产业规模，打造国际航空物流以及航空产业枢纽，提升国际贸易领域的数字化服务能力以及丰富大数据监管场景。抓住战略窗口期，强化服务贸易制度创新能力，清单式推动《天津市服务业扩大开放综合试点总体方案》精准落地，吸引境外教育、会计、咨询、医疗等专业高端人才在天津聚集，打造服务"一带一路"企业"走出去"投融资中心，推动现代服务业与天津先进制造业深度融合。

2. 瞄准金融业扩大开放开展制度供给

完善天津自由贸易试验区跨境金融服务重大基础设施布局，重点推动FT账户与天津特色金融产业紧密联动，吸引境外金融与类金融机构加速落户天津（鼓励外资银行、证券、保险等金融机构到天津自由贸易试验区开展"交叉型金融产品创新"），探索天津自由贸易试验区"租赁类、贸易类、不良类"资产跨境转让渠道与政策供给。推动自由贸易试验区企业对外并购业务发展，聚焦关键技术、重点产业链环节开展境外并购，便利化对外并购基金"走出去"。持续放宽境外人民币股权投资基金（QFLP）试点，强化对港澳金融市场联动与合作。探索扩大人民币结算业务范围，大力扶持国际一流金融专业智库落户天津。

3. 瞄准布控前沿产业高水平发展新格局

依托天津自由贸易试验区制度创新优势开展"前沿产业以及产业链"政策储备。发挥国有企业资金与信用优势，探索国企与战略性新兴企业的合作模式创新，构建"国有资本＋民营资本＋风险资本"三位一体服务格局。重点强化对产业数字化以及数字产业化前瞻性规划（强化对"国际数据服务特区""中国信创谷""京津冀'细胞谷'""绿色经济示范基地"等顶层设计），超前布局"双碳产业体系"，依托绿色产业开展绿色金融产品创新。实施"天津产业人才计划"，建设国际一流的"前沿产业人才港"。持续优化自由贸易试验区国际化法治化市场化营商环境，降低前沿产业发展的制度性交易成本，变天津自由贸易试验区制度创新优势为产业发展的"成本优势"。

第十七章 广西自由贸易试验区高质量发展的现状、困难与对策研究

中山大学自贸区综合研究院课题组[*]

2019年8月2日，国务院印发实施《关于6个新设自由贸易试验区总体方案的通知》，广西成为第五批自由贸易试验区试点省份之一，承担着"差别化探索"的任务，需发挥"与东盟国家陆海相邻"的独特优势，打造西南中南地区开放发展新的战略支点。广西自由贸易试验区的实施范围119.99平方千米，涵盖三个片区：南宁片区46.80平方千米（含南宁综合保税区2.37平方千米），钦州港片区58.19平方千米（含钦州保税港区8.81平方千米），崇左片区15.00平方千米（含凭祥综合保税区1.01平方千米）。[①]

一、广西自由贸易试验区总体发展介绍

广西自由贸易试验区位于中国广西壮族自治区，地理位置十分优越。其北邻重庆市，南濒南海，西与云南省接壤，东临广东，与越南等东南亚国家接壤。广西自由贸易试验区的地理位置使其具有得天独厚的优势，成为中国西南地区与海上丝绸之路沿线国家合作的重要枢纽。根据《中国（广西）自由贸易试验区建设实施方案》，广西自由贸易试验区需全面落实

---

[*] 本章执笔人：刘金玲，澳门科技大学经济法学博士，中山大学自贸区综合研究院博士后。感谢中国（广西）自由贸易试验区南宁片区、钦州港片区、崇左片区及广西壮族自治区商务厅提供材料。

[①] 《国务院关于印发6个新设自由贸易试验区总体方案的通知》国发〔2019〕16号，网址：http://www.gov.cn/zhengce/content，访问日期：2023年7月27日。

中央关于打造西南中南地区开放发展新的战略支点的要求，发挥广西与东盟国家陆海相邻的独特优势，着力建设西南中南西北出海口、面向东盟的国际陆海贸易新通道，形成21世纪海上丝绸之路和丝绸之路经济带有机衔接的重要门户。

经过三年多的建设，广西自由贸易试验区全面贯彻落实党的二十大精神，认真学习贯彻习近平总书记对广西"五个更大"指示精神，深入贯彻落实习近平总书记视察广西"4·27"重要讲话和对广西工作系列重要指示精神，充分发挥改革开放"试验田"作用，坚持以制度创新为核心、以示范引领为目标、以促进产业集聚为导向、以优化营商环境为抓手，全力抓好年度工作任务的落实，取得良好成效。

2022年以来，广西自由贸易试验区坚决贯彻落实国家和自治区决策部署要求，全力推进各项工作取得突出成效，实现了"一个全面实施"，即《中国（广西）自由贸易试验区总体方案》（以下简称《总体方案》）赋予的120项改革试点任务全面实施；"两个40%"，即广西自由贸易试验区以不到全区万分之五的土地面积，实现了全区40%以上的实际使用外资和外贸进出口额；"百项创新成果"，即先后形成三批共104项自治区级制度创新成果并在全区复制推广，其中39项具有全国首创性；"万家企业入驻"，即广西自由贸易试验区累计入驻企业超8.6万家，是设立时的23倍。

二、广西自由贸易试验区发展成效与制度创新路径

（一）南宁片区：打造东盟金融开放门户核心区

南宁是中国距离东盟最近的省会城市，也是中国—东盟合作枢纽城市。揭牌运行三年多以来，南宁片区坚定不移地推动制度创新能级提升。聚焦企业落地后运营发展需求，以数字化技术赋能审批简化、服务集成、信息共享、监管提效等改革支点，"刀刃向内"开展政府职能改革。积极联动响应RCEP等区域发展协定及南宁本地产业发展需求，切实发挥税收服务和招商引资对优化产业发展的引导作用。推动进出口通关再加速的同时，通过创新市场监管、构建合作平台等切入口，加快构建以企业发展为核心的外

贸市场生态。以扩大对外开放和强化产业赋能作为改革切入点，推动金融开放创新，以金融赋能实体经济高速发展。围绕数字化营商环境优化、跨境产业链构建和民生配套，着力提升区域现代化服务水平。此外，南宁片区紧紧围绕《总体方案》，全力推进政府职能、投资、贸易、通关等多领域试点任务实施见效。

  首先，在贸易转型升级和通关便利化方面，南宁片区所在地业务关邕州海关创新打造 AR 远程视频辅助平台，对供港澳活猪查验监管模式进行创新，通过视频查验方式有效提升监管效率。进口流程优化方面，空港口岸关吴圩机场海关为优化进口货物查验作业流程，推动进口食用水生动物按风险"分类监管"，降低企业通关时间成本，为跨境水产贸易发展消除通关壁垒。

  为进一步释放数字技术对农业商务领域的赋能效应，南宁片区积极引导片区内企业打造"桂品会"智能供应链平台，为广西农特产品、帮扶产品和东盟跨境进口产品搭建数字化产销对接通道，加快推动农产品外贸转型升级。同时，广西壮族自治区各级政府与南宁片区积极借助 RCEP 带来的机遇，通过国企平台试点"农机出口+农产品进口"的双向合作模式，在全国率先创建跨境农业园区与农作物试验站、搭建农业开放交流平台，大幅提高与东盟地区的跨境产业链合作水平，为跨境农业交流合作提供改革示范样板。依托片区内企业与第三方联手打造的"云端"东博会平台，紧抓东盟市场机遇，将东博会拓展至线上平台，在新冠疫情背景下为东博会价值链提供常态化贸易合作基础，进一步深化广西与 RCEP 成员国商贸交流。

  其次，在金融开放创新方面，片区引导并支持区内金融机构推出 RCEP 原产地证跨境融资业务、跨境区块链出口信保保单融资业务、NRA 账户跨境电子银行承兑汇票业务等创新金融产品，实现跨境融资提速的同时，助力稳定外贸产业链和市场主体，帮助外贸企业更好地融入区域市场，与外贸企业共享区域开放机遇。南宁片区通过引导片区金融机构创新优化征信、审核等流程，以及政府扶持政策降低融资成本，大力支持台胞台企在桂发展。针对中小微企业融资需求，片区金融服务机构创新企业融资利率竞价服务机制，通过搭建统一竞价平台，提升融资企业议价能力，降低融资成本，同时使银行机构获客质量得到提高，实现银企双促双赢。

最后，在现代服务业创新方面，片区企业依托国资平台打造了广西壮族自治区首个糖业数字化平台"糖业云"和建筑产业互联网平台"桂建通"，实现产业链各环节数据信息互联互通，降低市场主体采购、接洽成本，以产业链一体化运营提升糖业、建筑业生产效率和监管效能。数字产业化方面，广西壮族自治区上级部门、南宁片区及片区企业从政策体系、人员培训、平台建设等多角度协同推动数字业态集聚发展，通过引导数字经济企业布局东盟，构建中国—东盟"数字丝路"新模式，促进多边数字经济务实合作。依托片区与市相关部门共同构建的"一站式"RCEP企业服务平台，片区可为市场主体提供覆盖全生命周期的精准服务，助力外贸企业开拓东盟市场。强化政府支持方面，片区智库南宁市发展研究中心探索建设服务于构建面向东盟跨境产业链的政府智库支持体系，为RCEP背景下南宁增速跨境产业发展提供及时、专业的咨政服务。

（二）钦州港片区：国际陆海贸易新通道门户港

钦州港片区坚持以习近平新时代中国特色社会主义思想为指导，深刻领悟"两个确立"的决定性意义，坚决做到"两个维护"，全面落实党的二十大、广西壮族自治区第十二次党代会精神，紧紧围绕钦州市委、市政府"建大港、壮产业、造滨城、美乡村"四轮驱动战略部署，紧抓制度创新主题主线任务，助推钦州港片区经济社会高质量发展。钦州港片区主要从以下三方面进行制度创新。

1. 创新推动陆海新通道国际门户港建设

钦州港片区扎实推进新通道门户港集成改革创新。印发专项方案，系统谋划推进片区集装箱业务"全生命周期"管理服务第三阶段改革工作，启动"西部陆海新通道钦州门户港运营组织中心"改革牵引项目筹建；推动"智慧"港口建设，积极协调推进自动化码头和钦州铁路集装箱中心站智能化场站一体化建设，推动港航物流信息平台航运服务中心功能模块信息化、智慧化升级，推进海关与铁路联检机制探索；推进以企业为主体的内外贸同船运输等航运组织模式合作，推动钦州港与比邻港口群"水水中转、干支结合、优势互补、协同发展"合作机制，"钦州—南沙"内外贸同船直航航线新增运营,北部湾与大湾区"两湾快航"签约启动。

2. 创新推动产业集聚发展

钦州港片区创新构建大宗商品交易渠道。全力推动2022年底建成投运以锰系产品为初期运营品种的北部湾（广西）大宗商品交易平台,现已完成关键环节的平台交易系统建设,正在开展系统调试和人员培训,启动平台招商推介,按原定计划于同年11月正式上线运营。探索大宗农产品离岸交易市场建设,推动与前海联合交易中心共同开展转基因和非转基因大豆离岸现货交易试点业务,合力争取海关总署出台支持大豆离岸现货市场建设的文件,服务引导广西港青油脂有限公司、广西侨益物流有限公司等本地企业参与交易中心试点业务,促进进口多元化,构建稳定外贸渠道。

此外,钦州港片区加快构建跨境再生金属储运加工交易产业链。服务推动广东炬申股份有限公司、佛山宇成金属投资有限公司在片区投资的再生金属资源基地项目、重庆博赛矿业（集团）有限公司在关丹产业园投资的"焦电铝-锰循环"下游项目良性发展,积极开展海关通关查验、税务监管、银行贷款等方面的改革创新,加大从RCEP成员国进口再生铝及铝土矿的力度,尽快形成区域性的再生资源储运交易中心,引进铝高端深加工龙头企业落户发展,助力广西铝产业低碳可持续发展。推动有色金属工业协会再生金属分会将"推动建立钦州—关丹再生金属原料绿色通道试点"列入下半年六大工作首位。

3. 创新推动协同合作交流

钦州港片区加快自由贸易试验区协同创新发展。积极推进与河南等中部地区互联互通,共同融入陆海新通道建设。在广西壮族自治区的大力支持下,片区与河南、河北等省份积极谋划,推动陆海新通道RCEP—北部湾港—河南海铁联运双向对开班列、陆海新通道RCEP—广西北部湾港—河北海铁联运班列分别于2022年4月16日、7月6日首发成功,其中开通河北班列事宜在第十二届泛北部湾经济合作暨2022北部湾国际门户港合作论坛上作为成果发布,同年9月底实现了郑州—钦州港首趟班列正式开通,为桂豫、桂冀合力推动高质量实施RCEP示范开启了新篇章。促成河南中豫港务集团与广西北部湾港务集团会商合作框架协议,协调郑州丝路公司与自贸开投集团签订合作协议并洽谈具体业务。组织相关部门、企业赴郑州开展海铁联运、贸易合作洽谈，配合做好采木集团等落户洽谈工作。与湖南长沙自贸片区雨花区块就双方战略合作框架协议内容达成共识。积极向广西壮族自治区相关厅局和南宁铁路局争取桂豫海铁联运班列扶持政策，推动广西壮族自治区发展和改革委员会（通道办）等四部门联合行文建议广西壮族自治区政府给予相关扶持政策。

此外，在金融创新、对标落实RCEP标准和规则等重点领域，也进行创新合作交流的制度创新。一是积极推动外向型金融创新。开展中马钦州产业园区金融创新试点五项创新业务，建立健全试点企业"白名单"，截至2022年9月底，创新业务量合计192.73亿元，其中2022年1—9月业务量合计80.18亿元。实行外商投资股权投资类企业发展改革创新，为外资企业提供更加开放、便利的投资环境，推动广西首个QFLP基金项目"广西自由贸易试验区启园长衡创业投资合伙企业（有限合伙）"在钦州港片区签约落户，累计已有三家合格境外有限合伙人（QFLP）基金注册落户。二是积极对接RCEP标准和规则。梳理形成片区落实RCEP约束性和鼓励性义务清单、对标高标准国际经贸规则改革测试清单；对标广西出口RCEP三张清单，梳理片区落实RCEP的相关内容，配合钦州海关、钦州港海关梳理出《钦州出口RCEP零关税优势商品清单》并向片区企业广泛宣传。三是推动设立RCEP企业服务中心。在广西自由贸易试验区三个片区首创设立钦州港片区RCEP企业服务中心、公共法律服务中心以及钦州国际商事纠纷调解中心，打造RCEP在钦州港片区高质量落地实施与提供全链条商事法律服务的抓手平台，指导企业用好RCEP规则扩大对外贸易总量、优化产业布局，目前已接受咨询及主动上门服务企业130多家次。

（三）崇左片区：发挥沿边贸易优势，畅通跨境贸易投资渠道

崇左片区自正式挂牌三年以来，按照党中央"疫情要防住、经济要稳住、发展要安全"的重要要求，以制度创新为核心，以产业发展为根本，大胆试、大胆闯、自主改，取得了较好成效。

崇左片区会同凭祥市推进企业登记注册便利化、深化"双随机、一公开"监管和信用监管、落实公平竞争审查制度等深化商事制度改革成效明显，获国务院通报表扬，同时获得广西壮族自治区政府的表扬和激励；在

2022年国务院第九次大督查中,广西的边境口岸通关(友谊关口岸创新实施边境口岸区域分级分区管控措施通关)和广西落实增值税"无票免税"政策,推动跨境电商零售出口、市场采购贸易工作获督察组表扬肯定;在提升贸易投资自由便利化的制度创新方面,有《"双智平台"助推海关监管口岸物流创新模式》《外商投资企业设立跨境代办新模式》《跨国出入境车辆边检快捷通关新模式》《边境贸易落地加工模式创新改革》等多项制度创新成果,其中有2项上报国家商务部,参评新一批拟在全国复制推广的创新成果。

此外,崇左片区在广西边境陆路口岸中首创进出境货物吊柜甩挂"非接触"交接通关模式,创新口岸分区管理,实行"人货分离、分段运输、封闭管理",减少病毒交叉感染概率,有效降低疫情传播风险。边境贸易(浦寨)慧眼智控嵌入式管理平台上线,进一步提升了互市贸易通关便利度。2022年8月16日凭祥综合保税区卡口三正式投入使用,实现保税加工、保税物流、跨境电商货物24小时进出综合保税区。一系列措施实现口岸疫情可防可控并始终保持稳定通关,友谊关口岸成为全国唯一在新冠疫情期间保持通关的陆路口岸,友谊关口岸(含浦寨通道)进出境车辆保持在日均1400辆左右,其中重车800辆左右。2022年,友谊关口岸进出境货车19.93万辆次,进出口货运量311.12万吨,进出口货值2092.73亿元。国家发展和改革委员会公布《2022年国家物流枢纽建设名单》,凭祥陆上边境口岸型国家物流枢纽成为广西唯一纳入建设名单的物流枢纽。

三、广西自由贸易试验区高质量发展面对的困难

(一)内部困难分析

1. 人力资源短缺

广西自由贸易试验区在高质量发展的过程中面临人力资源短缺的内部困难。广西自由贸易试验区作为一个有着广阔发展前景的经济区域,需要大量的专业人才支撑其高质量发展。但由于各种原因,该区域的人才供给存在着一定的不足。其一,教育培训系统建设不完善,高层次人才培养体

系尚未形成，高质量人才流失现象较为严重。其二，人才引进政策方面存在一些问题，对于顶尖人才的吸引力相对不足，未能吸引更多的高端人才。其三，职业技能方面的提升仍然存在一定的难度，尚未形成一套有针对性的职业技能提升途径和机制。①

另外，广西自由贸易试验区的营商环境在人才引进和培养方面亟待加强。人才是一个地区产业发展的核心资源，对于广西自由贸易试验区来说也不例外。然而，目前广西自由贸易试验区在高层次人才的引进和培养方面仍存在一定困难。缺乏高素质的人才会制约广西自由贸易试验区产业升级和创新能力的提升，对营商环境的提升造成一定影响。

2. 技术创新能力不足

广西自由贸易试验区的技术创新能力不足是当前发展困境中的关键因素之一。本课题组从多个方面对其进行分析。

第一，广西自由贸易试验区的技术创新投入不足。尽管该区的政府一直在加大科技研发投入，但总体水平不高。与国内其他自由贸易试验区相比，广西自由贸易试验区在科技投入方面仍然存在较大的差距。首先，资金投入不足、研发经费较少，导致科技项目的执行难度较大。其次，创新人才短缺，高层次的科技人才较少，不利于技术创新的顶层设计和实施。最后，科研机构和企业之间的合作不够紧密，缺乏有效的协同创新机制。

第二，在技术创新能力方面，广西自由贸易试验区的研发水平相对较低。虽然该区拥有一定数量的科研机构和高等院校，但研究成果转化率不高，缺乏核心技术和自主知识产权。此外，技术创新能力与产业结构的匹配性不足，缺乏对新兴产业和高新技术的迅速转移和应用。

第三，技术创新环境不够成熟也是制约广西自由贸易试验区技术创新能力的因素之一。首先，科技创新政策和法规体系亟待完善。虽然已经出台了一系列的扶持政策，但仍然存在政策执行力度不够、政策衔接性不强等问题。其次，知识产权保护体系不健全，相关制度和机制还需要进一步完善，以保护创新者的合法权益。最后，创新文化和创新氛围尚未形成，

---

① 崇左市财政局课题组，李剑、周罗乐：《中国（广西）自由贸易试验区背景下实现边境地区口岸经济高质量发展研究——以崇左市为例》，《经济研究参考》2021年第6期，第60–73页。

缺乏鼓励创新的环境和机制，限制了创新活动的开展。①

综上所述，广西自由贸易试验区的技术创新能力存在投入不足、研发水平较低和创新环境不够成熟等问题。为了提升技术创新能力，广西自由贸易试验区应加大创新投入，提高科技研发经费的投入力度，并加强与科研机构和企业的合作；加强对科研成果的转化和应用，培育核心技术和自主知识产权；完善科技创新政策和法规体系，加强知识产权保护；营造良好的创新文化和创新氛围，鼓励创新活动的开展。通过这些对策的实施，广西自由贸易试验区的技术创新能力将逐步提升，为试验区的高质量发展提供有力支撑。

3. 营商环境有待进一步提升

广西自由贸易试验区的营商环境待提升。营商环境是一个地区吸引投资和促进经济发展的核心要素之一。然而，在广西自由贸易试验区的发展过程中，营商环境仍存在一些不足之处。

第一，广西自由贸易试验区的营商环境在一些关键指标上表现平平。例如，在投资便利度方面，广西自由贸易试验区在营商环境指数中的排名相对较低。这意味着在广西自由贸易试验区开展招商引资活动的障碍较多，对外商投资的吸引力不足。

第二，广西自由贸易试验区的营商环境在国际竞争力方面存在一定差距。虽然广西自由贸易试验区在基础设施建设方面取得了一定的成果，但相比于其他自由贸易试验区（如广东自由贸易试验区、重庆自由贸易试验区等）以及国际上一些经济发达地区，广西自由贸易试验区的基础设施水平仍有较大差距。这会影响广西自由贸易试验区的国际竞争力和吸引力，限制其在全球化时代的发展前景。

（二）外部困难分析

1. 国际贸易环境

国际贸易环境是广西自由贸易试验区高质量发展面临的重要外部困难

---

① 韩建民、潘从银、黄倩倩：《新发展阶段脱贫地区产业振兴的现实困境与对策研究》，《甘肃行政学院学报》2022 年第 3 期，第 89 - 99 页。

之一。当前全球贸易形势复杂多变，国际贸易保护主义抬头，国际贸易局势不稳定因素增加，对广西自由贸易试验区的发展构成了一定的挑战。

第一，国际市场需求的不确定性导致广西自由贸易试验区的出口产业受到影响。面对全球经济增速下滑且消费需求减弱的形势，广西自由贸易试验区的出口企业面临订单减少、销售额下滑等问题。而且国际市场竞争激烈，各国企业竞争力提升，对广西自由贸易试验区的出口市场份额形成了一定的挤压。这些因素都对广西自由贸易试验区的出口产业发展产生了不利影响。

第二，贸易保护措施的增加给广西自由贸易试验区的国际贸易带来了较大的不确定性。当前国际贸易保护措施频频出现，各国采取贸易壁垒、关税提高等措施限制进口，对广西自由贸易试验区的出口形成了一定的压力。特别是近年来中美贸易摩擦不断升级，俄乌战争持续，给广西自由贸易试验区与欧美的贸易往来带来了不确定性。

另外，全球产业链的调整对广西自由贸易试验区的国际贸易亦产生了一定的影响。随着全球产业链的重构和调整，一些制造业环节向东南亚等地区转移，广西自由贸易试验区的一些传统产业面临向越南转移的压力。同时，新兴产业和服务业的发展对广西自由贸易试验区的国际竞争力提出了新的要求和挑战。

2. 国家政策影响

广西自由贸易试验区在高质量发展过程中面临国家政策影响方面的困境。第一，目前我国政府在自由贸易试验区政策上的支持力度还有待加强。虽然广西自由贸易试验区作为国家重点扶持试验区，但是与其他自由贸易试验区相比，政府给予的政策支持力度相对较小。导致广西自由贸易试验区在吸引外资、优化营商环境等方面相对落后，影响其高质量发展的速度和效果。[①]

第二，一些政策条款和规定存在不明确或不完善的情况。在自由贸易试验区建设中，政府通常会出台一系列政策和规定以支持试验区的发展。

---

① 杜林丰：《自贸试验区高质量发展与金融深化协调性研究》，《调研世界》2022年第12期，第3-14页。

然而，在一些具体政策条款和规定的制定过程中，存在不明确或不完善的问题。这种状况会给广西自由贸易试验区的经营者带来一定的困扰，影响其顺利开展业务和发展。

另外，随着国家政策的调整和变动，一些原先对广西自由贸易试验区有利的政策可能会发生变化，从而影响广西自由贸易试验区的运营和发展。这种变动会使广西自由贸易试验区的经营者难以稳定经营，增加经营风险。

3. 全球经济环境

全球经济环境是广西自由贸易试验区高质量发展面临的外部困境之一。随着全球化进程的不断推进，各国之间的经济联系日益紧密，国际经济环境的变化对广西自由贸易试验区的发展产生了深远的影响。

第一，全球经济环境的不稳定性给广西自由贸易试验区的发展带来了挑战。全球经济面临增速放缓、贸易保护主义抬头、国际竞争加剧等诸多不确定因素，这些因素都可能对广西自由贸易试验区的进出口贸易、外资吸引、产业链布局等方面造成影响。全球经济环境的不稳定性会增加广西自由贸易试验区经济运行的风险，增加实现高质量发展的难度。

第二，全球经济环境的不确定性给广西自由贸易试验区的发展带来了影响。全球经济形势的变化往往难以预测，国际贸易政策的调整、全球产业链的重构等都会对广西自由贸易试验区的发展路径和方向产生影响。广西自由贸易试验区需要密切关注全球经济环境的动向，及时调整政策和策略，以适应外部环境的变化。

第三，全球经济环境的竞争性也是广西自由贸易试验区面临的挑战之一。随着全球化的深入发展，不同国家和地区之间的竞争愈发激烈。广西自由贸易试验区需要提高自身竞争力，提升产业链价值链水平，才能在全球经济新格局中占据有利地位。

（三）综合分析：制度创新的集成性、技术性尚需强化

广西自贸试验区制度创新的集成性、系统性不足是当前发展困难中的关键因素之一。广西自由贸易试验区缺乏集成性的制度创新主要原因包括以下四个方面：

（1）制度协同机制不完善：广西自由贸易试验区内各个部门之间、地方之间的制度协同机制不够完善，缺乏有效的沟通、协商和合作机制，导致难以实现制度的整合和创新。不同部门和地方之间的利益分歧和权责问题也可能妨碍了制度创新的集成性。

（2）创新试点的覆盖面狭窄：广西自由贸易试验区的创新试点覆盖面相对较窄，创新试点的范围和领域有限。这可能导致试点成果的推广和复制受到限制，制约了集成性制度创新的发展。需要扩大创新试点的范围，涵盖更多领域和政策。

（3）制度创新的激励和评估机制不足：广西自由贸易试验区在制度创新的激励机制方面存在不足。缺乏有效的激励机制，无法充分调动各方的积极性和创新能力。同时，对于制度创新的评估和跟踪机制也不完善，导致创新成果得不到及时的反馈和应用。

（4）国际合作和经验借鉴不够充分：广西自由贸易试验区在国际合作和经验借鉴方面存在欠缺。缺乏与其他自由贸易试验区和国际经济合作区的深入交流和合作，无法充分借鉴其他地区的成功经验和创新模式。加强国际交流与合作，可以为广西自由贸易试验区提供更多的启示和借鉴。

四、广西自由贸易试验区实施提升战略的对策建议

2015 年 3 月，习近平总书记在全国两会期间赋予广西"三大定位"：构建面向东盟的国际大通道，打造西南中南地区开放发展新的战略支点，形成"一带一路"有机衔接的重要门户。2017 年习近平总书记视察广西时指出，广西发展的潜力在开放，后劲也在开放。① 广西自由贸易试验区是落实习近平经济思想的重要战略平台，应在打造高水平对外开放新格局中奋勇争先。提升战略的主要方向体现为以下五个方面。

（一）深化"放管服"改革，打造国际一流营商环境

"向内"改革也是自由贸易试验区提升战略的重要职能，以行政效率提

---

① 黄小彪：《广东推动经济高质量发展的现状、问题与对策研究》，《中国发展》2019 年第 19 卷第 1 期，第 60 – 68 页。

升、行政成本降低、企业等商事主体获得感为考核标准，广西自由贸易试验区不仅要复制国内自由贸易试验区"放管服"改革中好的经验，还应当学习对标迪拜、中国香港、新加坡等自由贸易港的制度和管理机制，深化"放管服"改革，打造国际一流营商环境。具体包括广西自由贸易试验区可参考2022年世界银行全新营商环境评价指标体系（Business Enabling Environment，BEE），建立量化考核指标体系，考核政府各部门行政效率，提升企业全生命周期服务能力。

（二）参考自由贸易港政策，推动与东盟国家要素自由流动

人员自由流动方面，可争取商务人员免签政策，给予东盟国家一定数量的工作签证名额。在资本自由流动方面，逐步探索建立跨境资金池、跨境理财、跨境保险等业务，扩大金融开放的范围，南宁片区可面向东盟建立"中国—东盟"人民币跨境结算中心，崇左片区可进一步优化边民互市贸易跨境人民币结算。在货物自由流动方面，建设"三大通道"，加快建设西部陆海新通道、面向东盟国际大通道、面向粤港澳大湾区新通道。在数据自由流动方面，在中国—东盟信息港的基础之上，建设面向东盟国家的"数据港"，推动与东盟国家之间的数据要素跨境安全有序流动，发展面向东盟的游戏、软件等数字贸易相关产业。①

（三）落实 RCEP 协议，出台具体的行动计划

RCEP 分六年逐步实施到位，广西具有区位优势。一方面，广西自由贸易试验区可出台针对 RCEP 协议落地的措施和行动计划，推动 RCEP 各项协议内容落到实处；另一方面，构建面向东盟的产业开放平台，筹建更多 RCEP 跨境国家产业园，进一步完善产业园区管理体制机制，吸引韩国、日本、中国台湾等 RCEP 国家和地区企业入驻园区甚至管理园区。此外，争取在工业园区内放开外籍劳工就业限制等政策，吸引粤港澳大湾区劳动密集型产业和加工制造业转移。钦州片区利用港口优势，发展临港重工业，面

---

① 胡娇、何兵：《推动江苏自由贸易试验区连云港片区创新发展思路与对策研究》，《大陆桥视野》2021年第4期，第45-47页。

向东盟国家布局重化工、大型装备制造等产业。

（四）利用区位优势，发展面向东盟的跨境电商产业集群

跨境电商产业已经成为我国重要的贸易新业态新模式，推动包括跨境零售及B2B平台、跨境物流、第三方跨境支付、海外仓等相关产业发展。广西自由贸易试验区可针对东盟近7亿人口的庞大市场，打造跨境电商全产业链。一方面，利用RCEP的契机，面向京东、阿里等国内电商巨头招商，建设辐射东盟的跨境电商平台和物流网络；另一方面，粤港澳大湾区跨境电商产业发达，广西自由贸易试验区可与粤港澳大湾区合作建设跨境电商产业园，吸引粤港澳大湾区的SHEIN（希音）、唯品会等企业入驻。此外，跨境电商进入门槛较低，可培育一大批从事跨境电商的中小企业，促进本地就业。

（五）自由贸易试验区要成为北部湾城市群建设的"桥头堡"

广西自由贸易试验区可联合海南自由贸易港、越南岘港、广东湛江等港口组建"北部湾自由贸易试验区（港）群"，采取关检互认、数据互通、模式统一等措施，提升通关效率，并在此基础上进一步探讨如何更好地协调利用区内港口资源，每年举办行政首长联席会议，包括成立运输基建协调中心，推动资源更合理和有效运用。以广西自由贸易试验区提升战略为抓手，建设推进北部湾城市群建设。

参考文献：

[1] 崇左市财政局课题组，李剑，周罗乐. 中国（广西）自由贸易试验区背景下实现边境地区口岸经济高质量发展研究——以崇左市为例［J］. 经济研究参考，2021（6）：60-73.

[2] 杜林丰. 自贸试验区高质量发展与金融深化协调性研究［J］. 调研世界，2022（12）：3-14.

[3] 韩建民，潘从银，黄倩倩. 新发展阶段脱贫地区产业振兴的现实困境与对策研究［J］. 甘肃行政学院学报，2022（3）：89-99.

[4] 黄小彪. 广东推动经济高质量发展的现状、问题与对策研究［J］. 中国

发展, 2019, 19 (1): 60-68.

[5] 胡娇, 何兵. 推动江苏自由贸易试验区连云港片区创新发展思路与对策研究 [J]. 大陆桥视野, 2021 (4): 45-47.